PEDA GOGIA DOS ORIXÁS

Ivan Poli

PEDA
DOS

GOGIA
ORIXÁS

COPYRIGHT © 2023
Ivan Poli

Todos os direitos reservados à Pallas Editora.

EDITORAS
Cristina Fernandes Warth
Mariana Warth

COORDENAÇÃO EDITORIAL, PROJETO GRÁFICO E CAPA
Daniel Viana

ASSISTENTE EDITORIAL
Daniella Riet

PREPARAÇÃO DE TEXTO
Eneida D. Gaspar

REVISÃO
BR75 | Aline Canejo

Este livro segue as novas regras do Acordo Ortográfico da Língua Portuguesa.
A grafia iorubá foi adaptada pela troca do subponto pela sublinha.

CIP-BRASIL. CATALOGAÇÃO NA PUBLICAÇÃO
SINDICATO NACIONAL DOS EDITORES DE LIVROS, RJ

P823p

    Poli, Ivan, 1972-
        Pedagogia dos orixás / Ivan Poli. - 1. ed. - Rio de Janeiro : Pallas, 2024.
        376 p. ; 21 cm.

        Inclui bibliografia
        ISBN 978-65-5602-086-0

        1. Iorubá (Povo africano) - Ritos e cerimônias. 2. Antropologia.
    3. Cultura afro-brasileira. I. Título.

                          CDD: 299.67
24-91721   CDU: 259.42

Meri Gleice Rodrigues de Souza - Bibliotecária - CRB-7/6439

Pallas Editora e Distribuidora Ltda.
Rua Frederico de Albuquerque, 56 – Higienópolis
CEP: 21050-840 – Rio de Janeiro – RJ
Tel.: 21 2270-0186
www.pallaseditora.com.br | pallas@pallaseditora.com.br

Dedico esta obra a meu saudoso irmão espiritual Ogunbiyi Elebuibon, que esteve no Brasil entre fevereiro e maio de 2015, meu irmão da diáspora que me iniciou no estudo do culto de Ifá em sua qualidade de babalaô e filho do Arabá de Osogbo (na Nigéria), líder espiritual, chefe dos balalaôs Ifayemi Elebuibon, meu pai espiritual. Dedico esta obra também às lideranças tradicionais do Renascimento Africano, como meu pai Ifayemi Elebuibon e o Príncipe Serge Guezo (1968-2022), ex-herdeiro do trono do Daomé, que me reconheceram, assim como minha obra, como integrante e parte deste Renascimento. Não posso deixar de mencionar nesta dedicatória os meus agradecimentos à Mãe Stella de Oxóssi (Odé Kayode, Maria Stella de Azevedo Santos, 1925-2018), assim como às suas precursoras matriarcas do Ilê Axé Opô Afonjá, Obá Biyi (Mãe Aninha, Eugênia Anna dos Santos, 1869-1938), Oxum Muiwá (Mãe Senhora, Maria Bibiana do Espírito Santo, 1890-1967) e Iwin Toná (Mãe Mãezinha, Ondina Valéria Pimentel, 1916-1975), todas com seus históricos de verdadeiras heroínas na defesa de nossas comunidades tradicionais de matriz africana e dos valores civilizatórios que nossa nação herdou dessas tradições.

Sumário

Abertura   8

Evocação aos espíritos
das terras africana e brasileira   **10**

Apresentação   **14**

Prefácio   **26**

Reflexões teóricas   30

De Bourdieu a Charlot:
refletindo sobre a sociologia da reprodução   **32**

De Winnicott a Biarnès:
fenômenos, espaço transicional e espaço
de criação como metodologias pedagógicas   **54**

Defesa do ensino de história
e cultura afro-brasileira e africana   **80**

Ensino de história e cultura
afro-brasileira e africana: bases legais   **92**

Defesa do estudo dos mitos africanos
no contexto educacional brasileiro   **116**

Visões africanas na educação 124

História: arquétipos, mitos e fatos **126**

Filosofia: Xangô veio antes de Rousseau **202**

Sociologia: o sociólogo Exu **226**

Psicologia:
Iansã enlouqueceu Freud em seu divã **260**

Itan Ifá – a desmacunaimização
do herói brasileiro em um jovem que
se descobre negro e até então não sabia **268**

Aplicações 274

Oficinas e práticas pedagógicas de
afirmação identitária afrodescendente **276**

Relatos e experiências de práticas
antirracistas e de afirmação identitária
e cultural afrodescendente em sala de aula **336**

Considerações finais **348**

Referências 350

Abertura

Evocação aos espíritos das terras africana e brasileira

O navio negreiro

Era um sonho dantesco... o tombadilho
[...] Em sangue a se banhar.
Tinir de ferros... estalar de açoite...
Legiões de homens negros como a noite,
Horrendos a dançar...
[...] Quem são estes desgraçados
[...] São os guerreiros ousados
[...] Ontem simples, fortes, bravos.
Hoje míseros escravos,
Sem luz, sem ar, sem razão...
São mulheres desgraçadas,
[...] Que sedentas, alquebradas,
De longe... bem longe vêm...
[...] Senhor Deus dos desgraçados!
Dizei-me vós, Senhor Deus,
Se eu deliro... ou se é verdade
Tanto horror perante os céus?!...
[...] Existe um povo que a bandeira empresta
P'ra cobrir tanta infâmia e covardia!...
[...] Auriverde pendão de minha terra,
Que a brisa do Brasil beija e balança,
[...] Antes te houvessem roto na batalha,
Que servires a um povo de mortalha!...
[...] Mas é infâmia demais!... Da etérea plaga
Levantai-vos, heróis do Novo Mundo!

(Castro Alves, 1884)

Com o espírito de paulistano antropofágico que, como Caetano Veloso (1978) na música "Sampa", vê São Paulo como

11

"Pan-Américas de Áfricas utópicas, [...] mais possível quilombo de Zumbi", agradeço aos meus ancestrais africanos por toda a luta para formar nossa nação, apesar de todo o sofrimento e não reconhecimento; e através do fragmento do poema "O navio negreiro", eu os evoco em espírito pelos valores civilizatórios que herdamos no Brasil das civilizações africanas. Mesmo tantos anos depois da publicação de "O navio negreiro", ele continua atual: lembro que números recentes do genocídio da juventude negra (ONU, 2022) mostram que nossa bandeira ainda serve "a um povo de mortalha", como fala o poema, pois cada jovem negro morto nos dias de hoje em nosso país tem como mortalha a bandeira de um país que ainda lhe nega oportunidades.

Mas não poderíamos realizar a obra do Renascimento Africano e do encontro com o Renascimento Latino-americano sem saudar a terra que abrigou e acolheu esses ancestrais e se transformou em sua pátria e de seus descendentes. Por isso, nossos ancestrais africanos agradecem ao espírito desta terra.

E como fariam os meus ancestrais africanos, evoco o espírito desta terra a partir do poema "Um índio", lembrando que, em nosso Renascimento Latino-americano, os valores tradicionais africanos se encontram com os das comunidades tradicionais de toda a América Latina. Vejo nesse poema o prenúncio de toda a glória que trará o renascimento cultural a nossos povos, lembrando que esse "índio" de que fala a canção somos todos nós, brasileiros.

Um índio

[...] descerá de uma estrela colorida, brilhante
[...] que virá numa velocidade estonteante
E pousará no coração do Hemisfério Sul
[...] Virá impávido que nem Muhammad Ali

[...] apaixonadamente como Peri
[...] tranquilo e infalível como Bruce Lee
[...] E as coisas que eu sei que ele dirá, fará
Não sei dizer assim de modo explícito.
E aquilo que nesse momento se revelará aos povos
Surpreenderá a todos não por ser exótico
Mas pelo fato de poder ter sempre estado oculto
Quando terá sido o óbvio.

(Caetano Veloso, 1977)

Assim, faço desta obra uma evocação aos espíritos dos ancestrais de todos os que lutam pela causa negra, pelo Renascimento Latino-americano e Africano (na diáspora), para que os que militam por estas causas, como disse Castro Alves, "da etérea plaga" se levantem, "heróis do Novo Mundo", a fim de realizar as transformações necessárias para que nossas bandeiras deixem de servir "a um povo de mortalha".

Apresentação

Cresci numa família afrodescendente que enfrentou todas as dificuldades decorrentes de ser negra numa sociedade racista, conservando o orgulho e os costumes de suas raízes, mesmo quando disfarçados sob uma capa de cultura europeia. Nesse contexto, presenciei também a luta de pessoas que se dedicaram à militância política contra as desigualdades sociais. Essas experiências me fizeram sentir orgulho de minha afrodescendência e de seus valores civilizatórios e me tornaram sensível para a necessidade de encarar os elementos das culturas africanas como parte essencial de nossa cultura brasileira. E minha experiência de vida mostrou a urgência de ações capazes de quebrar a resistência da sociedade dominante à nossa herança africana.

Em certo período de minha vida, trabalhei em um lugar onde tinha dois colegas na mesma função. Nos intervalos e quando os chefes não estavam presentes, conversava muito com os dois sobre os mais variados assuntos. Ambos tinham nível de instrução superior completo: um nível cultural muito elevado pela média que temos em nosso país, em que, na segunda década do século XXI, ainda apenas uma minoria da população chega ao nível universitário (IBGE, 2017).

Um era formado em Turismo, falava três línguas e tinha vivido na Europa por vários anos. A outra (que vou chamar de K) era um exemplo ímpar do que podemos considerar uma excelente formação cultural. Aos 25 anos, formada em Letras-Alemão, K, como a maioria das alunas da Faculdade de Filosofia, Letras e Ciências Humanas da USP (onde estudara), não era negra, pertencia à classe média paulistana e veio de estudos, na maior parte, em colégios particulares de excelente nível e mensalidades caras. Pela sua formação, K conhecia toda a literatura alemã e sabia analisar profundamente obras como *Fausto* de Goethe, e todas as escolas literárias alemãs. Conhecia todos os filósofos da Escola de Berlim, sabia discutir desde Kant até Nietzsche, de quem tinha excelentes referências, e conhecia a maior parte das análises literárias de todos os clássicos, o que na USP são chamados de literatura universal (do Norte e sobretudo europeia, diga-se de passagem). Embora aluna de alemão, K não se contentou somente com esta língua, mas tinha também plena formação, com certificados, de inglês, espanhol (línguas que já havia lecionado juntamente com o alemão) e francês (no nível máximo de reconhecimento da própria instituição legal francesa que o faz no Brasil), e entendia perfeitamente, em nível gramatical e de leitura, o catalão e o italiano. Tinha vivência internacional: fez intercâmbio na Alemanha, na Itália, na Argentina, na Irlanda e na Austrália e conhecia toda a Europa pelas várias vezes em que lá esteve. Comentava com amplo conhecimento autores irlandeses, como James Joyce, Oscar Wilde e outros menos conhecidos, resultado de seu intercâmbio na Irlanda.

Era interessada em artes em geral e estava, quando a conheci, matriculada em um conceituadíssimo curso de direção e atuação teatral, desenvolvendo trabalhos relevantes para seu nível de formação. Dessa forma, além de Brecht e do *Dreigroschenoper* (*Ópera dos três vinténs*, que inspirou a *Ópera do malandro* de Chico Buarque de Hollanda), que já conhecia desde que cursou Letras na USP, tinha profundo conhecimento de Tchekhov, Stanislavsky e todas as escolas comportamentalistas estadunidenses que influenciaram o teatro mundial. Certa vez, quando falei da influência de Brecht na *Ópera do malandro*, ela me disse que a tragédia clássica dos argonautas (MACIEL, 2004) influenciou a peça *Gota d'água* de Chico Buarque e me falou sobre diversos autores da teoria teatral que influenciaram obras do mesmo autor através dos tempos.

Bem, eu estava diante do típico representante da elite cultural que a Universidade de São Paulo forma desde que

Lévi-Strauss (1957, p. 101-106) fez suas primeiras observações sobre o perfil dos estudantes da USP, quando ali lecionou Sociologia entre 1935 e 1939.

Para não falar que não tinha referências sobre a cultura africana e brasileira em geral, posso dizer que, durante os estudos preparatórios, K deve ter lido todos os autores indicados para o vestibular, inclusive os da fase modernista nacionalista, como Jorge Amado e Guimarães Rosa. E em 2013, quando soube, pela grande mídia brasileira (muitas vezes associada a empresas sul-africanas que participaram e se beneficiaram do *Apartheid*) que Nelson Mandela havia morrido, ficou triste e disse, na ocasião, que havia participado de uma palestra de um pesquisador senegalês que falava sobre os *griots* e a literatura oral daquela região da África.

Contudo, em certa ocasião, quando falei que minha mãe fazia acarajés para Iansã no dia de Santa Bárbara, quando morávamos na Bahia, e que dedicou seu próprio comércio a Iansã, K perguntou:

– Quem é Iansã?

Nota-se que ela poderia ter perguntado também: "Quem é Santa Bárbara?" Ou: "O que é acarajé?" Mas não perguntou.

Em outra oportunidade, quando nosso colega de trabalho disse que estivera na Nigéria e participara de uma festa real, e eu disse que tinha o objetivo de ir à África fazer meu santo e minha orixá no templo de Oxum, K, espantada, perguntou:

– O que é fazer o santo?

– O que é orixá?

– Quem é Oxum?

Para completar o quadro, quando estávamos falando, em outra ocasião, sobre Chico Buarque e a admiração que ele causava a ela e a todos os alunos de seu curso de teatro, e comentei que a filha dele havia se casado com Carlinhos Brown, antes que eu dissesse que a família dele tinha ascendência de famílias da nobreza africana iorubá como a minha, K comentou:

– Nossa, o Carlinhos Brown, que figura! O pai dela [o seu ídolo, Chico Buarque, que tem olhos azuis como os dos alemães e holandeses por quem ela é tão atraída] deve ter ficado muito triste e bravo com ela.

Claro que em outro momento, conversando sobre racismo, oportunamente, vi que K admitia haver racismo no Brasil, como fizeram 94% dos entrevistados em pesquisa de 2000 (OLIVEIRA; BARRETO, 2003). Contudo, igualmente como 87,5% dos sujeitos dessa pesquisa, K não se considerava racista.

Em outra discussão, na qual eu defendia as cotas na USP e falava de um processo instaurado na Seppir contra minha faculdade em razão de racismo institucional, ela argumentou:

– Sou contra as cotas, pois acredito na meritocracia, todos têm que se esforçar pra conseguir chegar lá... [assim como eu cheguei, podia-se ler em sua fala implicitamente...].

Nestes casos todos, eu pergunto: a partir do que é avaliado este mérito? Considerando que fatores?

Vendo claramente que um representante de nossa elite cultural ainda passa incólume pelos processos que garantem o advento da diversidade cultural no ambiente pedagógico de nosso meio escolar, é que coloco estas perguntas: que mérito? O mérito de estudar a própria cultura a partir do próprio *habitus* cultural e linguístico, que para os demais se converte em imposição cultural, com o fim de promover a reprodução de relações culturais que a beneficiem assim como ao seu grupo social?

Este exemplo, que é recorrente em nossa elite universitária, deixa evidente a consciência de classe como participante da elite econômica e cultural brasileira, que teme a alteridade, criando essa fragmentação social a partir da perpetuação da reprodução de relações sociais excludentes.

No âmbito deste exemplo, como fica a questão de "crer que o outro, como nós, tem potenciais que nós podemos aproveitar, assim como ele poderá se aproveitar dos nossos", proposta pelo educador francês Jean Biarnès (2007, p. 43; tradução nossa)? Devemos fazer esta pergunta, pois o fato de não crer neste outro, e simplesmente ignorá-lo institucionalmente, faz com que as relações culturais vigentes sejam reproduzidas e que nossa educação sirva somente a esse propósito, por mais que abracemos posições políticas progressistas em nossos discursos. Se não consideramos neste discurso o viés cultural e as variantes que este viés traz, cairemos no pessimismo e no determinismo sociológico tão criticados pelos autores que serão analisados mais adiante.

Sem considerar a alteridade, sem dar espaço na educação brasileira para o que ainda é chamado de alteridade em nosso pensamento acadêmico, dificilmente reverteremos esse quadro de reprodução de relações culturais. E nosso discurso, mesmo aparentemente progressista, será mero catecismo ideológico sem práxis, pois nossa educação continuará trabalhando para reproduzir as relações culturais fundadas em relações de dominação.

Esta percepção me levou ao estudo de diferentes culturas e tradições, em busca de caminhos para lutar contra a exclusão de parte tão importante da cultura e dos valores civilizatórios em nosso país.

Em 1997, fiz um estágio de observação na Fundação Ramakrishna, em Hyderabad, na Índia (RAMAKRISHNA MATH, 2022), quando lá estive realizando estudos em cultura vedantina e visitando suas instituições educacionais (POLI, 2012).

Pude verificar, de maneira geral, que esta instituição afirma a cultura e a identidade indianas entre seus membros e no que se refere à apropriação da linguagem. O que de mais relevante notei foi a metodologia do centro de línguas estrangeiras, que se localizava ao lado do templo de Vedanta.

Em Hyderabad, a língua predominante é o telugu, e, na Índia, para se ter acesso à produção cultural dominante e ao padrão culto, é necessário o domínio tanto da língua da província em questão quanto do inglês. O que de mais interessante pude observar foi que, no caso da Fundação Ramakrishna, o objetivo era, a partir da reafirmação da cultura e da identidade indianas, promover o domínio do padrão culto do inglês, sem tentar "britanizar" ou "americanizar" os alunos, como vemos de forma recorrente em metodologias de escolas de idiomas no Brasil. O que pude observar em Hyderabad me trouxe à memória, inclusive, uma música de Arnaldo Antunes (1991), "Volte para o seu lar", quando diz: "Falamos a sua língua, mas não entendemos seu sermão."

Vi, neste caso, um exemplo claro de apropriação da variante normativa da linguagem, sem que, necessariamente, este arbitrário cultural marginalizasse a cultura de origem ou o *habitus* linguístico daqueles alunos.

Essa experiência me mostrou a importância da criação de propostas práticas na área educacional que permitam reverter o processo de exclusão da população negra, realizado tradicionalmente através da oposição dos obstáculos representados pelos elementos da cultura dominante que dificultam o acesso, pelos membros de outros grupos da sociedade, a um *status* pleno de cidadania. Após concluir a graduação em Pedagogia na USP, em 2011, e já trabalhando como professor do Ensino Fundamental, fiz o mestrado em Educação na mesma universidade. Paralelamente, elaborei uma programação de cursos de extensão, palestras e oficinas, que venho oferecendo desde 2008, sobre os valores civilizatórios dos mitos iorubás e sua projeção na diáspora. As principais obras que produzi nesse período, e que vêm servindo como recurso bibliográfico básico para essas atividades, foram: a dissertação de mestrado (*A importância do estudo das mitologias e gêneros literários da oralidade africana e afro-brasileira no contexto educacional brasileiro*), concluída em 2014 e publicada com o título *Pedagogia dos orixás* (POLI, 2015); *Antropologia dos orixás: a civilização iorubá a partir de seus mitos, orikis e sua diáspora*, publicada pela primeira vez em 2011 (POLI, 2019); *Paideia negra: a nova pedagogia dos orixás* (POLI, 2016); e material didático voltado para o Ensino Fundamental, resultante da aplicação prática, no meu cotidiano docente, das propostas que apresentei na dissertação.

Na primeira versão do livro *Antropologia dos orixás*, apresentei uma defesa do estudo destes mitos, não em sua função religiosa, mas de seus conceitos e valores civilizatórios, conforme premissas e orientações da Coordenação de Políticas para Povos e Comunidades Tradicionais de Matriz Africana e de Terreiros, da Secretaria de Políticas de Promoção da Igualdade Racial (Seppir) da Presidência da República. A professora e historiadora Silvany Euclênio (chefe da Secretaria de Políticas para Comunidades Tradicionais da Seppir de 2011 a 2015), a quem enviei um desdobramento de minha pesquisa de campo realizada, em 2012, em abrigos da população de rua, quilombos e terreiros da Bahia, na Conferência Estadual de Políticas de Promoção da Igualdade Racial do Espírito Santo (Conepir-ES) de 2013, teceu-me comentários incentivadores. Além disso, rendeu-me também elogios à ministra Luiza Bairros, que, pessoalmente, comentou trechos do relatório, definindo-o como extremamente útil para as políticas da Seppir (que chefiou de 2011 a 2014).

No contexto da educação brasileira, com o objetivo de contribuir com a Lei 10.639/03, que é estratégica no processo de descolonização de nosso pensamento acadêmico e educacional, assim como no contexto do Renascimento Africano, desenvolvi este trabalho com o intuito de colaborar, a partir da criação de novas bases culturais através do diálogo Sul-Sul, para o desenvolvimento de novas relações sociais, políticas, econômicas e sociais entre e em nossos países.

Ao reconhecerem minhas obras como parte do Renascimento Africano, as lideranças tradicionais africanas que assim o fazem, enriquecem e atribuem um grande valor a este trabalho no momento histórico pelo qual passamos, nas primeiras décadas do século XXI, e que pede uma reestruturação nos sistemas econômicos, políticos, sociais e culturais mundiais.

Ao falar em renascimentos de civilizações e povos do Sul, não posso deixar de citar aquele que, para mim, é o precursor de todos estes: o Renascimento Hindu do século XIX, liderado por Ramakrishna (1836-1886) e que tomou forma a partir da obra de seu discípulo Swami Vivekananda (1863-1902), que divulgou a tradição vedanta do hinduísmo na Europa e na América e fundou a Ordem Ramakrishna na Índia.

No século XIX, o hinduísmo passou por uma crise na qual foi visto por seus seguidores como sendo apenas uma série de superstições, afastando-se assim de seus valores civilizatórios fundantes, presentes em suas escrituras, que deram origem à civilização hindu. Aos filósofos do Renascimento Hindu, foi atribuído o papel de resgatar esses valores, e com isso foram responsáveis pela criação de um ambiente cultural que possibilitou à Índia entrar na era moderna e abriu o caminho, no século XX, para intelectuais e líderes do movimento de independência da Índia, como Mahatma Gandhi.

Da mesma forma que o Renascimento Hindu resgatou valores do hinduísmo, o Renascimento Africano vem resgatar os valores civilizatórios das sociedades africanas, oriundos de suas comunidades tradicionais. E outras regiões do Sul devem promover seus renascimentos culturais, de acordo com o objetivo de alinhamento político desses povos, no contexto do diálogo Sul-Sul neste novo milênio.

O Renascimento Africano, neste contexto, vai além de um projeto cultural e tem implicações econômicas, políticas e de inclusão social. Contudo, assim como se deu com o Renascimento Hindu no século XIX, ele se inicia a partir de um movimento cultural de resgate dos valores civilizatórios das comunidades tradicionais dos povos africanos, assim como sua própria valorização e a de suas dinâmicas sociais.

O Renascimento Africano também encontra um paralelo, no Brasil e nos países da diáspora africana na América Latina, com o Renascimento Latino-americano, que defende os valores civilizatórios das comunidades tradicionais de nossos povos nativos e que, no nosso caso, trabalham em conjunto na defesa de valores civilizatórios tanto africanos, que contribuíram para nossa formação em seus processos de ressignificação, quanto indígenas, como patrimônio cultural brasileiro.

Assim, o objetivo desta obra é contribuir com elementos que ajudem a estabelecer novas relações culturais para este processo, reconhecendo a base mítica de nossa matriz africana, assim como nossos heróis negros, no processo de construção de nossos arquétipos de base em nossa educação.

O texto desta nova *Pedagogia dos orixás* combina as reflexões teóricas sobre educação elaboradas na minha dissertação do mestrado, com a discussão sobre personagens históricos e míticos feita na *Paideia negra* (POLI, 2014, 2016). Também conta com um texto de atualização, que forma a segunda parte da obra e detalha exemplos de aplicações da proposta de práticas pedagógicas de afirmação identitária e cultural afrodescendente em sala de aula.

Na primeira parte, apresento conceitos essenciais para entender a opressão exercida pelo sistema de ensino a serviço de classes ou grupos dominantes numa formação cultural e encontrar estratégias educacionais alternativas. Para começar, a teoria da reprodução, a violência simbólica e o arbitrário cultural de Bourdieu; a seguir, as críticas ao determinismo sociológico derivado de Bourdieu, feitas por Lahire e Charlot, que destacam o papel da afirmação identitária dos sujeitos dentro de uma sociedade; depois, os fundamentos da proposta metodológica que aplico em meu trabalho: a teoria da transicionalidade de Winnicott e o espaço de criação de Biarnès. Finalmente, contemplando o caso específico da educação no Brasil, comento as bases legais da inclusão da história e da cultura africana e afro-brasileira no Ensino Básico e a consequente proposta de utilizar lendas e narrativas históricas da África e do Brasil, que é detalhada na segunda parte desta obra.

Na segunda parte, descrevo dois programas pedagógicos: o *Ire Ayo*, da Escola Municipal Eugênia Anna dos Santos, de Salvador (BA), e o *Nossos Pais Nossos Verdadeiros Heróis*, inserido em minha prática como professor do Ensino Básico em São Paulo. Ofereço também uma coleção de pequenos textos, derivados de mitos e narrativas históricas africanas e afrodescendentes, adaptados para o uso em sala de aula, e relatos de experiências reais que podem servir como temas de reflexão para professores acerca das próprias práticas antirracistas.

Não foi incluído na presente obra um detalhamento dos mitos iorubás e da literatura oral a eles associada para não repetir conteúdos bastante discutidos na *Antropologia dos orixás* (POLI, 2019).

Prefácio

Ivan Poli é desses pesquisadores e intelectuais que carregam em si a subversão como modo de ser e estar na coletividade, por mais que suas palavras incomodem as pessoas que estão confortáveis em seus mundinhos individualizantes. Ele é uma força da natureza que nunca se submete e sei que jamais se submeterá a qualquer atrocidade, tal e qual a planta ancestral Osibàtá faz justamente por ter as suas raízes fincadas na lama, isto é, na ancestralidade enquanto mantém seu ori(cabeça) firme e erguido em direção ao sol. Ele acredita na libertação negra através dos conhecimentos e práticas ancestrais. Em sua escrita científica faz questão de desfilar com todo seu vasto conhecimento teórico que aqui vai da teoria da reprodução de Bourdieu, passando pelo determinismo sociológico de Charlot, para chegar ao fundamento aplicado nessa empreitada que é pensar a teoria da transicionalidade de Winnicott e o espaço da criação de Biarnès.

Sim, Ivan se recusa a ser medíocre e para isso, mergulha em águas profundas para trazer à superfície cruzamentos conceituais inéditos para o campo da Educação das Relações Étnico-raciais, contribuições sem fim. Ivan faz uma varredura em seus conhecimentos sociológicos adquiridos não somente através dos estudos, das leituras, mas também da coragem de colocar seu corpo em jogo, viajando, vendo e conhecendo de perto diferentes culturas, seus mitos, formas dos diferentes povos de se comunicar para trazer ao campo educacional possibilidades inovadoras de atuação pedagógica.

Como se tudo isso, por si só, já não trouxesse novidades suficientes, ele se debruça e resgata práticas exitosas de dois programas pedagógicos que eu admiro: um em Salvador/Bahia – o *Ire Ayo*, da Escola Municipal Eugênia Anna dos Santos e outro de São Paulo – *Nossos pais nossos verdadeiros heróis*. Vale à pena conhecer. Ivan não é alguém de parcos conhecimentos e que está chegando agora, pois tem dedicado sua vida profissional a essa temática: publicou, a partir de sua dissertação de Mestrado, *Pedagogia dos Orixás* (2015), *Antropologia dos orixás: a civilização iorubá a partir de seus mitos, orikis e sua diáspora* (2011, 1ª versão) e *Paideia negra: a nova pedagogia dos orixás* (2016). Tornou-se, assim, reconhecido por lideranças tradicionais africanas que consideram suas obras, parte do movimento chamado Renascimento Africano, que tem como objetivo, chamar a atenção do mundo para a necessidade de uma reestruturação dos sistemas econômico, político, social e cultural.

Ivan Poli é desses intelectuais que me instiga a revisitar suas obras e a escrever após leituras, pois atuamos no mesmo eixo temático – Orixás e Educação –, e sei que tais contribuições são extremamente necessárias para que convidemos os profissionais da educação a pensar fora da caixinha segregadora e embranquecida que sempre foi a educação brasileira, a partir de referenciais capazes de subverter a ordem individualista para a comunitária, imediatista para a ancestral. Ivan afirma que a ausência de mitos tradicionais e ancestrais nas escolas apenas faz com que se reproduzam relações culturais e sociais, e bem sabemos que tais reproduções são excludentes e só têm adoecido e afastado nossas crianças e jovens do espaço escolar. Penso que a Pedagogia Ecoancestral, de que tenho tanto falado e pesquisado, seja uma forma de dialogar com tudo o que o grande intelectual Ivan Poli traz como contribuição.

Axé! E que tudo se movimente.

Kiusam de Oliveira
Pedagoga/pesquisadora/escritora

Reflexões teóricas

De Bourdieu a Charlot: refletindo sobre a sociologia da reprodução

Para iniciar esta reflexão, busco apoio, sobretudo, nos estudos realizados por Pierre Bourdieu, sobre as teorias da **reprodução** e da **violência simbólica**, além dos estudos de Bernard Lahire, descritos em *Sucesso escolar nos meios populares: as razões do improvável*. Segundo Bourdieu e Passeron (1992, p. 19), na obra *A reprodução*, "todo poder de violência simbólica, [...] que chega a impor significações e torná-las legítimas, dissimulando as relações de força que estão em sua base, acrescenta sua própria força [...] simbólica a estas relações [...]".

Entende-se que a violência simbólica ocorre quando a cultura da classe dominante é imposta como cultura hegemônica e se legitima, sobrepondo-se a outras culturas. Fato este que ocorre, sobretudo, na instituição escolar, através da ação pedagógica, enquanto imposição de um arbitrário cultural. A ação pedagógica é

> [...] uma violência simbólica, num primeiro sentido, enquanto que as relações de força entre os grupos ou as classes constitutivas de uma formação social estão na base do poder arbitrário que é a condição de instauração de uma relação de comunicação pedagógica, [...] da imposição e da inculcação de um arbitrário cultural, segundo um modo arbitrário de imposição e de inculcação (educação). [...] A [ação pedagógica] é [...] uma violência simbólica, num segundo sentido, na medida em que a delimitação [...] implicada no fato de impor e de inculcar certas significações, convencionadas pela seleção e a exclusão [...] como dignas de serem reproduzidas por uma ação pedagógica, reproduz [...] a seleção arbitrária que um grupo ou uma classe opera objetivamente em e por seu arbitrário cultural. [...] O grau objetivo de arbitrário [...] do poder de imposição de uma [ação pedagógica] é tanto mais elevado quanto o grau de arbitrário [...] da cultura imposta é ele mesmo mais elevado. (BOURDIEU; PASSERON, 1992, p. 21, 22, 24)

Segundo os autores, essa ação de inculcação do arbitrário cultural se legitima através da autoridade pedagógica, à qual eles se referem da seguinte forma: "A [ação pedagógica] implica necessariamente, como condição social de exercício, a **autoridade pedagógica** [...] e a **autonomia relativa** da instância encarregada de exercê-la" (BOURDIEU; PASSERON, 1992, p. 26, grifos dos autores).

Na mesma obra, Bourdieu e Passeron afirmam que o trabalho pedagógico faz com que essa inculcação de arbitrário cultural, legitimada pela autoridade pedagógica, tenha seu efeito prolongado para além da ação pedagógica, através de um trabalho voltado especificamente para a inculcação, que ultrapassa o ambiente escolar. Quanto a isso, os autores afirmam:

> Enquanto imposição arbitrária de um arbitrário cultural que supõe a [autoridade pedagógica], isto é, uma delegação de autoridade [...], a qual implica que a instância pedagógica reproduza os princípios do arbitrário cultural, imposto por um grupo ou uma classe como digno de ser reproduzido, tanto por sua existência quanto pelo fato de delegar a uma instância a autoridade indispensável para reproduzi-lo [...], a [ação pedagógica] implica o **trabalho pedagógico** [...] como trabalho de inculcação que deve durar o bastante para produzir uma formação durável: isto é, um **habitus** como produto da interiorização dos princípios de um arbitrário cultural capaz de perpetuar-se após a cessação da [ação pedagógica] e por isso de perpetuar nas práticas os princípios do arbitrário interiorizado (BOURDIEU; PASSERON, 1992, p. 43-44, grifos dos autores)

Dessa forma, os autores colocam, em um próximo passo, o argumento de que todo sistema de ensino opera a partir da ação pedagógica, que tem como função inculcar um arbitrário cultural legitimado pela autoridade pedagógica e perpetuado pelo trabalho pedagógico, e é o espaço que faz com que esse sistema, existindo, seja agente de reprodução cultural. E, por sua vez, torna-se responsável pela reprodução das estruturas sociais vigentes em uma sociedade determinada. Vejamos o que os autores afirmam:

> Todo **sistema de ensino institucionalizado** [...] deve as características específicas de sua estrutura e de seu funcionamento ao fato de que lhe é preciso produzir e reproduzir, pelos meios próprios da instituição, as condições institucionais cujas existência e persistência (autorreprodução da instituição) são necessárias tanto ao exercício de sua função de inculcação quanto à realização de sua função de reprodução de um arbitrário cultural do qual ele não é o produtor (reprodução cultural) e cuja reprodução contribui à reprodução das relações entre os grupos ou as classes (reprodução social). (BOURDIEU; PASSERON, 1992, p. 64, grifo dos autores)

Em resumo, os autores explicam que essa inculcação de arbitrário cultural ocorre através da ação pedagógica, legitimada, por sua vez, pela autoridade pedagógica, que através do trabalho pedagógico faz com que esta inculcação se consolide. Assim, o sistema de ensino torna-se um espaço de reprodução cultural, que irá resultar na reprodução das relações sociais vigentes na sociedade em questão. Dessa forma, ocorre a manutenção da ordem que beneficia os membros das classes dominantes no processo de reprodução cultural e social.

Sob essa perspectiva, que torna o espaço escolar espaço de reprodução cultural e social, um dos elementos centrais é a forma de apropriação da linguagem. A ação pedagógica de inculcação de um determinado arbitrário cultural também se dá através do processo de apropriação da linguagem, que tenta impor o *habitus* linguístico da cultura da classe intelectual e, não raro, financeiramente dominante.

Como demonstra o próprio Pierre Bourdieu (1996) em sua obra *A economia das trocas linguísticas*, o padrão culto da língua é sempre mais próximo do *habitus* linguístico da classe culturalmente dominante. Isso permite que, ao ser esse o padrão a ser reproduzido e ensinado no ambiente escolar, faça com que os integrantes dessa classe tenham menos probabilidades de sofrer fracasso escolar. Assim, o processo de reprodução cultural, que faz da instituição escolar seu espaço central, contribui para a reprodução das relações e, consequentemente, das estruturas sociais vigentes e da manutenção da ordem que beneficia a classe culturalmente dominante, conforme trata a obra *A reprodução* (BOURDIEU; PASSERON, 1992).

Nesse processo de reprodução, é evidente a marginalização de todo o universo simbólico e cultural próprio de membros de outras culturas, que não a culturalmente dominante que, segundo Bourdieu (1996, 2005), se mostra a única considerada digna de ser reproduzida e inculcada em seu arbitrário cultural. Consequentemente, não somente o universo simbólico, mas também os *habiti* linguísticos dessas populações são igualmente marginalizados. E o autor não aponta em sua teoria nenhuma possibilidade ou alternativa para que esses *habiti* possam ser utilizados de alguma forma para a reversão desse processo. Bourdieu mantém-se pessimista em relação a cisões ou mesmo à reversão desse quadro. A academia, a rigor, na maior parte dos países nos quais este autor tem grande influência, sobretudo na América Latina, reproduz o discurso do autor e não busca formas de reversão desse quadro. Reafirmando o pessimismo de Bourdieu, transforma esse pessimismo em determinismo sociológico e funciona como promotora e formadora intelectual de um sistema de ensino que forma profissionais para atuarem no processo de reprodução cultural e social.

Observa-se uma crítica constante ao determinismo sociológico, sobretudo entre intelectuais da linha existencialista, como Jean-Paul Sartre (MENDONÇA, 2017). Este autor teceu críticas a aspectos da obra de Pierre Bourdieu, o qual, por sua vez, também foi igualmente criticado e questionado por diversos autores das escolas que questionavam as teorias da reprodução, a partir dos anos 1980, como são exemplos Charlot (2000) e Lahire (1997).

Contudo, é incontestável a validade do discurso de Bourdieu no sentido da promoção dessas reproduções em nossos sistemas de ensino. Não podemos negar a utilidade da pesquisa, do estudo e da reflexão desse autor, que mostra uma realidade que necessita ser compreendida. A forma como a academia reage com seu discurso previamente derrotista, ao transformar o pessimismo de Bourdieu em determinismo, assim como afirmavam os existencialistas, faz com que pareça que não existem alternativas para a reversão do quadro. E, não raras vezes, faz com que se ignore ou não se dê relevância a outras experiências de autores que tentaram romper com o processo que torna a escola um espaço de reprodução cultural e, consequentemente, social.

Em outras palavras, é inegável que não se pode ignorar a validade e a legitimidade do discurso e da pesquisa de Bourdieu, mas a questão central reside na forma pela qual se reage a esse discurso, seja transformando o pessimismo do autor em determinismo sociológico, seja buscando alternativas à reversão desse quadro a partir de reflexões sobre a temática.

Devemos perguntar, mesmo, àqueles que se rendem ao determinismo sociológico e não buscam alternativas para a reversão desse quadro: como pesquisadores, o que fazem em uma universidade pública que supostamente deve estar focada na melhoria do ensino público? Qual é a utilidade de suas pesquisas, já que não servem para a reversão desse quadro de reprodução cultural e social? Já que as pesquisas são financiadas, em sua maior parte, por recursos públicos, e não deveriam beneficiar a restrita elite cultural e financeira, em seu processo de manutenção da ordem, através da inculcação de um arbitrário cultural? Arbitrário que, nesse processo, desfavorece a maior parte da população, que é quem realmente paga impostos e necessita dos serviços públicos na área de educação.

Críticas à sociologia da reprodução

Buscando alternativas em um marco teórico, que explicasse os fenômenos que observei no convívio com a Fundação Ramakrishna, deparei-me com as obras de Bernard Lahire (1997), destacando, sobretudo, o livro *Sucesso escolar nos meios populares: as razões do improvável*. O encontro dos existencialistas, como Sartre, fez com que me chocasse e, de alguma forma, questionasse o pessimismo de Bourdieu e, consequentemente, o determinismo com que este pessimismo é apropriado pelo meio acadêmico; e só encontrei um quadro teórico sociológico favorável à minha própria experiência ao estudar as pesquisas de Lahire. Outro autor que consolida esta questão é Yves Lenoir (2004), quando delineia bem as diferenças entre educação inculcadora e educação emancipatória, observadas claramente nos exemplos estudados por Lahire e na reflexão de Bourdieu quanto a um sistema de ensino, que necessita criar novas relações culturais para que se torne possível o surgimento de novas relações sociais.

A pesquisa de Bernard Lahire (1997), na obra há pouco citada, consistiu em verificar, através de entrevistas realizadas com famílias dos meios populares dos subúrbios de grandes cidades francesas, as razões do sucesso e do fracasso escolar de estudantes, tomando como ponto de partida as notas do Exame Nacional Francês do Ensino Fundamental.

Entre os diversos casos estudados pelo autor, destaco três, a meu ver, relevantes: 1º) o sentimento de inferioridade cultural; 2º) a relação de força cultural; e 3º) um caso ideal. Os dois últimos tratam de casos opostos ao primeiro, e a questão da afirmação identitária e cultural é central. Antes de expor os casos, o pesquisador pondera:

> Em certos casos de "fracasso" escolar, [...] o conflito cultural é duplo para a criança. Enquanto ser socializado pelo grupo familiar, ela transporta para o universo escolar esquemas comportamentais e mentais [...] que acabam por impedir a compreensão e criar uma série de mal-entendidos [...]. Mas vivendo novas formas de relações sociais na escola, a criança, qualquer que seja seu grau de resistência para com a socialização escolar, interioriza novos esquemas culturais que leva para o universo familiar e que podem, mais ou menos, conforme a configuração familiar, deixá-la hesitante em relação ao seu universo de origem [...]. O "fracasso" escolar é então o produto de um conflito tanto entre a criança e a escola [...] quanto entre a criança e os membros de sua família. (LAHIRE, 1997, p. 171-172, aspas do autor)

Dessa forma, Lahire aponta, em sua pesquisa, para o fato de que uma das razões do sucesso ou fracasso escolar reside na estrutura familiar, exemplificando, em ambos os casos, esse fator como um dos determinantes para o resultado do aproveitamento dos alunos na escola. Outro fator que o autor expõe, na pesquisa, como determinante para o sucesso ou fracasso escolar, é a necessidade da escolarização de ao menos um dos membros da família que sirva de referência para a criança:

[...] a maneira como os membros da configuração familiar vivem e tratam a experiência escolar da criança, revivendo, às vezes, através dela, sua própria experiência escolar passada, feliz ou infeliz, se mostra como um elemento central na compreensão de certas situações escolares. (LAHIRE, 1997, p. 172)

A análise do autor evidencia a questão da experiência prévia do processo de escolarização dos membros da família como fator preponderante que influenciará na trajetória escolar da criança. Por conseguinte, se não há essa experiência prévia, o autor, pelos exemplos demonstrados em sua pesquisa, assinala que a criança estará em desvantagem em relação às demais, frente àquelas cujos familiares tiveram essa experiência, sobretudo, se a experiência tiver sido bem-sucedida.

O terceiro fator que o autor coloca como determinante no fracasso ou sucesso escolar dos alunos pesquisados é a afirmação cultural e identitária dos familiares em relação ao arbitrário cultural que é a cultura escolar e, por consequência, o estímulo que dão à criança no sentido dessas mesmas afirmações (culturais e identitárias). No trecho a seguir, Lahire expõe claramente qual é essa relação, segundo sua pesquisa:

Os adultos da família, às vezes, vivem numa relação humilde com a cultura escolar e com as instituições legítimas e podem transmitir à criança seu próprio sentimento de indignidade cultural ou de incompetência [...]. Mas, ao contrário, podem comunicar o sentimento de orgulho que experimentam diante dos bons resultados escolares da criança, ou então olhar com benevolência a escolaridade da criança, apesar da distância que os separa do mundo escolar [...]. A "herança" familiar é, pois, também uma questão de sentimentos (de segurança ou de insegurança, de dúvida de si ou de confiança em si, de indignidade ou de orgulho, de modéstia ou de arrogância, de privação ou de domínio), e a influência, na escolaridade das crianças, da "transmissão de sentimentos" é importante, uma vez que [...] as relações sociais, pelas múltiplas injunções preditivas que engendram, são produtoras de efeitos de crenças individuais bem reais. (LAHIRE, 1997, p. 172-173, aspas do autor)

Vejamos os três casos, entre os 25 estudados por Lahire na pesquisa, que separei para exemplificar melhor o assunto.

O primeiro caso trata de uma família de origem portuguesa, cujos progenitores sofrem de um sentimento de inferioridade cultural, dada sua origem, em uma França onde o padrão culto da língua francesa os exclui e os marginaliza de sua cultura de origem. Fato para o qual eles não buscam alternativas, não reagem, ou seja, não afirmam sua cultura e sua identidade perante à comunidade. Dessa forma, permitem que seu filho se submeta à opressão cultural do arbitrário cultural inculcado pelo meio escolar, o que se transforma em motivo de fracasso escolar, sobretudo no que se refere à apropriação do padrão culto da linguagem (fator de opressão) pelo filho (LAHIRE, 1997, p. 173-181).

Nos dois casos seguintes, o autor descreve duas famílias de origem árabe em que, além de oferecerem uma sólida estrutura de valores morais baseados em suas culturas de origem, pelo menos um dos responsáveis passou por algum processo de escolarização e de apropriação da linguagem em suas culturas de origem. Ao contrário do primeiro caso, afirmam suas culturas e identidades perante seus filhos, encorajando-os a ter o mesmo tipo de comportamento. Dessa forma, resistem à inculcação do arbitrário cultural da classe dominante, impedindo que os filhos marginalizem suas culturas ou percam suas referências de origem, base de suas constituições identitárias. Nessas famílias, os filhos têm os melhores resultados no exame nacional entre os alunos dos meios populares (e mesmo entre os alunos que participaram do exame). E não é pelo fato de que valorizam suas identidades e culturas de origem que desenvolvem deficiências na apropriação da variante normativa da linguagem – o padrão culto da linguagem, que se quer promover através da inculcação do arbitrário cultural da classe dominante (LAHIRE, 1997, p. 190-206).

De qualquer forma, Lahire, em sua pesquisa, amplia a importância da necessidade da afirmação identitária e cultural, não somente no que se refere ao processo de apropriação da linguagem, mas, sim, a todo o processo de sucesso ou de fracasso escolar.

Não me furtando a isso, depois que passei pela experiência na Fundação Ramakrishna, meu próprio universo simbólico, através de meu processo de afirmação identitária e cultural, aumentou de tal forma que, se até então dominava três línguas com algum grau de proficiência, aprendi cerca de dez línguas, sobretudo no tempo em que vivi na Europa.

Nos três casos (os dois de Lahire e o observado na Fundação Ramakrishna), onde ocorre a afirmação identitária e cultural no processo de apropriação da variante normativa da linguagem, dá-se uma ampliação do universo simbólico por meio da reafirmação da cultura de origem dos indivíduos em questão. De forma que, ao mesmo tempo em que lhes reafirmam a identidade, a ampliação e o enriquecimento linguístico possibilitam aos alunos dominar os códigos da variante normativa da língua estudada. Desse modo, este processo de apropriação da variante normativa da língua ocorre, diferente do que afirma Bourdieu, sem que o *habitus* linguístico desses indivíduos seja marginalizado. Ao contrário, concorre para o enriquecimento e a reafirmação de suas próprias referências de origem.

Dessa forma, para esses indivíduos, sobretudo para os alunos da Fundação Ramakrishna, devido à metodologia, a escola deixa de ser o espaço de reprodução cultural que, por sua vez, determina relações de reprodução social. E passa a ser o espaço que, ao enriquecer o próprio universo simbólico e ao reafirmar a identidade do grupo, possibilita que a variante normativa da língua seja agregada ao universo simbólico desses indivíduos, e não inculcada. Mesmo que esta variante, para estas pessoas, não deixe ainda de ser um arbitrário cultural, ela é assimilada e agregada ao universo simbólico destes indivíduos, através de suas culturas de origem. Isso confere uma carga diferente às relações de força que esse arbitrário cultural – ao ser inculcado, ao invés de agregado – desempenha no contexto da ação pedagógica como ato de violência simbólica.

Outro fator importante nesse processo de apropriação da variante normativa da linguagem, através da ampliação e do enriquecimento do universo simbólico de origem dos indivíduos, é que, ao não reproduzir a cultura da classe dominante, marginalizando a cultura de origem dos indivíduos, dá acesso a distintos espaços sociais; ou seja, tanto ao espaço da cultura de origem como àquele para o qual o indivíduo terá acesso a partir da aquisição da variante normativa da linguagem.

No exemplo de Bourdieu, a inculcação do arbitrário cultural da classe dominante na apropriação da linguagem, marginaliza o *habitus* linguístico dos indivíduos que não fazem parte dela, delimitando o espaço tanto cultural como social. Justamente o contrário do que ocorre com a afirmação identitária e cultural, que amplia o universo simbólico dos indivíduos e amplia seus espaços culturais e sociais, num processo de apropriação da variante normativa da linguagem sem a perda dos referenciais de origem.

Outros exemplos nos quais esse fenômeno acontece surgem, por exemplo, em países como a Alemanha, entre os alemães dialetais e o *hochdeutsch* (alemão padrão, oficial); e na Itália, entre os italianos dialetais e o italiano padrão baseado na "língua de Dante".

Na França de Bourdieu, ocorre o mesmo com os *patois des pays* (patoás, falares regionais) e o *francien* (francês da Île de France, a região onde fica Paris). Quando Bourdieu se refere à inculcação de um arbitrário cultural em *A reprodução*, remete-se a este arbitrário cultural como próximo da cultura da elite de Paris e ao *habitus* linguístico dos parisienses da classe dominante como variante normativa da língua francesa, que é a maior influência do francês acadêmico.

O próprio Bourdieu, por ser do interior da França, sofreu esse processo de discriminação, promovido pela inculcação desse arbitrário cultural, por não ser de origem de família parisiense da classe culturalmente dominante. Isso, sem dúvida, teve influência em sua obra e em sua teoria, tanto em *A reprodução* (BOURDIEU; PASSERON, 1992) como em *A economia das trocas linguísticas* (BOURDIEU, 1996). É importante lembrar que, no que se refere às Humanidades, as teorias dos autores, não raras vezes, estão relacionadas à sua própria vivência.

Influência da afirmação cultural e identitária sobre o desempenho escolar

Outros autores questionam e criticam as chamadas "sociologias da reprodução" e o "determinismo sociológico" da teoria de Bourdieu. Entre eles, considero relevantes para o tema em questão as pesquisas de Bernard Charlot, especialmente a obra

Da relação com o saber. Este autor inicia sua obra salientando que não é possível estudar o "fracasso" escolar como se estuda um objeto sociológico qualquer, mas que é possível estudar sujeitos em situação de fracasso escolar. "Para muitos sociólogos, explicar o fracasso escolar é explicar por que (e, às vezes, como) os alunos são levados a ocupar essa ou aquela posição no espaço escolar" (CHARLOT, 2000, p. 19). Esse é o objetivo das sociologias ditas da reprodução que, sob formas diferentes, se desenvolveram nos anos 1960 e 1970, com destaque para aspectos da obra *A reprodução*, de Bourdieu e Passeron, que, segundo Charlot, é onde esta abordagem encontra sua forma mais acabada.

Charlot salienta ainda aspectos das obras de Bourdieu que relacionam as posições escolares dos alunos e suas consequentes futuras posições sociais às posições dos pais, indicando que as diferenças de posição social dos pais apontam as diferenças de posições escolares dos filhos e, no futuro, suas posições sociais. Neste item, o autor cita que, segundo a teoria de Bourdieu:

> Há a reprodução das diferenças. Como se opera essa reprodução? [...] através de diferenças: às diferenças de posições dos pais correspondem nos filhos diferenças de "capital cultural" e de *habitus* (disposições psíquicas), de maneira que os filhos ocuparão [...] posições diferentes na escola. (CHARLOT, 2000, p. 20, grifos do autor)

Charlot critica os métodos de análise de Bourdieu que buscam simplesmente uma homologia de estrutura entre sistemas de diferenças, apesar de reconhecer uma relação entre fracasso escolar e desigualdades sociais. De qualquer forma, coloca em questão as estatísticas que determinam a posição social da família, através da categoria socioprofissional do pai, sendo que a mãe (que, geralmente, pertence a outra categoria socioprofissional) é quem tem papel decisivo na educação dos filhos. Vale ainda recordar que, na França, no caso das famílias de imigrantes do norte da África, quem desempenha esse papel é a irmã mais velha. Nesse caso, nem o pai, nem sequer a mãe. Além disso, ele defende que a categoria socioprofissional do pai, em si, não leva em consideração fatores de influência no sucesso escolar como a posição social dos avós (que nos países de origem, no caso dos imigrantes, podem ter tido posições bem diferentes das dos pais na França), evocando, de certa forma, a importância da afirmação identitária e cultural, vista na obra de Lahire, como um dos fatores determinantes do sucesso escolar nos meios populares em sua pesquisa.

Outros fatores que têm influência sobre o desempenho escolar dos alunos, e que são ignorados pelas estatísticas que levam em conta somente a categoria socioprofissional dos pais na questão do fracasso ou do sucesso escolar, segundo as teorias da reprodução, são a educação religiosa e a militância política. Isso faz com que não se deva restringir as análises à posição familiar, mas, também, atentar às práticas educativas familiares, como afirma Charlot.

Mais uma vez evocando Lahire (1997), no contexto da educação religiosa ou da militância política, as práticas educativas familiares, como fatores que influenciam no desempenho escolar, estão sempre vinculadas, de alguma forma, ao universo da afirmação cultural e identitária de origem da família. Reafirmam, desse modo, que o enriquecimento do universo simbólico de origem dos indivíduos tem influência direta no sucesso da assimilação do capital simbólico – que é o arbitrário cultural da cultura escolar, sem que este seja, dessa forma, inculcado – e no consequente sucesso escolar dos indivíduos dos meios populares.

Charlot também afirma que há fatores individuais e particulares que fazem com que duas crianças, filhas dos mesmos pais, de posições sociais idênticas, possam ter desempenhos escolares diferentes. Isso depende mais das relações que cada uma trava em seu ambiente social, com seus iguais e com os adultos, do que de uma posição social semelhante. Em suma, Charlot cita um conjunto de dimensões que devem ser levadas em consideração para uma análise do desempenho escolar dos alunos:

- o [fracasso escolar] "tem alguma coisa a ver" com a posição social da família – sem [...] reduzir essa posição a um lugar em uma nomenclatura socioprofissional, nem a família a uma posição;
- a singularidade e a história dos indivíduos;
- o significado que [os alunos] conferem à sua posição ([...] sua história, às situações que vivem e à sua própria singularidade);
- sua atividade efetiva, suas práticas;
- a especificidade dessa atividade [...] no campo do saber.

(CHARLOT, 2000, p. 23)

Tanto no âmbito do significado que os indivíduos conferem à sua posição quanto no âmbito de suas atividades efetivas e de suas práticas, remeto-me, novamente, à pesquisa de Lahire (1997) que relaciona esses fatores como partes constituintes de todo o conjunto de afirmação identitária e cultural, que são uma constante no "improvável" sucesso escolar nos meios populares.

Charlot vai mais além, e chega a afirmar que a origem social não é a causa do fracasso escolar, questionando as "sociologias da reprodução", em geral, que, segundo ele, estabelecem a existência de uma correlação estatística entre as posições sociais dos pais e as posições escolares dos filhos. Afirma, ainda, que se atribui a essas sociologias muito mais do que elas efetivamente disseram. E, em geral, consideram que a posição dos pais produz a dos filhos, o que, na verdade, é muito mais do que foi efetivamente mostrado na pesquisa de Bourdieu, por exemplo. Nesse âmbito, o autor comenta:

> Se combinarmos esses dois desvios de significado [traduzir "correlação entre posição social e posição escolar" por "correlação entre origem social e fracasso escolar"; e traduzir "reprodução" por "ato de produzir"], chegamos à ideia segundo a qual a origem social é a causa do fracasso escolar dos filhos. Houve troca dos objetos: estes não são mais as posições, mas sim a origem e o fracasso. O modo de explicação também foi transformado: explicar não é mais mostrar uma homologia de estrutura, [...] mas recorrer a uma causa.
> Foi [...] assim que a teoria de Bourdieu e, mais amplamente, as sociologias da reprodução foram interpretadas pela opinião pública e pelos docentes. [...] a ideia de reprodução foi admitida e [...] serve amiúde de "explicação" para o fracasso escolar: se certas crianças fracassam na escola, seria "por causa" de sua origem familiar; e, hoje, de sua origem "cultural", isto é, "étnica". É verdade que o fracasso escolar tem alguma relação com a desigualdade social. Mas isso não permite [...] dizer-se que "a origem social é a causa do fracasso escolar"! (CHARLOT, 2000, p. 24, grifos do autor)

Nesse trecho, o autor reafirma que as teorias da reprodução que criam esse determinismo sociológico, do qual falavam os existencialistas sobre a obra de Bourdieu, são uma interpretação equivocada e exagerada do que essas próprias teorias da reprodução, na verdade, nunca chegaram a dizer e afirmar.

Para corroborar esta posição, devemos relembrar a sistemática da violência simbólica, da qual falam Bourdieu e Passeron

(1992). Esta é a imposição da cultura da classe dominante por correlações de força que fazem com que seja a única digna de ser adquirida e estudada. Na escola, a inculcação desse arbitrário cultural se dá através da ação pedagógica do professor que, através de sua "autoridade pedagógica", ao mesmo tempo legitima a ação pedagógica e realiza assim um trabalho pedagógico. Desse modo, faz com que a inculcação desse arbitrário cultural se fixe para além do espaço da sala de aula e da ação pedagógica inicial.

Ao ocorrer no sistema de ensino como um todo, esse processo gera a reprodução de relações culturais que, por sua vez, tem consequências imediatas no processo das relações sociais. Portanto, o que diz a sociologia da reprodução de Bourdieu e Passeron é que a reprodução das relações culturais tem consequências imediatas na reprodução de relações sociais; e não diz, em nenhum momento, explicitamente, que a origem socioeconômica e a posição social dos pais determinam o aproveitamento escolar dos filhos.

Bourdieu e Passeron centram, dessa forma, sua discussão da reprodução no fato de que ela ocorre a partir da reprodução de relações culturais impostas pela sociedade na qual esse arbitrário cultural, ao ser imposto como algo a ser inculcado obrigatoriamente, é o grande responsável por essa reprodução de relações culturais e, consequentemente, sociais. Bourdieu e Passeron, contudo, reconhecem que esse arbitrário cultural (pelo simples fato de chamá-lo de arbitrário cultural) não é a cultura em si, mas algo que eles definem como capital simbólico a ser adquirido como condição de sucesso escolar.

Isso nos faz acreditar que aquilo que a teoria de Bourdieu e Passeron aponta como variantes inexoráveis do fracasso escolar – a posição socioeconômica dos pais, assim como sua origem cultural – resulta do pessimismo com o qual os autores viam a reversão desse quadro e a interpretação que a academia tem dado a essas teorias – o que criou o chamado determinismo sociológico tão criticado por outras correntes, especialmente pelos existencialistas e pelas teorias de Lahire e Charlot. Como vimos, Lahire (1997) aponta para a possibilidade de reversão desse quadro exposto por Bourdieu e Passeron (sem contestar sua validade) através de elementos como: a estrutura familiar; as práticas educativas e a escolarização de, ao menos, um dos membros da família, servindo de referência de escolarização; e a afirmação identitária e cultural da criança frente à sua comunidade. Dessa forma, para Lahire, é possível reverter o quadro imposto pela reprodução de relações sociais a partir de tais pontos.

Retomo, novamente, a experiência que tive na Fundação Ramakrishna, na Índia, onde observei situações que corroboram a teoria de Lahire. O capital simbólico – uma variante normativa da língua inglesa – era assimilado a partir do enriquecimento do próprio universo simbólico da cultura indiana sânscrita e do telugu, fazendo com que, dessa forma, o arbitrário cultural e o capital simbólico não fossem impostos e inculcados, mas, sim, assimilados como fatores que enriqueciam o próprio universo simbólico. Dessa forma, não reproduziam o sistema de violência simbólica demonstrado na teoria da reprodução de Bourdieu e Passeron, pois, assim, o que ocorria pela não inculcação do arbitrário cultural não era a reprodução de relações culturais, já que não havia reprodução de cultura, mas, sim, recriação. A partir da própria cultura e do próprio universo simbólico – sem que fosse violado, menosprezado ou agredido –, o capital simbólico era agregado.

Charlot, por sua vez, defende que os alunos em situação de fracasso não são deficientes socioculturais, mas que certos alunos fracassam e que, não raro, estão em famílias de classes populares. Contudo, não se pode atribuir à condição familiar esse fracasso. Como proposta de combate ao fracasso escolar nos meios populares, Charlot, diferentemente de Lahire em alguns pontos, propõe uma sociologia do sujeito que ele define como sendo:

O aluno em situação de fracasso é um *aluno*, o que nos induz imediatamente a pensá-lo como tal, em referência à sua posição no espaço escolar, aos conhecimentos, às atividades e às regras específicas da escola. Mas o aluno é [...] uma criança ou um adolescente, isto é, um sujeito confrontado com a necessidade de aprender e com a presença, em seu mundo, de conhecimentos diversos. (CHARLOT, 2000, p. 33, grifo do autor)

Charlot define **sujeito** como um ser humano, social e singular. Enquanto **ser humano**, o sujeito está aberto a um mundo que não é apenas o aqui e agora; tem desejos e é movido por eles; e está em relação com outros seres humanos, sujeitos como ele. Enquanto **ser social**, o sujeito nasce e cresce em uma família (seja ela biológica ou substituta); ocupa uma posição no espaço social e se inscreve em relações sociais. E enquanto **ser singular**, o sujeito é um exemplar único da espécie com uma história que interpreta e dá sentido ao mundo, à posição que nele ocupa, às suas relações com outros sujeitos, às próprias história e singularidade. O sujeito age no mundo e sobre o mundo; para ele, o saber se apresenta como necessidade de aprender e como o modo de estar num mundo com pessoas, objetos e locais portadores de saber; e nessa relação, o sujeito se produz e é produzido por meio da educação (CHARLOT, 2000, p. 33).

Vemos que, na construção da definição de sujeito, Charlot não descarta a existência do ser social pertencente a um corpo social, o que o aproxima tanto de Bourdieu quanto de Lahire nesse aspecto. Contudo, diferentemente de Bourdieu, ele define este sujeito enquanto ser singular e exemplar único da espécie humana, que exerce função transformadora sobre o mundo.

Em ambos os casos, tanto Lahire quanto Charlot delineiam formas de reversão do quadro exposto por Bourdieu. A construção identitária social é uma preocupação comum aos dois autores, sendo que Charlot também se debruça sobre a construção identitária subjetiva.

Outro ponto em comum entre os dois autores é que, apesar de criticarem a sociologia da reprodução, nenhum deles coloca em questão o que Bourdieu postula, no que se refere ao fato de a reprodução de relações culturais ter relação direta com a reprodução de relações sociais. Dessa forma, cria-se um consenso entre Bourdieu, Charlot e Lahire, de que a reversão do quadro exposto pela sociologia da reprodução de Bourdieu reside na quebra da reprodução de relações culturais. E, por outro lado, os dois autores que criticam esta sociologia colocam a **afirmação identitária e cultural** como fator determinante nessa questão, conceito entendido como ponto central desse estudo.

De Winnicott a Biarnès: fenômenos, espaço transicional e espaço de criação como metodologias pedagógicas

Para entender a proposta da **metodologia dos espaços de criação** aqui utilizada, é necessário entender os fundamentos que a embasam, a partir da ótica de três principais autores: Nilce da Silva (2010), Winnicott (1975) e Biarnès (2007) – que foi orientador da tese de doutorado de Nilce da Silva na Universidade Paris-13.

Conforme nos explica Nilce da Silva (2010), segundo a teoria psicanalítica dos **objetos transicionais** de Winnicott, na infância substituímos a presença e a ligação afetiva com a mãe por objetos que passam a assumir o papel materno. Projetamos neles a presença afetiva e, segundo a teoria, tendemos a reproduzir esse comportamento, substituindo a presença afetiva da infância, na vida adulta por presenças ou objetos com os quais desenvolvemos alguma afinidade, transformando-os em objetos transicionais.

A partir do conceito de objeto transicional, Winnicott constrói o conceito de **espaço transicional**, dentro do conjunto de conceituação dos fenômenos transicionais, que vem a ser um espaço intermediário. Espaço ou objeto simbólico que torna possível o estabelecimento de relações de criação de novos conteúdos e ideias. Conforme podemos entender pela conceituação do objeto transicional que constrói o espaço transicional, esse processo não é apenas cognitivo, mas agrega também elementos afetivo-relacionais.

Biarnès (2007), em um segundo momento, faz a transposição desse conceito de espaço transicional para o contexto pedagógico. Conforme Nilce da Silva e Dalva Alves (2005), para Biarnès, o **espaço de criação** visa possibilitar ao professor um elemento estratégico para que ele possa lidar com a diversidade e as alteridades na sala de aula ou no espaço pedagógico. Biarnès direciona esse processo para cada aluno, as suas características e competências singulares. O objetivo de Biarnès nessa transposição é criar um processo, através do qual alunos e professores tornem-se sujeitos na construção da cultura.

Nilce da Silva (2010) agrega ao trabalho de Biarnès, sobre os espaços de criação, a instrumentalização deste conceito na construção de uma metodologia alternativa. Pretende, dessa forma, transformar o espaço de interação entre os agentes do espaço pedagógico em instrumento auxiliar no combate à exclusão social, no processo de construção conjunta da cultura. Ao aplicar, como instrumento de trabalho, a metodologia dos espaços de criação para a utilização da cultura africana, mais especificamente os mitos afro-brasileiros em sua função pedagógica e os orikis, o nosso objetivo é que consigamos recriar o ambiente que encontramos na Fundação Ramakrishna no que se refere à questão da afirmação identitária e cultural nos processos de aprendizado. Entre eles, destaca-se o processo de apropriação da variante normativa da linguagem. Também, a partir das oficinas, esperamos recriar o ambiente vivido pelos estudos de caso de Lahire (1997) nos subúrbios das cidades francesas. Desse modo, priorizando a utilização dos mitos afro-brasileiros em sua função pedagógica como objeto transicional para alunos negros e como fator de aproximação à alteridade e de enriquecimento do repertório cultural para as demais crianças, estabelece-se o espaço transicional. Tais ações, por sua vez, transformam-se em espaço de criação. Em vez de estarmos inculcando um arbitrário cultural proveniente da classe culturalmente dominante em processos de aprendizado, como o de apropriação da linguagem, trabalhamos o processo de afirmação identitária e cultural desses indivíduos, a partir de processos educativos que os aproximassem de sua cultura de origem. Pretendeu-se, dessa forma, ampliar o universo simbólico dos participantes, a tal ponto que a apropriação dos conteúdos (como o da variante normativa da língua) se tornasse mais fácil de ser assimilada, processo que Yves Lenoir (2004) define como educação emancipatória e não inculcadora.

Para melhor compreensão dos conceitos acima, trabalhamos, brevemente, de acordo com as teorias dos autores em questão. Para tanto, é necessário que expliquemos em Winnicott os conceitos de teoria da transicionalidade, ilusão, objetos transicionais, espaço transicional, jogo e mundo cultural; e, em Biarnès, o de espaço de criação, que se baseia na teoria winnicottiana.

A teoria da transicionalidade

Sonia Abadi, em sua obra *Transições*, explica, sucintamente e de maneira didática, os conceitos da teoria da transicionalidade de Winnicott. Portanto, essa autora, conjuntamente com as ideias expostas no livro *O brincar e a realidade*, do próprio Winnicott (1975), forma a base deste trabalho.

Segundo Abadi (1998), Winnicott elaborou uma teoria que leva em consideração o espaço intermediário entre o mundo interno e o externo, a partir da observação do uso dos primeiros objetos pelos bebês: o pesquisador descobriu que esses objetos são concretos e reais (não são, portanto, objetos internos), mas a relação estabelecida pela criança com eles é cheia de subjetividade. A observação levou Winnicott a postular que essas relações se localizam em uma zona intermediária entre a realidade psíquica e a externa, além de articular a ausência e a presença maternas. Denominou essa área então como "espaço transicional" e, a partir disso, referiu-se aos objetos como "objetos transicionais" e a toda experiência que se desenvolve nesse espaço como "fenômenos transicionais". Abadi ressalta que, para Winnicott, essa área de transição tem propriedades e permite acompanhar a passagem da subjetividade para o reconhecimento da realidade exterior e os fenômenos associados da ilusão e da criatividade.

Nas palavras de Winnicott, o desenvolvimento da capacidade de distinção entre as realidades interna (os objetos internos, subjetivos) e externa (os objetos reais, concretos) inclui:

[...] a natureza do objeto; a capacidade [...] de reconhecer o objeto como "não-eu"; a localização do objeto – fora, dentro, na fronteira; a capacidade [...] de criar, imaginar, [...] produzir um objeto; [...] um tipo afetuoso de relação de objeto.

Introduzi os termos "objetos transicionais" e "fenômenos transicionais" para designar a área intermediária de experiência [...] entre a atividade criativa primária e a projeção do que já foi introjetado [...] um estado intermediário entre a inabilidade de um bebê e sua crescente habilidade em reconhecer e aceitar a realidade. (WINNICOTT, 1975, p. 14-15; aspas do autor)

Como descreve Abadi (1998), referindo-se a Winnicott, a transicionalidade está presente até mesmo nos fenômenos culturais, a partir da superposição das áreas transicionais de vários indivíduos, passando de fenômenos interiores para o mundo exterior de cada um dos indivíduos. E a superposição do espaço transicional dos indivíduos em um grupo trará consequências para as atividades culturais: fenômenos como as artes, a criatividade e o jogo podem ser entendidos como resultantes da superposição de espaços transicionais, situando-se além, tanto dos espaços interiores individuais quanto da realidade externa concreta.

Segundo Abadi, para Winnicott, a criatividade e seu desdobramento em experiências culturais iniciam-se na relação bebê-mãe. Se, segundo a linguagem de Winnicott (1975, p. 25-27), a mãe for "suficientemente boa", ou seja, se não for intrusiva nem ausente, mas se ela permitir que suas ausências façam com que o bebê estabeleça um vínculo com outros objetos que a substituam, cria-se o espaço transicional. Este espaço, por sua vez, é substituído e passa por transformações ao longo da vida dos indivíduos. Os primeiros objetos são abandonados, e sua função ganha uma dimensão mais ampliada, atingindo outras áreas da vida dos indivíduos. O objeto transicional perde o significado porque

> [...] os fenômenos transicionais se tornaram difusos, se espalharam por todo o território intermediário entre a "realidade psíquica interna" e "o mundo externo, tal como percebido por duas pessoas em comum", isto é, por todo o campo cultural. (WINNICOTT, 1975, p. 19; aspas do autor)

Abadi (1998) também lembra que, no modelo de Winnicott, o espaço transicional entre os mundos interno e externo se mantém durante toda a vida:

> Trata-se de uma área que não é disputada, [...] nenhuma reivindicação é feita [...] exceto que ela exista como lugar de repouso para o indivíduo empenhado na perpétua tarefa [...] de manter as realidades interna e externa separadas, ainda que inter-relacionadas. (WINNICOTT, 1975, p. 15)

O processo dos fenômenos transicionais inicia-se no que Winnicott (1975, p. 26-27) chama de **alternância entre ilusão e desilusão**, ou seja: a presença e a ausência da mãe criam esse jogo que, por sua vez, cria uma ilusão (a de que a mãe faz parte da criança). E quando a criança se depara com a realidade, tem lugar a desilusão. Esse jogo permite que a criança mantenha sua integridade psíquica e, através de objetos, a ilusão do reencontro com a mãe. Dessa forma, iniciam-se os processos transicionais que antecedem a capacidade humana de imergir no universo dos símbolos e a abertura de fenômenos transicionais para fenômenos culturais. Abadi (1998) explica o processo dizendo que, na alternância entre ilusão e desilusão, cria-se uma espécie de ponte entre o exterior e o interior que garante a preservação da integridade do Eu e da ilusão do encontro com a mãe, evocada a partir da percepção, mas de um modo semelhante à alucinação, que prenuncia a capacidade de usar símbolos e os fenômenos culturais.

A ilusão

Para consolidar a compreensão dos fenômenos transicionais, deve-se, primeiramente, compreender o que é o conceito de ilusão, conforme explica Winnicott (1975, p. 25) que, remetendo-se a Freud, coloca este fato como a transição da dependência à independência, como a passagem do princípio de prazer ao de realidade.

> A área intermediária [...] é a área [...] concedida ao bebê, entre a criatividade primária e a percepção objetiva baseada no teste da realidade. (WINNICOTT, 1975, p. 26)

Sonia Abadi (1998) comenta que, segundo Winnicott, para se tolerar a brecha entre fantasia e realidade, sem cair na desilusão, cria-se a ilusão, que nada mais é que esta área intermediária da experiência humana da qual participam tanto o mundo exterior quanto o interior. Esta ilusão também é a de onipotência da criança que pensa que o seio da mãe, por exemplo, vem até ela por sua própria vontade, e não por impulso materno.

> A adaptação da mãe às necessidades do bebê [...] dá a este a ilusão de que existe uma realidade [...] correspondente à sua própria capacidade de criar. (WINNICOTT, 1975, p. 27)

Ainda segundo Winnicott,

> [...] o bebê passa do controle onipotente [...] para o controle pela manipulação [material, física]. (WINNICOTT, 1975, p. 23)

Sonia Abadi (1998) comenta que, para abrir mão dessa onipotência, o bebê precisa que se crie o espaço transicional, entendido como a área entre o dentro e o fora, através da qual se desenvolve a experiência e para a qual são usados objetos conhecidos como objetos transicionais.

> [...] à medida que o tempo passa, [a mãe] adapta-se cada vez menos completamente [...] segundo a crescente capacidade do bebê em lidar com [...] a experiência da frustração [...] [e] desenvolver a capacidade de experimentar uma relação com a realidade externa ou [...] formar uma concepção dessa realidade. (WINNICOTT, 1975, p. 25-26)

Para Winnicott, a ilusão marca toda e qualquer ação subjetiva na vida adulta. Este trabalho de aceitação da realidade é uma tarefa que se dá ao longo de toda a vida dos indivíduos, e o que mantém o equilíbrio entre as realidades interna e externa é justamente a ilusão: a área intermediária na qual se fundam os fenômenos transicionais – a primeira experiência humana no âmbito da ilusão. Assim, do conceito de ilusão, Winnicott (1975, p. 16-19) desenvolve o conceito de **objetos transicionais**. Estes objetos inicialmente são concretos, como um travesseiro ou um cobertor infantil, por exemplo, e tornam-se precursores e modelos dos objetos culturais que serão utilizados na vida adulta. Transformam-se nas relações que estabelecemos com outros indivíduos, como a amizade, ou também uma música, ou qualquer outra experiência cultural, desde que haja a recuperação individual da experiência da ilusão, e que na vida adulta resultam na formação do universo simbólico dos indivíduos: inclinações religiosas e filosóficas, gostos artísticos e toda a capacidade de manejar e processar os símbolos.

Winnicott também examina como se dá o compartilhamento da ilusão. Ao se sobreporem, os espaços transicionais individuais dão origem a fenômenos culturais e grupais. A experiência da ilusão individual poderá ser compartilhada somente a partir da capacidade de ilusão individual e a partir da superposição desses espaços transicionais individuais. Trata-se da

> [...] substância da ilusão, aquilo que [...], na vida adulta, é inerente à arte e à religião [...]. Podemos [...] reunir e formar um grupo com base na similaridade de nossas experiências ilusórias. Essa é uma raiz natural do agrupamento entre os seres humanos. (WINNICOTT, 1975, p. 15)

Objeto transicional

Segundo Winnicott, o objeto transicional surge a partir da ausência materna por um tempo superior ao que é tolerável pelo bebê para que use seus próprios recursos psíquicos para lidar com esta ausência. Dessa forma, surge entre o bebê e a mãe um espaço intermediário que lhe possibilita buscar apoio em objetos que substituam a presença materna, ao menos temporariamente. Estes objetos são conhecidos como transicionais e, na primeira infância, podem ser desde um brinquedo, como um ursinho, até um travesseiro ou uma chupeta, que o consolem na ausência da mãe:

> [...] em algum ponto [...] do desenvolvimento [...], um bebê, em determinado ambiente proporcionado pela mãe, é capaz de conceber a ideia de algo que atenderia à [...] necessidade que se origina da tensão instintual. (WINNICOTT, 1975, p. 27)

Sonia Abadi (1998) destaca o fato de que a necessidade de um recurso externo de apoio surge quando o tempo de afastamento da mãe se torna longo demais, para que possa ser percorrido pelo bebê com seus recursos próprios sem se desesperar. Ao oferecer o recurso, a mãe permite que o bebê encontre, no espaço entre ambos, um objeto que o apoie no caminho rumo à satisfação. Este é o objeto transicional: algo que representa outra coisa, de forma simbólica e subjetiva.

Dessa forma, os objetos usados nesse espaço transitório e intermediário têm como função iniciar a criação do campo psíquico que aceite e trabalhe com a existência de símbolos, desenvolvendo a capacidade de criar e trabalhar o universo simbólico. Segundo Winnicott, esse objeto transicional é precursor do símbolo, sendo simultaneamente parte do bebê e parte da mãe, que inicia a trajetória nesse processo de criação dos processos de simbolização. Como afirma o autor, é sobre a base do objeto transicional na infância que se constrói o pensamento simbólico na vida adulta. Este objeto é o primeiro símbolo com o qual a criança se depara na vida e que servirá de modelo para toda e qualquer criação de processos de simbolização:

> Quando o simbolismo é empregado, o bebê já está claramente distinguindo entre fantasia e fato, [...] entre criatividade primá-

> ria e percepção. Mas [...] creio que há uso para um termo que designe a raiz do simbolismo [...] que descreva a jornada do bebê desde o puramente subjetivo até a objetividade, e parece-me que o objeto transicional [...] é o que percebemos dessa jornada [...]. (WINNICOTT, 1975, p. 19)

Sendo o modelo precursor de todo o processo de simbolização, tanto o objeto quanto o fenômeno transicional não ocorrem somente em uma determinada etapa, mas ao longo de toda a vida. Inauguram, por sua vez, o acesso aos gostos culturais, já que se transferem de um único objeto tangível para uma diversidade de objetos abstratos, com uma diversidade ímpar. Para Winnicott, o destino do objeto transicional é ser

> [...] gradativamente descartado, de modo que, com o curso dos anos, se torne não tanto esquecido, mas relegado ao limbo. [...] Perde o significado, e isso se deve ao fato de que os fenômenos transicionais [...] se espalharam por todo o [...] campo cultural. [...] meu tema se amplia para o do brincar, da criatividade e apreciação artísticas, do sentimento religioso [...], ao viver imaginativo e ao trabalho científico criador. (WINNICOTT, 1975, p. 18-19, 30)

Espaço transicional

Entre os conceitos dos fenômenos transicionais, o de espaço transicional é central para o surgimento dos "espaços de criação", conceito utilizado na educação por Biarnès (2007), fundamentado na teoria winnicottiana. Segundo Winnicott, existe um caminho que se inicia nos fenômenos transicionais, passa pelo jogo, vai ao que ele define como **jogo compartilhado** e daí parte para toda e qualquer experiência cultural.

O entendimento de tais conceitos é central para o desenvolvimento deste trabalho, uma vez que na pesquisa de campo e, em todas as oficinas, usamos os conceitos de espaço de criação, espaço transicional e objeto transicional.

O espaço de criação baseia-se no espaço transicional de Winnicott, que, como já vimos, surge à medida que a mãe se afasta do bebê. Este afastamento cria uma brecha, inicialmente cronológica e que, com o tempo, passa a ser uma brecha psíquica que se abre para o advento de um espaço intermediário, no qual o bebê passa a transitar com seus processos mentais sem interferência da presença materna. Dessa forma, surgem os fenômenos transicionais conforme nos relata o autor. Este espaço, onde coabitam os fenômenos e objetos transicionais, converte-se no que se entende como espaço transicional, e que Winnicott assim define:

> [...] um enunciado da natureza humana em termos de relacionamentos interpessoais não é suficientemente bom [...]. De todo indivíduo que chegou ao estádio de ser uma unidade, com uma membrana limitadora e um exterior e um interior, pode-se dizer que existe [...] um mundo interno [...] a terceira parte da vida de um ser humano [...] constitui uma área intermediária de *experimentação*, para a qual contribuem tanto a realidade interna quanto a vida externa. (WINNICOTT, 1975, p. 14-15; grifo do autor)

O jogo

O jogo, conforme Winnicott, é essencial para o desenvolvimento dos fenômenos transicionais. Sua definição do conceito baseia-se no acompanhamento do jogo infantil na modalidade de atividade criadora, o que vai além da ideia de jogo com regras utilizadas em diagnósticos de psicanálise. Segundo o autor,

> [...] o brincar tem um lugar e um tempo. Não é dentro [...]. Tampouco é fora [...]. A fim de dar um lugar ao brincar, postulei a existência de um *espaço potencial* entre o bebê e a mãe [...] e eu contrasto esse espaço potencial (a) com o mundo interno [...] e (b) com a realidade concreta ou externa [...]. (WINNICOTT, 1975, p. 62-63; grifo do autor)

Para o autor,

> Essa área intermediária está em continuidade direta com a área do brincar [...] necessária para o início de um relacionamento entre a criança e o mundo [...]. (WINNICOTT, 1975, p. 29)

Segundo Winnicott, no jogo espontâneo, intrínseco à atividade humana, reside a capacidade criadora, origem de toda e qualquer produção cultural. Segundo Abadi (1998), para Winnicott, o jogo está na origem das criações culturais, por implicar espontaneidade e originalidade. O jogo espontâneo desenvolve-se no espaço de origem das ações criativas humanas, que são mais importantes que a obra em si, pois o ato de criação favorece o desenvolvimento de aptidões. O jogo não é somente motor da criatividade, mas também do encontro com o que é próprio de si mesmo. E esse encontro

> [...] só pode vir a partir do funcionamento amorfo e desconexo [...] do brincar [...] numa zona neutra. É apenas aqui, nesse estado não integrado da personalidade, que o criativo [...] pode emergir. Refletido de volta, [...] torna-se parte da personalidade individual organizada [...] acaba por fazer o indivíduo ser [...] encontrado, e

acaba por permitir que se postule a existência do eu (*self*). [...] É com base no brincar, que se constrói a totalidade da existência experiencial do homem. (WINNICOTT, 1975, p. 92-93; grifo do autor)

Transicionalidade e mundo cultural

De acordo com Sonia Abadi (1998), os fenômenos transicionais estão no caminho intermediário entre o que Winnicott chama de ilusão individual e fenômenos culturais. Dessa forma, estes fenômenos são os agentes da criatividade e de toda e qualquer mudança. Ao acontecerem no espaço transicional, preservam a liberdade individual, e, ao possibilitarem a sobreposição de espaços transicionais no jogo compartilhado, permitem o reconhecimento coletivo de símbolos, assim como a capacidade coletiva de com eles lidar, tendo um efeito direto sobre a cultura, ao preservar o potencial da civilização.

> Desde o nascimento [...] o ser humano está envolvido com o problema da relação entre aquilo que é objetivamente percebido e aquilo que é subjetivamente concebido [...]. [Sem os fenômenos transicionais] não existe [...] significado na ideia de uma relação com um objeto que é por outros percebido como externo a esse ser. (WINNICOTT, 1975, p. 26)

Conforme vimos até agora, a partir do jogo entre ilusão e desilusão, ocasionada pela ausência materna temporária, são criados movimentos que determinam o funcionamento dos setores afetivo e intelectual humanos. Esses fatores, ao criarem o espaço transicional e a possibilidade do uso dos objetos transicionais, são precursores do pensamento simbólico. A partir do pensamento e da capacidade simbólica de um indivíduo, desenvolve-se a criatividade. Ao ocupar o espaço deixado pela ausência da mãe com o objeto transicional primário, precursor de todo símbolo, e, mais tarde, por outros objetos igualmente transicionais, é que se desenvolve a criatividade humana, segundo Winnicott. De acordo com este autor, existe uma ligação entre o primeiro ato criativo do bebê ao buscar o objeto transicional, a ilusão que se forma a partir do jogo ilusão-desilusão e a criatividade na vida adulta. O espaço transicional que se forma entre a criança e a mãe suficientemente boa, segundo ele define, continua no jogo compartilhado e, na vida adulta, segue rumo às atividades culturais.

Segundo Winnicott, o fator determinante da criatividade é o ambiente inicial que cria o jogo de ilusão-desilusão e abre a brecha para o espaço transicional: "Não existe saúde para o ser humano [para o qual esse jogo] não tenha sido iniciado suficientemente bem [...]" (WINNICOTT, 1975, p. 26). A forma como for criado esse espaço transicional terá consequências na riqueza do mundo interior de cada indivíduo: terá ligação imediata com a capacidade de originalidade, assim como com o interesse e capacidade de lidar com a cultura. Para Winnicott, esse espaço transicional está além das qualidades inatas, da posição e da realidade social dos indivíduos, sendo formado pelas características particulares de cada um.

Segundo Winnicott, a criatividade é uma qualidade da condição humana e não somente de alguns indivíduos. O que os diferencia é o gesto criador de cada um. Tanto no bebê quanto no adulto está presente a atividade criadora. É esta qualidade da condição humana, a criatividade, que dá sentido à vida para que a existência individual não caia no vazio. Winnicott elabora esta ideia associando os conceitos de fenômenos transicionais e experiência cultural.

Empreguei o termo "experiência cultural" como uma ampliação da ideia dos fenômenos transicionais e da brincadeira [...]. Utilizando a palavra "cultura", estou pensando na tradição herdada [...] algo que pertence ao fundo comum da humanidade, para o qual indivíduos e grupos podem contribuir [...]. (WINNICOTT, 1975, p. 137-138)

Para o autor,

[...] as experiências culturais estão em continuidade direta com a brincadeira [...]. O lugar em que a experiência cultural se localiza está no *espaço potencial* existente entre o indivíduo e o meio ambiente [...]. O mesmo se pode dizer do brincar. (WINNICOTT, 1975, p. 139; grifo do autor)

Como já vimos, para Winnicott, as relações entre adultos ocorrem através da superposição de espaços transicionais. No dizer de Winnicott (1975, p. 15), podemos repetir: "Essa é uma raiz natural do agrupamento entre os seres humanos." Assim, a criação de ilusões compartilhadas dá origem aos grupos que se reúnem em torno de um mesmo ideal.

Sonia Abadi (1998) complementa esse raciocínio afirmando que, se compreendermos que a cultura é esta superposição de espaços transicionais onde todos de um mesmo grupo participam e dão sua dinâmica, nos livramos dos riscos de que sistemas de poder ou estruturas institucionais se consolidem de forma permanente, garantindo assim a saúde dos sistemas sociais. Para a autora, a quebra da saúde dos sistemas sociais tem implicação direta na perturbação desses mecanismos.

Espaço de criação

A partir do conceito de espaço transicional de Winnicott, Jean Biarnès (2007) criou o conceito de espaço de criação. Como vimos anteriormente, Winnicott denominou "espaço transicional" um espaço intermediário entre as realidades interior e exterior, no qual podem se desenvolver os processos criativos.

Segundo Nilce da Silva (2010), Biarnès trouxe o conceito de espaço transicional para o contexto pedagógico, entendido como espaço de criação. Privilegiando cada aluno com suas particularidades, esse conceito dá ao professor recursos para trabalhar com a diversidade cultural, tornando a produção da cultura um processo compartilhado na sala de aula.

> Donald Winnicott concebia o espaço transicional como um espaço intermediário. Um espaço ou objeto simbólico onde é possível se tecer certas relações de criação de novos conteúdos e ideias. Um processo que não é apenas cognitivo, mas abarca também componentes de aspectos afetivo-relacionais.
>
> Biarnés fez a transposição do conceito de espaço transicional para o contexto pedagógico. Para Biarnés, o "espaço de criação" visa possibilitar ao professor um elemento estratégico, para que ele possa lidar com a diversidade cultural em sala de aula. Um processo direcionado a cada aluno em suas características e competências singulares. Um processo em que alunos e professores possam se tornar sujeitos da construção da cultura. (SILVA; ALVES, 2005, p. 3; aspas das autoras)

Ao lidar com a diversidade, o espaço de criação de Biarnès tem importância central na metodologia utilizada na pesquisa de campo e na proposta pedagógica desse estudo. O trabalho pedagógico de inclusão de temas ligados à cultura africana, em que o arbitrário cultural eurocêntrico é inculcado, exige uma abordagem diferenciada. E o espaço de criação de Biarnès desvela o espaço transitório ideal para que essa metodologia se desenvolva.

Para Winnicott, todo processo criativo tem início na busca pelo objeto transicional. E o que caracteriza justamente o espaço de criação, segundo Nilce da Silva e Dalva Alves, é a criação em si. Através dela, o aluno tem a possibilidade de inventar-se e de reinventar o mundo, o que pode se realizar por meio de várias abordagens, teóricas, práticas, entre outras:

> O que caracteriza o espaço de criação é a criação propriamente dita. O participante ter a possibilidade de criar algo. O que pode ser feito através das mais diversas formas: conteúdo teórico, conteúdo prático, texto, desenho, poesia, dramatização, música, etc. (SILVA; ALVES, 2005, p. 4)

Segundo Winnicott, a atividade criativa é o que dá sentido à vida, e sem ela, toda e qualquer atividade perde o sentido. Esta criatividade se desenvolve no espaço transicional em busca do objeto transicional. Neste espaço, que Biarnès transpõe para o conceito pedagógico como sendo o espaço de criação, é possível construir um projeto a partir da criatividade e das premissas estabelecidas pelo pesquisador em conjunto com os participantes, podendo ser utilizado para promover a cultura africana e afro-brasileira no contexto do trabalho com temas de diversidade cultural.

De qualquer forma, tal como abordado por Nilce da Silva e Dalva Alves, nenhum espaço de criação é igual a outro, o que vem de encontro aos trabalhos ligados à diversidade cultural, pois o espaço de criação em si é caracterizado pela diversidade e pela singularidade de cada um.

Para Biarnès o espaço de criação é um lugar (com espaço, tempo e intenção específicos) onde é possível se construir um projeto, a partir de determinadas estruturas de funcionamento dadas pelo pesquisador. Nenhum espaço de criação é igual ao outro; o que os caracteriza é a sua extrema diversidade, bem como a maneira como eles são construídos e o seu direcionamento maior para a singularidade de cada sujeito. (SILVA; ALVES, 2005, p. 5)

Nesse contexto de singularidade de cada ser humano, Biarnès fala da complexidade de todo e qualquer fato humano que não pode se limitar somente a explicações teóricas. Para cada um desses fatos, não existe somente uma única explicação, pois existem pontos de vista que remetem à diversidade cultural e à singularidade dos indivíduos. De qualquer forma o autor expõe claramente as diferenças entre diversidade e heterogeneidade; pois heterogeneidade implica estar frente a objetos de naturezas diferentes, e diversidade implica estar de frente a objetos ligados e interdependentes. Biarnès defende, portanto, que a escola garanta que a diversidade dos alunos não se transforme em uma heterogeneidade de grupos diferentes, buscando uma coesão a partir desta diversidade, o que não significa inculcar o arbitrário cultural.

Diversidade não é sinônimo de heterogeneidade, isso significa que não estamos diante de objetos de naturezas diferentes, mas de objetos ligados e interdependentes (a heterogeneidade remete a naturezas diferentes).

Assim, a escola deve ser a garantia de que a diversidade dos alunos não se institua em uma heterogeneidade de grupos. (BIARNÈS, 2007, p. 32; traduzido do original)

Na dinâmica de relações com a alteridade é que se constrói a identidade: processo de contínua construção e reconstrução. Por terem espaços transicionais diferentes, cada ser humano é diferente do outro; contudo, por estarem submetidos a processos criativos, também são iguais ao mesmo tempo. Isso faz com que cada um compreenda um fato de forma diferente do outro, o que, no caso da sala de aula, faz com que cada um em seu espaço transicional dará uma interpretação ao que foi transmitido, mesmo que por alguma razão o professor venha a pensar que todos compreenderam da mesma forma o explicado.

> As diferentes relações com "os outros" fazem com que a identidade do sujeito esteja sempre em construção e reconstrução e ela é ao mesmo tempo espelho do mesmo e espelho de um outro. Cada ser humano é "diferente e ao mesmo tempo parecido", mas cada um é capaz de se referir e de compreender um fato diferentemente do outro (se referindo à sua própria cultura ou subcultura para descrever o real), o que leva a pensar como as crianças podem analisar de maneiras totalmente diferentes situações que são produzidas pelo professor no momento em que ele pensa que todos os alunos a compreendem de maneira idêntica. (BIARNÈS, 2007, p. 32; aspas do autor; traduzido do original)

Segundo Biarnès, essa mesma alteridade que é essencial em nossa própria construção identitária, primeiramente, nos afasta e causa medo devido às propriedades das representações de que a identidade de cada um se faz portadora. Contudo, esse distanciamento de si mesmo, tal qual ocorre na brecha que é aberta entre mãe e bebê na teoria winnicotiana e que cria o espaço transicional, é extremamente necessário para enxergar esse outro, necessário à nossa construção identitária, mesmo que primeiramente ele nos cause medo por desestabilizar nossa permanência e por ser parte do que já fomos.

Mas "outro" essencial na nossa própria construção, primeiro nos causa medo.

A identidade do sujeito é portadora de representações de si, de processos de permanência e de transformação, além de organizadora de representações do que não é ela. Nessa construção, é necessário se destacar de uma parte de si para construir o exterior, para fundar a diferença, assim como a criança pequena faz para sair da simbiose com a mãe. O outro causa medo porque ameaça nossa permanência e também porque é uma parte do que fomos. (BIARNÈS, 2007, p. 32; aspas do autor; traduzido do original)

Dessa forma, no conceito transicional winnicotiano: "O espaço de criação é um espaço intermediário onde cada um pode negociar suas dificuldades e aprender consigo mesmo e com os outros, o que, pedagogicamente falando, pode conter todas as condições próprias para a aprendizagem" (BIARNÈS, 2007, p. 32; traduzido do original). Este autor também considera que o espaço pedagógico precisa:
- defender a diversidade a fim de não se tornar um espaço heterogêneo;
- trabalhar com a diversidade, a fim de garantir a constituição identitária dos indivíduos;
- considerar as diversas estratégias de aprendizado e as diferentes maneiras de se dar sentido ao mundo dos atores que o constituem;
- além de que, cada um deve encontrar sentido ao que faz neste espaço.

(BIARNÈS, 2007, p. 40; tradução nossa)

Como responder a todas essas exigências ao mesmo tempo? Biarnès pede que consideremos que diferenças existem em todo e qualquer espaço pedagógico e que dessa forma os alunos aprendem de formas diferentes. Para trazer à tona esta questão, é necessário que o professor aceite que ninguém detém a verdade sobre um assunto, mas que todos possuem uma parcela dessa verdade. Parcela essencial para a construção identitária de cada um, no momento que a verdade parcial de cada um encontra a do outro.

Dessa forma, se as verdades parciais de uns e de outros devem ser mobilizadas, segundo o autor, faz-se necessário pensar o espaço pedagógico como espaço aberto, onde as expressões dessas diferenças possam se desenvolver, se confrontar e ser negociadas. Biarnès defende que de fato este seja o espaço onde o conflito de ideias seja a sua natureza mais profunda. Ao mesmo tempo, ele se pergunta se é possível reunir todas estas condições em um espaço fechado, isto é, um espaço pensado prioritariamente pelo professor e que seja unilateralmente direcionado. Onde o que não aceita o objeto a ser estudado por este caminho é excluído de uma ou de outra forma.

Ele mesmo responde negativamente à pergunta. E confirma que um espaço pedagógico onde todas diversidades podem se expressar e se confrontar não pode ser moldado previamente por quem quer que seja, pois este deve ser um espaço que será construído pelos alunos e é a isto que Biarnès chama de espaço de criação.

Isso nos remete ao que Winnicott fala do espaço transicional, como sendo patrimônio de cada um, onde a atividade cultural se desenvolve a partir da ilusão compartilhada, resultante da sobreposição de espaços transicionais individuais. E também à questão de Bourdieu, Lahire e Charlot, quando afirmam que só mudaremos as relações culturais se deixarmos de reproduzir tais relações. E, mais especificamente, no caso de Bourdieu, se deixarmos de inculcar o arbitrário cultural através da ação pedagógica avalizada pela autoridade pedagógica do professor, que, nesse caso, seria o único protagonista da ação pedagógica.

Segundo Biarnès (2007), esse espaço deve ser construído em conjunto e o objeto de estudo escolhido pelo grupo. Ele também afirma que, no interior da escola, a criança é socialmente somente um aluno com tudo o que isto traz de restritivo às suas potencialidades e, para reverter esta situação, dá exemplo da construção que fez experimentalmente de um programa de rádio. Ao construir um objeto social real, o aluno, mesmo que ainda permaneça aluno, pode enxergar sua dimensão social de criança que vive em uma comunidade de forma a ser levada em consideração.

Segundo o autor, para que a construção comum deste objeto seja bem-sucedida, cada um dos integrantes do grupo deve explicar aos demais o que e como fez o trabalho. Dessa forma, cada um se descobre em si mesmo e nos demais, de forma que esse descobrimento tem um sentido claro, pois auxilia na compreensão da própria produção. Não é a descoberta do aluno, através somente de uma atividade de leitura ou pesquisa acadêmica ou de um questionário, atividades que para a criança muitas vezes não têm o menor sentido. A pergunta "me diga, o que você fez?" esconde, com hipocrisia, a pergunta "me diga, quem é você?".

Outro fator apontado pelo autor é que cada um, avançando na própria descoberta, permite que o outro se posicione frente às diferenças que se manifestam no contexto que dá sentido às diferenças. Segundo o autor, dessa forma, a alteridade não provoca mais medo; ao contrário, converte-se em auxílio à sua própria transformação em todos os níveis de aprendizagem, conferindo-lhe singular importância na sua constituição identitária.

Isso nos remete, novamente, tanto a Lahire (1997), quando afirma que uma das características do sucesso das crianças dos meios populares é a afirmação identitária, quanto a Charlot (2000), que crê na pedagogia do sujeito, em que a constituição identitária é central. Para este autor, o espaço de criação torna-se um espaço intermediário, onde cada um aprende por si mesmo e pela alteridade. E, ainda segundo ele, a linguagem pedagógica contém as condições próprias à aprendizagem, que deve considerar os desejos individuais, o relacionamento com o conhecimento de suas próprias estratégias de aprendizagem, a comparação com outras estratégias, negociações com a alteridade, a fim de transformar a própria identidade, a emergência de um senso singular e outro comum de um processo pedagógico transformador, assim como segurança e autoconfiança.

O espaço de criação é esse espaço intermediário, no qual cada um pode aprender por si mesmo e pelo outro, e que pedagogicamente falando pode conter as condições próprias à aprendizagem:
- Consideração do desejo de cada um;
- Emergência do conhecimento de suas próprias estratégias de aprendizagem;
- Comparação com as estratégias dos outros;
- Negociações perpétuas entre eu e o outro, entre o eu e o eu no que eu devo perder para ganhar outros saberes;
- Construção do senso singular e comum de um aprendizado transformador;
- Segurança e autoconfiança.

(BIARNÈS, 2007, p. 42; tradução nossa)

Segundo Biarnès, o que reside no cerne desse espaço pedagógico, ao se construir como espaço de criação, é o conflito identitário primordial de reconhecer que o outro é constituído da mesma humanidade que nós mesmos, e o que dá medo em uma parte de nós é que nós podemos nos influenciar por isso de forma transformadora. Transformar positivamente essa parte de nós, através da alteridade, é conferir primordialmente um *status* positivo à diversidade, "crer que o outro, como nós, tem potenciais que nós podemos aproveitar, assim como ele poderá se aproveitar dos nossos" (BIARNÈS, 2007, p. 43; tradução nossa).

Remetendo-nos a Bourdieu, somente com a crença de que o outro tem potenciais que podemos aproveitar, assim como este outro poderá aproveitar dos nossos potenciais, é que podemos reverter o processo de reprodução das relações culturais. Pois, dessa forma, a ação pedagógica passa a não mais inculcar o arbitrário cultural. Remetendo-nos a Lahire (1997), é a partir desse pensamento que afirmamos nossa identidade, assimilando o capital simbólico representado pelo outro e, para Charlot (2000), é somente dessa forma que a subjetividade se constrói considerando a alteridade.

E, finalmente, remetendo-nos ao Parecer de CNE/CP nº 03/2004 (BRASIL, 2004), assim como à inclusão da cultura negra no currículo escolar representada pela Lei 10.639/03 (BRASIL, 2003), o postulado de Biarnès reafirma sua importância, quando, para Winnicott, esta cultura pode se transformar em objeto transicional para as crianças negras e pode também participar do espaço transicional das demais crianças, aumentando seu repertório na construção de uma sociedade que confira espaço ao outro como construtor do próprio processo identitário.

Segundo Biarnès (2007), uma escola que não crê na criança e nega a diversidade torna-se uma instituição que só atrapalha o processo de construção cognitiva e identitária dos sujeitos. Mata suas potencialidades e cria clones uniformizados, o que nos remete novamente ao conceito de ação pedagógica de Bourdieu, que inculca o arbitrário cultural para reproduzir relações culturais, por sua vez, determinantes na reprodução de relações sociais. Para o autor, a escola do século XX foi a da uniformidade, e a do século XXI deverá ser a da diversidade.

Defesa do ensino de história e cultura afro-brasileira e africana

A obra de Pierre Bourdieu e Jean Claude Passeron (1992), que discutimos anteriormente, traz uma importante contribuição para a análise da escola moderna e para a luta de todas as minorias, sobretudo os movimentos negros, em sua reivindicação pelo reconhecimento de seus referenciais culturais na construção simbólica das nações em que sofrem discriminação. Também pelo caráter culturalista, a obra pode servir de argumento que atue na base da construção de políticas públicas nestes países, tornando-se assim uma importante reflexão no que diz respeito ao combate ao racismo.

Esta análise não é possível sem a construção do conceito de **violência simbólica** e suas consequências no sistema de ensino. Como vimos páginas atrás, para Bourdieu e Passeron (1992), a violência simbólica é uma forma de dominação que se exerce pela imposição de significações, ocultando as relações de força que constituem a própria base do poder. Desta definição, os autores deduzem que a ação pedagógica é uma violência simbólica na medida em que, através dela, um poder arbitrário impõe um arbitrário cultural. E mais: para ser eficaz, é essencial que a violência simbólica seja apresentada como a ação "natural" de uma autoridade cujo poder se manifesta sob a forma de um direito de imposição legítima do arbitrário cultural da classe ou grupo dominante de uma dada formação social.

Para que possa cumprir sua função de reprodução do arbitrário cultural dominante, a imposição cultural exige um trabalho pedagógico suficientemente prolongado para criar um hábito que perdure após a cessação da ação pedagógica, hábito este resultante da interiorização dos princípios do arbitrário cultural imposto. Para Bourdieu e Passeron, essa é a finalidade que determina a estrutura e o funcionamento do sistema de ensino institucionalizado. A consequência da violência simbólica exercida pelo sistema de ensino é que a linguagem escolar e o padrão culto da língua são mais próximos do *habitus* cultural da classe culturalmente dominante. Este fator contribui, portanto, para o sucesso escolar dos que detêm este *habitus* e influencia no fracasso escolar de quem tem um *habitus* cultural diferente deles.

A violência simbólica contra a população negra no sistema de ensino e na mídia

Uma vez que no sistema de ensino está o poder que dita os referenciais culturais nos quais se baseiam as instituições dominantes, vemos que aqui, no Brasil, a maior vítima da violência simbólica institucional é a população negra, que se vê vítima das relações de força que os padrões culturais da classe dominante impõem ao nosso sistema de ensino. O viés racial e cultural que a exclusão apresenta em nosso país pode ser comprovado pela análise de publicações das primeiras décadas do século XXI. O relatório sobre o *Índice de vulnerabilidade juvenil à violência e desigualdade racial* (BRASIL, 2015) mostrou um grande crescimento, entre 2007 e 2012, no número de jovens negros mortos vítimas da violência. A *Síntese de indicadores sociais,* do IBGE (2017), mostrou a evolução, entre 2012 e 2016, das desigualdades entre negros e brancos referentes a escolarização, trabalho, nível de renda e moradia.

Para que a inclusão da população negra em todos os campos da vida social efetivamente ocorra, as leis contra o racismo e as ações afirmativas têm que vir acompanhadas de uma reestruturação de nosso sistema de ensino que integre, desde nosso pensamento acadêmico até o Ensino Fundamental, nossos referenciais culturais negros, enriquecendo o universo simbólico de nossos estudantes de forma a produzirmos um pensamento acadêmico que sirva aos nossos propósitos de integração cultural. Somente assim, deixando de produzir cultura através da inculcação do arbitrário cultural que serve à reprodução da estrutura social vigente, essa produção cultural poderá servir aos propósitos de empoderamento social de nossa população negra e de uma construção social mais justa.

Somente a integração da cultura negra em nosso sistema de ensino, de forma eficaz, conferirá à população negra elementos necessários para dominar os códigos simbólicos do arbitrário cultural dominante, sem que a população negra perca seus próprios referenciais culturais. Além disso, essa ação contribui para que esse arbitrário cultural deixe de ser inculcado, pois somente com a integração cultural nossa população negra e nossa academia poderão efetivamente gerar cultura e deixar de reproduzir cultura imposta.

A aplicação efetiva de leis como a 10.639/03, que tornou obrigatória a inclusão de história e cultura africana e afro-brasileira nos currículos escolares (BRASIL, 2003), visa integrar a cultura negra à ação pedagógica de modo que o sistema de ensino deixe de reproduzir a cultura dominante e, por consequência, as relações sociais que colocam a população negra em situação de inferioridade. Sem isso, o que temos em nosso sistema de ensino é a ação da violência simbólica contra nossa população negra. A autoridade pedagógica, ao não reconhecer o referencial cultural desse grupo, inculca um arbitrário cultural de uma classe dominante através de uma ação pedagógica legitimada por um trabalho pedagógico que serve para que essa inculcação vá além do espaço escolar e gere efeitos nas relações extraescola. O processo desencadeia, em todo o sistema de ensino, a reprodução cultural e a falta de produção cultural de fato, trabalhando no sentido da reprodução das relações sociais e da construção simbólica das instituições que excluem a população negra. Mesmo que o nosso Estado venha trabalhando pelas, mais que necessárias, ações afirmativas que quebrem a inércia da exclusão racial, para a qual nosso sistema de ensino acaba trabalhando, esse é somente o primeiro passo na reversão do quadro. Devemos refletir, a partir disso, se nossas instituições acadêmicas de formação de profissionais docentes, ao não considerarem nossos referenciais culturais negros (apesar de muitas delas terem discursos pela inclusão social), estão apenas formando profissionais que servem a essa reprodução cultural e, por fim, à reprodução das relações sociais que estamos aqui criticando.

Althusser (2008), na obra *Sobre a reprodução*, precedendo Bourdieu, coloca a instituição escolar como um aparelho ideológico do Estado. Mas não é o único que interessa à nossa discussão. Considerando estes dois referenciais acadêmicos, assim como nosso saudoso Milton Santos, no documentário em que fala sobre as consequências do Consenso de Washington (ENCONTRO, 2006) e em sua obra sobre a globalização (SANTOS, 2000), podemos definir nossa mídia como um aparelho ideológico de inculcação do arbitrário cultural que atua na violência simbólica contra a população negra em nosso país. A ação dos meios de comunicação tem consequências mais danosas e amplas do que o sistema de ensino de nosso país nesse papel, apesar do Estatuto da Igualdade Racial (BRASIL, 2010) que trabalha no sentido inverso e tem suas implicações nas produções midiáticas.

Ao excluir, de suas produções, nossos referenciais culturais negros, o que eles representam na construção simbólica de nosso patrimônio cultural e, portanto, o espaço que devem ocupar na construção de nossas instituições, ou ao estigmatizar ou tornar invisível o negro nessas mesmas produções, nossa mídia impõe significações e as torna legítimas, favorecendo os poderes que estão na base desta força, acrescentando sua própria relação de força que serve aos interesses de nossa elite cultural e agindo, dessa forma, como poder de violência simbólica.

A ação dos atores de nossas produções midiáticas funciona, desse modo, como a ação pedagógica no sistema escolar, na inculcação do arbitrário cultural que serve aos propósitos que fazem, dessas produções, agentes da violência simbólica. A autoridade pedagógica do sistema de ensino é substituída pela autoridade pública de que gozam esses mesmos atores, em nosso espaço midiático e nas produções que visam empoderá-los em suas ações pessoais e, inclusive, de caráter humanitário; e nas campanhas institucionais que lhes fortalecem as imagens junto à opinião pública, assim como em toda a produção intelectual que trabalha no sentido de fortalecer essa opinião pública.

O trabalho pedagógico, que inculca o arbitrário cultural para além do momento da produção midiática em si, funciona aqui pela exclusão de produções culturais que valorizem nossos referenciais culturais negros e a formação de instituições em que eles atuaram. Quando a inclusão ocorre devido ao Estatuto da Igualdade Racial, ocorre de maneira superficial e em horários de baixa audiência, colaborando assim para a inculcação do arbitrário cultural que trabalha no sentido inverso e, não raro, fomentando e patrocinando intelectuais que trabalham no sentido de fazer esse trabalho pedagógico, sendo também autoridades pedagógicas.

O aparelho ideológico do Estado, no caso da mídia, consiste nos próprios canais de TV aberta, sobretudo os que, com todo esse trabalho, agem na reprodução cultural, inculcando esse arbitrário cultural que, com suas relações de força, acaba sendo um ato de violência simbólica contra a população negra.

Dessa forma, essa reprodução cultural serve aos propósitos da reprodução de relações sociais nas quais nossa população negra é a mais prejudicada, dado o viés racial e cultural que tem a exclusão em nosso país, como já havíamos visto.

Isso nos leva a refletir, primeiramente, sobre a teoria de Bourdieu sobre a violência simbólica, no caso, contra a população negra. Seria uma das causas da evasão escolar maior entre os jovens negros, uma consequência do papel reprodutor da escola, sendo esta responsável por uma educação inculcadora da cultura da classe dominante, e não uma educação emancipadora que possibilite o domínio dos códigos desta cultura sem negar a esta parcela expressiva da população o direito à manifestação de sua própria identidade? Pois neste caso, segundo Bourdieu, somente o estabelecimento de novas relações culturais pode abrir espaço para que igualmente se firmem novas relações sociais.

Por outro lado, enquanto vemos essa triste realidade referente à juventude negra, a reflexão sobre o assunto em nossa mídia (uma das agentes dessa violência simbólica contra a população negra) é praticamente inexistente. O que faz com que a maioria das famílias das vítimas potenciais dessa violência receba dessa mídia somente o entretenimento que desvia do foco da conscientização, que seria o primeiro passo para a resolução dos problemas. Ou seja, enquanto nossa população na maior parte se distrai com suas novelas e programas sobre a própria mídia, de subcelebridades e de auditório, em um mundo fictício e de ilusão, grande parte de nossos jovens negros está vulnerável à violência e à exclusão em um mundo real que está bem distante da ficção do entretenimento.

Defesa da Lei 10.639/03: a educação brasileira de acordo com os autores estudados

De uma forma ou de outra, todos os autores abordados nesta reflexão ofereceram subsídios para defender a inserção da cultura negra nos currículos educacionais brasileiros. Bourdieu, através do combate à violência simbólica que se dá através da inculcação do arbitrário cultural pela ação pedagógica, iniciou o processo da chamada sociologia da reprodução que é, antes de tudo, a reprodução de relações culturais, fator determinante na reprodução de relações sociais (BOURDIEU, 1996; BOURDIEU; PASSERON, 1992). Lahire (1997), através da defesa da afirmação identitária e cultural como fator determinante no sucesso escolar das crianças dos meios populares, trouxe subsídios para que essa inserção sirva às crianças negras como fator de autorreconhecimento nos processos pedagógicos dos Ensinos Fundamental e Médio. Charlot (2000) endossou Lahire, no sentido da importância da afirmação identitária e cultural, e foi além, dizendo que a sociologia do sujeito é central nos processos pedagógicos. E podemos afirmar que o que ele diz, em relação ao fato de a posição social não ser determinante no sucesso ou fracasso escolar mas ter algo a ver com isso, reside justamente nas relações culturais que se reproduzem nesse processo de inculcação do arbitrário cultural que deve considerar elementos culturais dos grupos excluídos para reverter o quadro de exclusão. Um dos contextos que o autor coloca como determinante para o sucesso escolar é o reconhecimento das "subjetividades" no espaço escolar, argumentando também no sentido de que, no caso brasileiro, se reconheça a cultura negra como forma de reconhecimento das crianças em situação de exclusão social.

A experiência na Fundação Ramakrishna investia em ações afirmativas e no enriquecimento do universo simbólico de origem dos alunos para a apropriação do capital simbólico, que é o arbitrário cultural, de forma que este não seja inculcado, mas, sim, assimilado. Segundo esta experiência, é a partir de fatores de enriquecimento do próprio universo simbólico que se pode evitar a inculcação do arbitrário cultural. É na assimilação do capital simbólico que se reverte a reprodução das relações culturais, oferecendo subsídios de defesa da inserção da cultura negra e da Lei 10.639/03 (BRASIL, 2003) nos processos pedagógicos, como agentes de ação afirmativa e de enriquecimento do universo simbólico das crianças que se encontram em processo de exclusão e que, na maioria, são negras.

Segundo o *Parecer Oficial do Conselho Nacional de Educação sobre a Lei 10.639/03 em adendo à Lei de Diretrizes e Bases da Educação Nacional de 1996* (BRASIL, 2004), a inserção da cultura negra no contexto educacional brasileiro deve trabalhar no sentido de que tenhamos uma sociedade mais igualitária e que realmente assuma seu caráter multiétnico. Além disso, esse Parecer, tal como Bourdieu, traz subsídios para afirmar que somente o enriquecimento do universo simbólico das crianças das comunidades negras pode auxiliar a reverter a questão da reprodução de relações culturais na escola, abrindo caminho para que se crie efetivamente um novo ambiente cultural, em que a reprodução de relações culturais seja questionada e, por fim, combatida. Para tanto, segundo o Parecer, o reconhecimento das crianças negras no espaço pedagógico, a partir de sua cultura, é essencial para o processo de reversão da reprodução das relações culturais.

Segundo a teoria winnicottiana dos fenômenos transicionais, o reconhecimento da cultura negra no ambiente pedagógico das escolas dos Ensinos Fundamental e Médio, ao fazer com que as crianças negras se sintam reconhecidas, pode auxiliar como ferramenta pedagógica na criação de objetos transicionais que fortaleçam a relação que estas crianças estabelecem com o conhecimento, trazendo-os como um dos fatores constituintes da construção de seus próprios espaços transicionais.

Para estas crianças, o enriquecimento do próprio universo simbólico através do reconhecimento de seu espaço no ambiente pedagógico, por si só, cria condições para que elas encontrem em seu espaço transicional condições favoráveis para ver, nestes conteúdos e na relação com os professores, o advento de novos objetos transicionais. Estes, por serem inerentes também a outros alunos negros, podem criar a superposição dos espaços transicionais, criando a ilusão compartilhada nesse espaço intermediário coletivo. Ao facilitar e induzir o aperfeiçoamento de suas capacidades em lidar com a linguagem de símbolos e ao pertencerem ao seu próprio universo simbólico, tais objetos ajudam a enriquecer este universo vocabular e a assimilar o capital simbólico do arbitrário cultural de maneira mais fácil, o que resulta na assimilação, e não na inculcação.

Segundo a teoria de Winnicott, a cultura negra, para essas crianças, ao funcionar como objeto transicional, enriquece seu universo simbólico e, paralelamente, permite-lhes trabalhar com símbolos. Possibilita-lhes, também, reconhecer no espaço pedagógico elementos que as aproximem do universo cultural, de forma a despertar nelas o ato criativo essencial para o sucesso dos efeitos que o espaço transicional e os fenômenos transicionais oferecem aos processos cognitivos e à atividade cultural dos indivíduos.

Além da questão direta do **espaço de criação**, como espaço intermediário de desenvolvimento cognitivo, Biarnès (2007) volta-se mais definidamente aos fenômenos transicionais, aos processos do desenvolvimento cognitivo. Ele oferece subsídios à defesa da inserção da cultura negra no currículo escolar dos Ensinos Fundamental e Médio por ser este espaço de criação, um espaço transitório, igualmente de negociação com a alteridade. Além dos efeitos para as crianças negras dos fenômenos transicionais, a teoria de Winnicott também confere importância à inclusão da diversidade no currículo escolar, como fator de formação identitária de todos os indivíduos participantes dos mais diversos grupos sociais.

Biarnès traz ao espaço de criação fatores que permitem defender o advento da Lei 10.639/03 e que não somente são importantes para as crianças negras, ao se sentirem autorreconhecidas nos processos pedagógicos, mas também promovem a superposição dos espaços transicionais dessas crianças.

Para Biarnès, o espaço de criação também é o local de reconhecimento do outro na formação do próprio universo simbólico e na consequente construção identitária. Esta teoria, para as demais crianças, não negras, faz com que a humanidade e a constituição identitária das demais crianças (negras) sejam reconhecidas como processos. O mesmo ocorre com a alteridade, tornando-se este um processo universal que permite o enriquecimento do repertório das crianças não negras e a formação de sua identidade, a partir do reconhecimento da alteridade. O que agrega valor ao processo de formação identitária que reconhece a diversidade.

"Crer que o outro, como nós, tem potenciais que nós podemos aproveitar assim como ele poderá aproveitar dos nossos" (BIARNÈS, 2007, p. 43; tradução nossa). Nesta frase residem os subsídios que sua teoria oferece para a defesa da aplicação efetiva da Lei 10.639/03 nas escolas e nos currículos dos Ensinos Fundamental e Médio.

Dessa forma, crendo que o outro, como nós, tem potenciais que podemos aproveitar, e vice-versa, as crianças negras, ao serem reconhecidas no espaço pedagógico, funcionando sua cultura como objeto transicional para o aperfeiçoamento dos processos criativos, sentem-se encorajadas a assimilar o capital simbólico que é a cultura não negra, pois, para crer que os outros têm potenciais como os nossos, temos que conhecer nossos próprios potenciais e tê-los reconhecidos no espaço pedagógico. Do mesmo modo que, para que as outras crianças (não negras) possam crer que os outros têm potenciais como elas e que podem tirar proveito deles, esses potenciais têm que ser reconhecidos em um ambiente em que não haja inculcação do arbitrário cultural e que seja propício para que esse potencial do outro seja mostrado em toda a sua amplitude, contrariando dessa forma o processo de reprodução das relações culturais, o que também nos dá subsídios para a defesa da Lei 10.639/03 no espaço educacional brasileiro.

Ensino de história e cultura afro-brasileira e africana: bases legais

Diante do exposto pelos autores que contestam a sociologia da reprodução e buscam alternativas à reversão do quadro que a reprodução de relações culturais gera no sistema de ensino, não poderíamos deixar de analisar a importância da Lei 10.639/03 (BRASIL, 2003) nesse contexto. Uma grande conquista, diga-se.

Promulgada em janeiro de 2003, pelo presidente Luiz Inácio Lula da Silva, essa lei foi uma conquista realizada a partir de reivindicações históricas dos movimentos negros, sobretudo nas últimas décadas do século XX. Trata-se de uma emenda à Lei de Diretrizes e Bases da Educação Nacional (LDB) de 1996, que define a obrigatoriedade do ensino de História e Cultura Africana e Afro-brasileira nos currículos de História, Geografia, Língua Portuguesa e Educação Artística dos Ensinos Fundamental e Médio, como citado no Parecer do Conselho Nacional de Educação (CNE), aprovado em março de 2004.

> Este Parecer visa a atender os propósitos expressos na Indicação CNE/CP 06/2002, bem como regulamentar a alteração trazida à Lei 9.394/96 de Diretrizes e Bases da Educação Nacional, pela Lei 10.639/2003 que estabelece a obrigatoriedade do ensino de História e Cultura Afro-brasileira e Africana na Educação Básica. Desta forma, busca cumprir o estabelecido na Constituição Federal nos seus Art. 5º, I, Art. 210, Art. 206, I, § 1º do Art. 242, Art. 215 e Art. 216, bem como nos Art. 26, 26 A e 79 B na Lei 9.394/96 de Diretrizes e Bases da Educação Nacional, que asseguram o direito à igualdade de condições de vida e de cidadania, assim como garantem igual direito às histórias e culturas que compõem a nação brasileira, além do direito de acesso às diferentes fontes da cultura nacional a todos [os] brasileiros. (BRASIL, 2004, p. 1)

Neste parágrafo, vemos que o Parecer (cuja relatora foi Petronilha Gonçalves) e a própria Lei 10.639/03 desconstroem a reprodução de relações culturais até então vigentes na educação. Com o intuito de cumprir o estabelecido na Constituição Federal de 1988 e na LDB de 1996, ao assegurar "o direito à igualdade de condições de vida e de cidadania" e garantir "igual direito às histórias e culturas que compõem a nação brasileira, além do direito de acesso às diferentes fontes da cultura nacional a todos [os] brasileiros", o Parecer já começa admitindo que estes elementos de base e matriz africanas não faziam até então parte das relações culturais do meio escolar. Isso significa que a Lei 10.639/03 também incorre no intuito de romper com as relações culturais vigentes até então, que excluíam essas matrizes de nossa educação, promovendo a reprodução de relações culturais que privilegiavam o eurocentrismo. Referindo-se a esses dispositivos, bem como ao Movimento Negro, no século XX, o Parecer conclui:

> Todos estes dispositivos legais, bem como reivindicações e propostas do Movimento Negro ao longo do século XX, apontam para a necessidade de diretrizes que orientem a formulação de projetos empenhados na valorização da história e cultura dos afro-brasileiros e dos africanos, assim como comprometidos com a de educação de relações étnico-raciais positivas, a que tais conteúdos devem conduzir. (BRASIL, 2004, p. 2)

Corrobora assim o que foi falado anteriormente, admitindo que a história da cultura afro-brasileira e africana na escola, além da questão do rompimento da reprodução de relações culturais, conduz a uma educação de relações étnico-raciais positivas e à consequente contribuição na construção de novas relações culturais.

O Parecer CNE/CP nº 03/2004

Nas **Questões introdutórias**, o Parecer declara seu intento, assim como o da Lei 10.639/03:

> O Parecer procura oferecer uma resposta, entre outras, na área da educação, à demanda da população afrodescendente, no sentido de políticas de ações afirmativas, isto é, de políticas de reparações, e de reconhecimento e valorização de sua história, cultura, identidade. Trata, ele, de política curricular, fundada em dimensões históricas, sociais, antropológicas oriundas da realidade brasileira, e busca combater o racismo e as discriminações que atingem particularmente os negros. Nesta perspectiva, propõe a divulgação e produção de conhecimentos, a formação de atitudes, posturas e valores que eduquem cidadãos orgulhosos de seu pertencimento étnico-racial – descendentes de africanos, povos indígenas, descendentes de europeus, de asiáticos – para interagirem na construção de uma nação democrática, em que todos, igualmente, tenham seus direitos garantidos e sua identidade valorizada. (BRASIL, 2004, p. 2)

Mais uma vez aparece a questão da valorização da história e da cultura afro-brasileira e africana como uma demanda da população afrodescendente no sentido de políticas de ações afirmativas e reparações, assim como se admite que a política curricular brasileira, sem a Lei 10.639/03, não pode refletir a realidade brasileira. Sem estes elementos no currículo escolar, ao não serem garantidos os direitos e a valorização de identidades, torna-se impossível a interação de todos os povos que nos formaram como nação, para a construção de uma nação igualmente democrática. Nesse âmbito, nós nos deparamos, novamente, com as questões postas por Lahire e

Charlot, referentes à afirmação da identidade e da cultura de origem. Questões cruciais para o sucesso escolar das crianças dos meios populares.

O documento fala também de ações afirmativas e deixa bem clara a necessidade de reconhecimento da cultura negra como constituinte de nosso processo civilizatório nacional no que diz respeito às **políticas de reparações, de reconhecimento e valorização de ações afirmativas**:

> A demanda por reparações visa a que o Estado e a sociedade tomem medidas para ressarcir os descendentes de africanos negros, dos danos psicológicos, materiais, sociais, políticos e educacionais sofridos sob o regime escravista, bem como em virtude das políticas explícitas ou tácitas de branqueamento da população, de manutenção de privilégios exclusivos para grupos com poder de governar e de influir na formulação de políticas, no pós-abolição. Visa também a que tais medidas se concretizem em iniciativas de combate ao racismo e a toda sorte de discriminações.
>
> Cabe ao Estado promover e incentivar políticas de reparações, no que cumpre ao disposto na Constituição Federal, Art. 205, que assinala o dever do Estado de garantir indistintamente, por meio da educação, iguais direitos para o pleno desenvolvimento de todos e de cada um, enquanto pessoa, cidadão ou profissional. Sem a intervenção do Estado, os postos à margem, entre eles os afro-brasileiros, dificilmente, e as estatísticas o mostram sem deixar dúvidas, romperão o sistema meritocrático que agrava desigualdades e gera injustiça, ao reger-se por critérios de exclusão, fundados em preconceitos e manutenção de privilégios para os sempre privilegiados. (BRASIL, 2004, p. 3)

O Parecer consolida seu apelo à transformação do sistema de relações culturais que se estabeleceu em nosso país, em seu processo histórico pós-escravista, e que se mantém até os dias de hoje. Afirma, também, que o sistema meritocrático atual – que não leva em consideração as matrizes culturais africanas em nosso processo civilizatório e, consequentemente, em nossa educação – agrava as desigualdades e gera injustiças. Este sistema de relações culturais, que delineia nossa educação, é regido por critérios de exclusão, fundados em preconceitos e na manutenção de privilégios para aqueles que se beneficiam destas relações culturais excludentes quanto à população negra. Portanto, nesse contexto, a Lei 10.639/03 torna-se fundamental enquanto ação afirmativa, e pelo reconhecimento de sua relevância em nosso meio escolar, como cita o seguinte trecho do Parecer: "Reconhecimento requer a adoção de políticas educacionais e de estratégias pedagógicas de valorização da diversidade, a fim de superar a desigualdade étnico-racial presente na educação escolar brasileira, nos diferentes níveis de ensino" (BRASIL, 2004, p. 3).

Trecho que evoca, novamente, a questão da necessidade de promover a afirmação identitária e cultural dos indivíduos dos meios populares como fator para reverter o quadro de inculcação do arbitrário cultural, que gera o processo de reprodução das relações culturais, segundo a teoria de Bourdieu.

Em outra parte do Parecer, são evocados tanto o reconhecimento como o respeito aos processos históricos de resistência negra desencadeados pelos africanos escravizados no Brasil e por seus descendentes.

> Reconhecer é também valorizar, divulgar e respeitar os processos históricos de resistência negra desencadeados pelos africanos escravizados no Brasil e por seus descendentes na contemporaneidade, desde as formas individuais até as coletivas [...] Assim sendo, sistemas de ensino e estabelecimentos de diferentes níveis

converterão as demandas dos afro-brasileiros em políticas públicas de Estado ou institucionais, ao tomarem decisões e iniciativas com vistas a reparações, reconhecimento e valorização da história e cultura dos afro-brasileiros, à constituição de programas de ações afirmativas, medidas estas coerentes com um projeto de escola, de educação, de formação de cidadãos que explicitamente se esbocem nas relações pedagógicas cotidianas. Medidas que, convém, sejam compartilhadas pelos sistemas de ensino, estabelecimentos, processos de formação de professores, comunidade, professores, alunos e seus pais. (BRASIL, 2004, p. 4)

Neste trecho, evidenciam-se as expressões de matriz africana, também na contemporaneidade, como relevantes para o processo de reconhecimento identitário, devendo, portanto, ser incluídas nos currículos escolares.

Outro ponto importante que a Lei 10.639/03 traz para a discussão refere-se às relações étnico-raciais e toda a complexidade que elas representam no seio da sociedade. Em suma, segundo o Parecer, o sucesso dessas políticas públicas visando a reparações depende tanto de condições físicas e materiais quanto da reeducação de relações entre negros e brancos no âmbito dessas relações raciais.

A seção do Parecer sobre **Educação das relações étnico--raciais** começa dizendo que:

O sucesso das políticas públicas de Estado, institucionais e pedagógicas, visando a reparações, reconhecimento e valorização da identidade, da cultura e da história dos negros brasileiros, depende necessariamente de condições físicas, materiais, intelectuais e afetivas favoráveis para o ensino e para aprendizagens; em outras palavras, todos os alunos negros e não negros, bem como seus professores, precisam sentir-se valorizados e apoiados. Depende também, de maneira decisiva, da reeducação das relações entre negros e brancos, o que aqui estamos designando como relações étnico-raciais. Depende, ainda, de trabalho conjunto, de articulação entre processos educativos escolares, políticas públicas, movimentos sociais, visto que as mudanças éticas, culturais, pedagógicas e políticas nas relações étnico-raciais não se limitam à escola. (BRASIL, 2004, p. 5)

O Parecer afirma ainda que essas mudanças nas relações raciais, além do trabalho entre processos educativos escolares, dependem também da articulação com outros fatores, tais como políticas públicas e movimentos sociais, uma vez que as mudanças nas relações étnico-raciais não se limitam à escola. A este respeito, podemos evocar novamente a teoria da reprodução de Bourdieu, ao afirmar que a reprodução das relações culturais atua na reprodução de relações sociais. E ao propor mudanças nas relações raciais, a lei tem o mérito de propor a transformação das relações culturais.

De grande relevância, também, no Parecer referente à Lei 10.639/03 é a definição do conceito de raça como construção social e não biológica. O Parecer traz à tona uma questão muito importante no que se refere à reprodução de relações sociais, ocasionada pela simples definição identitária racial, que no Brasil determina o destino e o local social do negro na nossa sociedade.

É importante destacar que se entende por raça a construção social forjada nas tensas relações entre brancos e negros, muitas vezes simuladas como harmoniosas, nada tendo a ver com o conceito biológico de raça cunhado no século XVIII e hoje sobejamente superado. Cabe esclarecer que o termo raça é utilizado com frequência nas relações sociais brasileiras, para informar como determinadas características físicas, como cor de pele, tipo de cabelo, entre outras, influenciam, interferem e até mesmo determinam o destino e o lugar social dos sujeitos no interior da sociedade brasileira. (BRASIL, 2004, p. 5)

Por determinar o destino e local na nossa sociedade, a construção social do significado de *raça*, conforme nos explica o Parecer, foi ressignificado pelo Movimento Negro, tornando-se antes de tudo uma posição política que tem por função valorizar o legado africano.

Contudo, o termo foi ressignificado pelo Movimento Negro que, em várias situações, o utiliza com um sentido político e de valorização do legado deixado pelos africanos. É importante, também, explicar que o emprego do termo étnico, na expressão étnico-racial, serve para marcar que essas relações tensas devidas a diferenças na cor da pele e traços fisionômicos o são também devido à raiz cultural plantada na ancestralidade africana, que difere em visão de mundo, valores e princípios das de origem indígena, europeia e asiática. (BRASIL, 2004, p. 5)

O Parecer também evoca a questão da ancestralidade como central no legado cultural africano e na construção civilizatória que este legado ocupa, tanto na África como na diáspora. Define que as sociedades africanas, baseando-se na senioridade e na ancestralidade, trazem em si uma visão de mundo, assim como valores e princípios, diferentes das demais origens que nos constituem no processo civilizatório brasileiro.

Muito relevante para esta pesquisa, ao ser destacado no Parecer, é a própria violência simbólica que a cultura europeia estabelece em relação não somente à cultura negra, mas também a todas as outras demais origens culturais que participam do nosso processo de formação. Dessa forma, a lei torna-se necessária para a reversão deste quadro. A inculcação da cultura europeia como arbitrário cultural acaba por reproduzir relações culturais que têm suas implicações diretas nas relações sociais, como exposto por Bourdieu. A lei, nesse caso, atua para que esse arbitrário cultural não seja inculcado à população negra, mas que seja assimilado a partir do próprio universo simbólico. No caso dos demais alunos, que não têm origem negra, a lei permitirá, através do aumento do repertório cultural destes alunos, que a cultura negra seja reconhecida, no sentido de que ela participa igualmente da construção do processo civilizatório nacional.

> Convivem, no Brasil, de maneira tensa, a cultura e o padrão estético negro e africano e um padrão estético e cultural branco europeu. Porém, a presença da cultura negra e o fato de 45% da população brasileira ser composta de negros (de acordo com o censo do IBGE) não têm sido suficientes para eliminar ideologias, desigualdades e estereótipos racistas. Ainda persiste em nosso país um imaginário étnico-racial que privilegia a brancura e valoriza principalmente as raízes europeias da sua cultura, ignorando ou pouco valorizando as outras, que são a indígena, a africana, a asiática.
>
> Os diferentes grupos, em sua diversidade, que constituem o Movimento Negro brasileiro, têm comprovado o quanto é dura a experiência dos negros de ter julgados negativamente seu comportamento, ideias e intenções antes mesmo de abrirem a boca ou tomarem qualquer iniciativa. Têm, eles, insistido no quanto é alienante a experiência de fingir ser o que não é para ser reconhecido, de quão dolorosa pode ser a experiência de deixar-se assimilar por uma visão de mundo que pretende impor-se como superior e, por isso, universal e que os obriga a negarem a tradição do seu povo. (BRASIL, 2004, p. 5)

Nota-se que o dado censitário citado nesse trecho é do Censo de 2000. Na Pesquisa Nacional por Amostragem de Domicílios (PNAD) de 2018, foram computados 55,8% de negros (46,5% pardos e 9,3% pretos), 43,1% de brancos e 1,1% dos outros grupos ("amarelo" e indígena) na população do país (IBGE, 2020).

Corroborando o que foi dito anteriormente, o Parecer define a inclusão da história e cultura afro-brasileira e africana como ato político, com suas devidas repercussões pedagógicas, até mesmo na formação de professores, afirmando que ela não se restringe à educação da população negra, mas, sim, de todos os que participam de nossa sociedade multicultural e pluriétnica. Segundo as **determinações acerca da história e cultura afro-brasileira e africana:**

> A obrigatoriedade de inclusão de História e Cultura Afro-brasileira e Africana nos currículos da Educação Básica trata-se de decisão política, com fortes repercussões pedagógicas, inclusive na formação de professores. Com esta medida, reconhece-se que, além de garantir vagas para negros nos bancos escolares, é preciso valorizar devidamente a história e cultura de seu povo, buscando reparar danos, que se repetem há cinco séculos, à sua identidade e a seus direitos. A relevância do estudo de temas decorrentes da história e cultura afro-brasileira e africana não se restringe à população negra, ao contrário, diz respeito a todos os brasileiros, uma vez que devem educar-se enquanto cidadãos atuantes no seio de uma sociedade multicultural e pluriétnica, capazes de construir uma nação democrática. (BRASIL, 2004, p. 8)

É importante ressaltar que o objetivo da lei não é mudar o foco etnocêntrico de matriz europeia por uma africana, mas como cita o Parecer, ampliar o foco dos currículos escolares para a diversidade cultural, racial, social e econômica brasileira. Dessa forma, reiterando o que foi dito anteriormente, visa contribuir para o combate da violência simbólica existente no meio escolar, que inculca a cultura etnocêntrica de raiz europeia como arbitrário cultural.

> Nesta perspectiva, cabe às escolas incluir no contexto dos estudos e atividades, que proporciona diariamente, também as contribuições histórico-culturais dos povos indígenas e dos descendentes de asiáticos, além das de raiz africana e europeia. É preciso ter clareza que o Art. 26A, acrescido à Lei 9.394/1996 provoca bem mais do que inclusão de novos conteúdos, exige que se repensem relações étnico-raciais, sociais, pedagógicas, procedimentos de ensino, condições oferecidas para aprendizagem, objetivos tácitos e explícitos da educação oferecida pelas escolas. (BRASIL, 2004, p. 8)

A lei, também, segundo o Parecer, é um instrumento importante na condução da consciência política e histórica da diversidade, ao agregar princípios de igualdade, da diversidade cultural e racial que nos forma como nação em nosso processo civilizatório; no combate ao racismo e na construção de uma sociedade democrática, conforme explicitado na sequência.

O princípio da **consciência política e histórica da diversidade** deve conduzir:
- à igualdade básica de pessoa humana como sujeito de direitos;
- à compreensão de que a sociedade é formada por pessoas que pertencem a grupos étnico-raciais distintos, que possuem cultura e história próprias, igualmente valiosas e que em conjunto constroem, na nação brasileira, sua história;
- ao conhecimento e à valorização da história dos povos africanos e da cultura afro-brasileira na construção histórica e cultural brasileira;

- à superação da indiferença, da injustiça e da desqualificação com que os negros, os povos indígenas e também as classes populares às quais os negros, no geral, pertencem, são comumente tratados;
- à desconstrução por meio de questionamentos e análises críticas, objetivando eliminar conceitos, ideias, comportamentos veiculados pela ideologia do branqueamento, pelo mito da democracia racial, que tanto mal fazem a negros e brancos;
- à busca, por parte de pessoas, em particular de professores não familiarizados com a análise das relações étnico-raciais e sociais com o estudo de história e cultura afro-brasileira e africana, de informações e subsídios que lhes permitam formular concepções não baseadas em preconceitos e construir ações respeitosas;
- ao diálogo, via fundamental para entendimento entre diferentes, com a finalidade de negociações, tendo em vista objetivos comuns; visando a uma sociedade justa.

(BRASIL, 2004, p. 9-10)

Como foi visto anteriormente com os autores que questionam as sociologias da reprodução, um dos fatores determinantes para a reversão do quadro de reprodução de relações culturais e, consequentemente, sociais, reside na afirmação cultural e identitária dos indivíduos vítimas dessa reprodução. O Parecer sobre a Lei 10.639/03 traz também à discussão questões de afirmação identitária e cultural no âmbito da lei, que orientam os princípios que caracterizam o processo de afirmação identitária de forma central.

O princípio do **fortalecimento de identidades e de direitos** deve orientar para:
- o desencadeamento de processo de afirmação de identidades, de historicidade negada ou distorcida;

- o rompimento com imagens negativas forjadas por diferentes meios de comunicação, contra os negros e os povos indígenas;
- o esclarecimento a respeito de equívocos quanto a uma identidade humana universal;
- o combate à privação e à violação de direitos;
- a ampliação do acesso a informações sobre a diversidade da nação brasileira e sobre a recriação das identidades, provocada por relações étnico-raciais;
- as excelentes condições de formação e de instrução que precisam ser oferecidas, nos diferentes níveis e modalidades de ensino, em todos os estabelecimentos, inclusive os localizados nas chamadas periferias urbanas e nas zonas rurais.

(BRASIL, 2004, p. 10)

O último princípio, que trata das **ações educativas de combate ao racismo e a discriminações**, encaminha para:
- a conexão dos objetivos, das estratégias de ensino e atividades com a experiência de vida dos alunos e professores, valorizando aprendizagens vinculadas às suas relações com pessoas negras, brancas e mestiças, assim como as vinculadas às relações entre negros, indígenas e brancos no conjunto da sociedade;
- a crítica pelos coordenadores pedagógicos, orientadores educacionais, professores, das representações dos negros e de outras minorias nos textos, materiais didáticos, bem como providências para corrigi-las;
- condições para professores e alunos pensarem, decidirem, agirem, assumindo responsabilidade por relações étnico-raciais positivas, enfrentando e superando discordâncias, conflitos, contestações, valorizando os contrastes das diferenças;

- valorização da oralidade, da corporeidade e da arte, por exemplo, como a dança, marcas da cultura de raiz africana, ao lado da escrita e da leitura;
- educação patrimonial, aprendizado a partir do patrimônio cultural afro-brasileiro, visando preservá-lo e difundi-lo;
- o cuidado para que se dê um sentido construtivo à participação dos diferentes grupos sociais, étnico-raciais na construção da nação brasileira, aos elos culturais e históricos entre diferentes grupos étnico-raciais, às alianças sociais;
- participação de grupos do Movimento Negro e de grupos culturais negros, bem como da comunidade em que se insere a escola, sob a coordenação dos professores, na elaboração de projetos político-pedagógicos que contemplem a diversidade étnico-racial.

(BRASIL, 2004, p. 10-11)

Em sua parte final, o Parecer coloca pontos importantes a serem considerados, que visam à mudança de mentalidade. Em outras palavras, mudança que implique a transformação das relações culturais, conforme exposto a seguir.

Estes princípios e seus desdobramentos mostram exigências de mudança de mentalidade, de maneiras de pensar e agir dos indivíduos em particular, assim como das instituições e de suas tradições culturais. É neste sentido que se fazem as seguintes determinações:

O ensino de *História e cultura afro-brasileira e africana*, evitando-se distorções, envolverá articulação entre passado, presente e futuro no âmbito de experiências, construções e pensamentos produzidos em diferentes circunstâncias e realidades do povo negro. É meio privilegiado para a educação das relações étnico-raciais e tem por objetivos o reconhecimento e a valorização da identidade, da história e da cultura dos afro-brasileiros, garantia de seus direitos de cidadãos, reconhecimento e igual valorização das raízes africanas da nação brasileira, ao lado das indígenas, europeias, asiáticas. (BRASIL, 2004, p. 11; grifos do original)

Este trecho evoca as dinâmicas sociais africanas que, ao manterem o tradicional, ressignificam o novo. E, com o intuito de "envolver a articulação de passado, presente e futuro no âmbito de experiências, construções e pensamentos produzidos em diferentes circunstâncias e realidades do povo negro", reproduz as dinâmicas sociais próprias dos povos subsaarianos. Além disso, evoca a garantia de direitos cidadãos à população negra a partir do reconhecimento de seus valores civilizatórios.

> O ensino de *cultura afro-brasileira e africana* se fará por diferentes meios, em atividades curriculares ou não, em que: se explicitem, busquem compreender e interpretar, na perspectiva de quem o formule, diferentes formas de expressão e de organização de raciocínios e pensamentos de raiz da cultura africana; promovam-se oportunidades de diálogo em que se conheçam, se ponham em comunicação diferentes sistemas simbólicos e estruturas conceituais, bem como se busquem formas de convivência respeitosa, além da construção de projeto de sociedade em que todos se sintam encorajados a expor, defender sua especificidade étnico-racial e a buscar garantias para que todos o façam; sejam incentivadas atividades em que pessoas – estudantes, professores, servidores, integrantes da comunidade externa aos estabelecimentos de ensino – de diferentes culturas interatuem e se interpretem reciprocamente, respeitando os valores, visões de mundo, raciocínios e pensamentos de cada um.

> O ensino de *cultura afro-brasileira e africana*, a educação das relações étnico-raciais, tal como explicita o presente parecer, se desenvolverão no cotidiano das escolas, nos diferentes níveis e modalidades de ensino, como conteúdo de disciplinas, particularmente, Educação Artística, Literatura e História do Brasil, sem prejuízo das demais, em atividades curriculares ou não, trabalhos em salas de aula, nos laboratórios de ciências e de informática, na utilização de sala de leitura, biblioteca, brinquedoteca, áreas de recreação, quadra de esportes e outros ambientes escolares. (BRASIL, 2004, p. 11-12; grifos do original)

O Parecer também dá orientações sobre a abordagem da História da África no currículo escolar:

> Em História da África, tratada em perspectiva positiva, não só de denúncia da miséria e discriminações que atingem o continente, nos tópicos pertinentes se fará articuladamente com a história dos afrodescendentes no Brasil e serão abordados temas relativos: ao papel dos anciãos e dos *griots* como guardiães da memória histórica; à história da ancestralidade e religiosidade africana; aos núbios e aos egípcios, como civilizações que contribuíram decisivamente para o desenvolvimento da humanidade; às civilizações e organizações políticas pré-coloniais, como os reinos do Mali, do Congo e do Zimbabwe; ao tráfico e à escravidão do ponto de vista dos escravizados; ao papel dos europeus, dos asiáticos e também de africanos no tráfico; à ocupação colonial na perspectiva dos africanos; às lutas pela independência política dos países africanos; às ações em prol da união africana em nossos dias, bem como o papel da União Africana, para tanto; às relações entre as culturas e as histórias dos povos do continente africano e os da diáspora; à formação compulsória da diáspora, vida e existência cultural e histórica dos africanos e seus descendentes fora da

África; à diversidade da diáspora, hoje, nas Américas, Caribe, Europa, Ásia; aos acordos políticos, econômicos, educacionais e culturais entre África, Brasil e outros países da diáspora. (BRASIL, 2004, p. 12)

A Lei 10.639/03

Fazendo uma análise da Lei 10.639/03 (BRASIL, 2003) a partir do Parecer CNE/CP nº 03/2004 (discutido na seção anterior), em confronto com as teorias de Bourdieu, Lahire e Charlot, podemos afirmar que, além da importância das questões de relações étnico-raciais, devida ao reconhecimento da cultura negra em nosso processo civilizatório, a lei vai ao encontro do que postulam Lahire e Charlot no que diz respeito à reversão da reprodução nas relações culturais próprias à sociologia da reprodução de Bourdieu (BOURDIEU; PASSERON, 1992). Lahire (1997) postula que, nessa reversão, são necessárias: a estrutura familiar, a escolarização de ao menos um dos membros da família como referencial para a criança e a afirmação identitária e cultural da criança.

Por outro lado, Charlot (2000) postula que, além da formação em uma estrutura social, o indivíduo está sujeito a fatores subjetivos que podem determinar o aproveitamento escolar. Nesse caso, ele também defende a questão da afirmação identitária e cultural como fator para combater o determinismo dos sociólogos da teoria da reprodução. Para entender melhor a questão, nada melhor do que confrontar a teoria da violência simbólica e da reprodução de Bourdieu com o Parecer CNE/CP nº 03/2004.

Ao garantir igual direito à história e à cultura dos povos que compõem a nação brasileira, temos um início de questionamento da ação pedagógica da qual fala Bourdieu, quando o Parecer se refere à inculcação do arbitrário cultural que inicia o processo de violência simbólica. Ao garantir este igual direito e dar acesso às diferentes fontes da cultura nacional a todos os brasileiros, a cultura da classe dominante, de viés eurocêntrico, passa a não ser a única digna de ser transmitida e inculcada.

Quebrando o ciclo de inculcação do arbitrário cultural feito pela ação pedagógica, também é posto em xeque o consequente trabalho pedagógico da teoria de Bourdieu, que tem como função inculcar esse arbitrário para além do momento da ação pedagógica. Além disso, ainda segundo Bourdieu, a reprodução de relações culturais gera uma reação em cadeia no sistema de ensino, propiciando a reprodução das relações sociais.

Seguindo o mesmo raciocínio, ao ser um fator a mais no combate às políticas tácitas ou explícitas de "branqueamento da população", segundo o Parecer, a lei reforça seu papel de combate à reprodução das relações culturais que, por sua vez, incide sobre as relações sociais. O Parecer defende também a intervenção do Estado para o rompimento desta reprodução cultural e, consequentemente, social. Questão que, para esta reflexão, é uma das mais relevantes, dado que o Parecer afirma que, sem esta intervenção, dificilmente os segmentos marginalizados em nossa sociedade encontrarão meios de vencer o sistema meritocrático vigente. Relevante, sobretudo, por estabelecer que este sistema meritocrático gera desigualdades e injustiças por se regerem por princípios de exclusão.

No âmbito da lei que defende a inclusão da cultura africana e afro-brasileira na educação, fica clara a menção de que os princípios de exclusão da meritocracia podem ser relacionados à própria inculcação do arbitrário cultural – a cultura eurocêntrica –, em detrimento de outras expressões identitárias e culturais. Evidencia-se aqui que esta meritocracia, ao não levar em consideração, na educação, fatores de outras raízes culturais que não as eurocêntricas, estabelece desigualdades, dada a exclusão dos referenciais culturais não europeus.

Nesse caso, quando Charlot (2000) afirma que a posição social não determina o fracasso escolar, mas admite que este fracasso tem "alguma coisa a ver" com a posição social, podemos estabelecer que esta relação entre fracasso escolar e posição social não é determinada somente pelo *habitus* linguístico ou de classe, de que fala Bourdieu; mas, no caso em questão, pela exclusão dos referenciais culturais do segmento popular na educação. Ao gerar meritocracia excludente, a escola reproduz relações culturais igualmente excludentes.

Desse modo, a Lei 10.639/03 vem colocar em questão esse sistema meritocrático baseado em fatores de exclusão, segundo o Parecer, o que vem ao encontro dos autores estudados, até então, na sociologia da educação. O Parecer conversa tanto com as teorias da sociologia da reprodução, conforme vimos anteriormente, quanto com as teorias que as questionam, aqui estudadas.

Como vimos através dos conceitos teóricos dos três autores – questionem, defendam eles ou não a teoria da reprodução –, a reversão do quadro desta reprodução está na transformação de relações culturais. E é justamente isso o que se vê na proposta central da Lei 10.639/03 no ambiente escolar e, não menos igualmente, no Estatuto da Igualdade Racial (BRASIL, 2010), no que se refere às produções midiáticas.

Vimos também que os autores que questionam as sociologias da reprodução têm em comum a afirmação identitária e cultural como fator comum para a reversão dessas relações culturais. Um dos objetivos centrais da Lei 10.639/03, a afirmação identitária e cultural da população afrodescendente, assim como o reconhecimento das culturas africana e afro-brasileira como constituintes do nosso processo civilizatório, pela população que não se declara negra, são fatores que permitem criar um ambiente, através do qual o sistema meritocrático atual, baseado na exclusão, seja questionado e reformulado.

De qualquer forma, trazendo novamente Bourdieu, Lahire e Charlot para esta discussão, acredita-se que, para que haja êxito escolar, é necessário que o arbitrário cultural (que Bourdieu também chama de capital simbólico) seja assimilado, e não inculcado.

Segundo a experiência que tive na Fundação Ramakrishna, a Escola de Línguas de Hyderabad aplicava os conceitos de Lahire e Charlot, no que se refere à afirmação identitária e cultural. Nesse local, o arbitrário cultural e o capital simbólico constituídos pela variante normativa da língua inglesa eram considerados essenciais para que aquelas crianças e jovens tivessem acesso à produção cultural do restante da Índia. E, igualmente, o capital simbólico produzido em língua inglesa ou em outras línguas europeias era assimilado através do enriquecimento do universo simbólico da própria cultura, sendo para isso necessário um trabalho de afirmação identitária e cultural.

Vale lembrar que a Índia foi o primeiro país a aplicar ações afirmativas na educação e nos serviços públicos e que a Fundação Ramakrishna foi uma das primeiras a aplicar cotas em suas escolas e universidades. Além disso, vale ressaltar que essa fundação utiliza esse sistema de ações afirmativas até o momento da publicação desta obra, reservando vagas para os membros do grupo sem casta dos párias (sem direitos civis), de acordo com sua proporção nas regiões onde têm escolas. Nota-se que os párias, somados aos sudras (a casta inferior, dos servos), constituem pelo menos nove décimos da população indiana (PRUTHI, 2004).

Transportando esta experiência para nossa realidade, a Lei 10.639/03, segundo as premissas comentadas no Parecer, acaba assumindo a função de ação afirmativa tal qual é aplicada pela Fundação Ramakrishna na Índia. Paralelamente a isso, tal qual o exemplo que vemos tanto na pesquisa de Lahire quanto na Fundação Ramakrishna, ao trabalhar a afirmação identitária e cultural dos indivíduos afrodescendentes – maioria em nosso país –, a Lei 10.639/03 cria um ambiente favorável para que haja a criação de práticas educativas e pedagógicas que enriqueçam o universo simbólico dos indivíduos. Dessa forma, o capital simbólico representado pelo arbitrário cultural necessário para o êxito escolar é assimilado a partir do enriquecimento do universo simbólico de origem dos indivíduos em questão, e não a partir da inculcação de modelos alheios, os quais, ao iniciarem o processo de violência simbólica, levam à reprodução de relações culturais, conforme ocorre sem a aplicação da Lei 10.639/03.

Ao assimilar o capital simbólico representado pelo arbitrário cultural, sem que este seja inculcado como sendo o único digno de ser assimilado, mas a partir de elementos de sua cultura de origem, tais indivíduos, que deixam de ser vítimas de um processo de reprodução cultural, terão a possibilidade de, a partir da transformação dessas relações culturais, quebrar o ciclo de reprodução cultural, criar novas relações que agreguem ao capital simbólico elementos de sua própria cultura, até então marginalizada por este capital.

Em suma, dessa forma é possível realizar transformações que quebrem o ciclo de reprodução, a partir da geração de novas relações culturais que terão consequências nos elos que formam a cadeia das relações sociais. Ao dominar o capital simbólico formado pelo arbitrário cultural, sem com isso submeter-se, os indivíduos podem recriar e transformar o capital simbólico. Isso permitirá que os integrantes da classe culturalmente hegemônica se apropriem igualmente do universo simbólico destes indivíduos, quebrando o ciclo de hegemonia, de polarização cultural e social na formação do capital simbólico. Somente dessa forma a meritocracia pode deixar de agir por exclusão.

O advento da Lei 10.639/03 é um primeiro e importantíssimo passo nesse sentido. Ao transformar as relações culturais no sentido de enriquecer o capital simbólico, haverá ganhos para toda a sociedade. A transformação do capital simbólico, que marca o final da polarização da cultura eurocêntrica, trará a possibilidade de se construir e reconstruir conhecimentos a partir das bases de outras culturas, que não as europeias, trazendo ganhos substanciais para a academia, inclusive; pois o advento de novas visões poderá concorrer para novas descobertas em campos de diferentes áreas de conhecimento.

Nesse âmbito, os valores civilizatórios das culturas africanas e dos afrodescendentes só podem enriquecer nosso patrimônio intelectual e auxiliar na construção de intelectualidades e saberes que assumam características diversas do pensamento eurocêntrico. Isso, além de transformar nossas relações culturais e sociais, consequentemente, nos colocará em situação de autonomia e, em alguns casos, até mesmo de vantagem em relação ao pensamento eurocêntrico. Como fruto de hibridismos, poderá propiciar e usufruir do enriquecimento que as culturas afro-brasileiras e africanas agregarão a esse capital simbólico.

Nossa intelectualidade só deixará de ser dependente do Norte quando assumirmos os matizes e cores que existem nela. E, para isso, a Lei 10.639/03 efetivamente aplicada é um primeiro passo na construção de um novo ambiente intelectual que reflita a realidade de nossa constituição identitária e cultural nacional, que deve começar na base onde esse arbitrário cultural é inculcado, ou seja, na Educação Básica.

Defesa do estudo dos mitos africanos no contexto educacional brasileiro

Assim como o Parecer Oficial do Conselho Nacional de Educação (BRASIL, 2004) que, através da voz de décadas de reivindicações dos movimentos negros no Brasil, defende a aplicação da Lei 10.639/03 e a inclusão do estudo da História de Civilizações Africanas, defendemos a mesma posição. Consideramos, entre outras coisas, que o exemplo dado nessa defesa para caracterizar os componentes de nossa elite cultural é predominante, e é este pensamento que forma os quadros profissionais, do meio acadêmico, e o que pensam as Ciências Sociais e a Educação.

Falar em outras culturas, como a africana, especificamente, é falar em outras civilizações antes de tudo. Civilizações que têm características e visões de mundo próprias que, sem dúvida, contribuem ao enriquecimento do processo identitário de todos os cidadãos, como apregoado pelo conceito de diversidade de Biarnès (2007).

Através da Lei 10.639/03, o repertório cultural destas civilizações passa a ser integrado de forma reconhecida em nosso processo de construção civilizatória. Vale lembrar que, independentemente da lei, este repertório já faz parte desta construção, apesar de não ser reconhecido no ambiente escolar.

No caso das sociedades africanas, os conceitos de ancestralidade e senioridade são patrimônios centrais de seu legado e estão presentes na formação de seus heróis e agentes das histórias que nos influenciaram. O conceito de ancestralidade, como já havíamos dito em outra ocasião, remete ao de memória que, por sua vez, remete ao de resistência que a memória da ancestralidade reverencia através dos heróis negros africanos e afrodescendentes.

Por sua vez, as sociedades africanas subsaarianas apresentam em comum o culto ao ancestral mítico de povo e clã, como constante. O que implica consequências em seus processos civilizatórios, bem como na contribuição destes povos em suas diversas diásporas. O ancestral, ao ser mitificado, exerce todas as funções civilizatórias do mito, descritas por Campbell (1991, p. 44-45): mística, cosmológica, pedagógica e sociológica.

Em um Estado laico, apesar de suas relações promíscuas com a religião católica – em algumas escolas públicas ainda rezam "pai-nosso", há crucifixos em algumas repartições públicas, sobretudo aquelas ligadas aos aspectos jurídicos da nação –, acredita-se que valores religiosos não devem ser expressos no âmbito educacional. Portanto, não se pode estudar os ancestrais míticos em suas funções místicas, que remetem à função religiosa. Contudo, ainda estão presentes em outras funções essenciais à estruturação civilizacional, como a sociológica, que forma corpos sociais administrativos que fundam relações entre povos autóctones e invasores, que até hoje têm influência na África. E também influenciam as relações com outros povos que formaram a nação, herdadas dos povos africanos e indígenas e que conflitam com a cultura eurocêntrica, que é o que forma o arbitrário cultural da cultura da classe dominante.

Além da função pedagógica, que ensina como viver uma vida humana em qualquer circunstância, revelam muito dos processos nos quais estes mitos geram comportamentos na África e na diáspora. Ao falar destes ancestrais, estamos falando de mitos e, consequentemente, de arquétipos que influenciaram povos na África, inspiraram heróis e heroínas desta região e em diversos outros países, em consequência das diásporas, como no caso do Brasil, por exemplo. Estes mitos ainda formam corpos sociais na África e, em muitos países do mundo, seus arquétipos ainda influenciam e geram novos comportamentos.

O mais estranho é que se nota, não raramente, resistência para o estudo dos mitos por grande parte de setores e de profissionais da educação, que não dissociam sua função mística das outras, como se esta fosse sua única função, posicionando-se contrários ao estudo das religiões nas escolas.

Como defensor do Estado laico, também defendo que não devamos estudar religiões no ambiente escolar e no espaço pedagógico, sobretudo em escolas públicas, pois a Constituição garante liberdade de culto e, até mesmo, liberdade para não participar de nenhum culto.

Contudo, esquecem que estes mitos africanos são um legado de nosso patrimônio cultural e civilizatório, e que em sua dimensão civilizatória e seus conceitos e valores igualmente civilizatórios, eles são um patrimônio de todo brasileiro independentemente de religião. Pois estes valores e conceitos vão além da escolha religiosa dos descendentes de pessoas que vêm de tais civilizações diaspóricas; e que para entender as dinâmicas sociais destas sociedades, que influenciaram inclusive a nossa em maior ou menor grau, dependendo da região do país, precisamos conhecer estes conceitos e valores civilizatórios.

O mesmo espaço acadêmico, que não consegue enxergar os valores civilizatórios dos mitos africanos em nossa sociedade, defende o estudo de mitos da religião grega presentes na *Ilíada* e na *Odisseia* e em toda paideia grega. A ausência de estudos da cultura africana no sistema escolar e na academia explica o comportamento da elite formada por meio acadêmico, como o exemplo citado anteriormente neste texto, na total ignorância dos valores civilizatórios que fazem parte de nosso patrimônio, quer estudem na escola pública ou particular.

Observem que não há como estudar as estruturas do capitalismo sem estudar o clássico de Max Weber (2013), *A ética protestante e o espírito do capitalismo*, e entender as dinâmicas sociais que os valores civilizatórios do protestantismo conferem à cultura do capital. Dessa forma, entende-se que o choque e a intolerância religiosa neopentecostal em relação aos cultos de matriz africana advêm do atrito entre valores civilizatórios que regem a cultura do capital e da sociedade europeia branca e cristã, matrizes culturais da nossa sociedade.

A dinâmica social vigente, ao privilegiar o consumismo, o novo pelo novo, com certeza, tem dificuldade para acatar as dinâmicas sociais de matriz africana que privilegiam a memória e aceitam a novidade apenas quando ressignificada a partir do tradicional; como foi necessário para que se construíssem as sociedades subsaarianas em suas dinâmicas de encontro entre autóctones e invasores, sem que estas se destruíssem entre si, em guerras fratricidas. Como no exemplo da fundação do reino do Ketu pelo rei Edé (Oxóssi) que, na posição de invasor, participou desse tipo de dinâmica ao aceitar o ato simbólico de Iya Kpanko – do povo fon – que, quando Edé chegou ao Ketu, ofereceu-lhe o fogo que representava a vida de seu povo, que então se transformou no fogo da coexistência.

Esta lenda marca uma dinâmica social, cumpre uma função pedagógica, sociológica, e pode falar muito das dinâmicas sociais brasileiras em relação a outros povos, no que ela se diferencia das europeias. Diferentemente de Hegel, que apenas enxergava este fato como uma suscetibilidade dos povos negros em se deixar influenciar por outros povos, como os europeus portadores de cultura "superior". Ou seja, que via fraqueza onde havia virtude.

Não há como estudar certos períodos da história medieval sem mencionar valores civilizatórios do catolicismo e autores, como São Tomás de Aquino, que, diga-se de passagem, estudei na disciplina "Ética e Moral de São Tomás de Aquino", na faculdade. Dissociando São Tomás de sua função religiosa, assim como se dissociam os mitos helênicos e clássicos de sua função religiosa, por que não se concebe, por exemplo, que estudemos "Ética e Moral de Xangô na África e na Diáspora"?

Talvez, por desconhecerem que este mito, igualmente, representa um código moral de uma civilização tão complexa e com conceitos civilizatórios tão ricos quanto as sociedades clássicas. Além de ter grande importância para nós, tão grande ou maior do que a sociedade de São Tomás de Aquino na Idade Média, a partir do ponto de vista da defesa da cultura que se constrói considerando a diversidade dos "espaços de criação" (BIARNÈS, 2007).

Aliás, este autor critica o meio educacional francês, justamente, por não se reformar, considerando a diversidade cultural presente em sua sociedade, com medo de que ela se torne uma sociedade mestiça. Sabemos que é o medo da elite europeia, desde a época do diplomata francês racialista Arthur de Gobineau (1816-1882) que, em sua obra *Essai sur l'inégalité des races humaines*, de 1855, elogiou a diferença entre as raças, salientando a superioridade dos caucasianos.

Paradoxalmente, no Brasil, assimilamos este pensamento presente no senso comum do meio acadêmico, diretamente influenciado pelo sistema francês, o qual o próprio Biarnès critica por não estar preparado para ver o contexto e desafios que terá de enfrentar no século XXI: deixar de ser o espaço da uniformização para tornar-se o espaço da diversidade.

Enfatizo *paradoxalmente*, pois a *mestiçagem* que tanto temem os teóricos da educação francesa, com medo de incluir a alteridade no currículo educacional, no caso da maioria da população e da cultura de raiz, há séculos integra a realidade brasileira e faz parte de nossa constituição identitária.

Dessa forma, isso reforça a defesa de que o patrimônio de raiz africana é um legado ao processo de formação identitária nacional e deve ser reconhecido e estudado, seja pelos descendentes declarados destes povos, como eu mesmo sou, seja pelos demais.

Segundo Serrano (2003), todas as sociedades se fundamentam na ancestralidade, melhor dito, no ancestral mítico, como fundador e fonte imanente de valores e conceitos civilizatórios ainda revividos na diáspora e na África. Os principais representantes dessa estrutura, no Brasil, são os orixás, assim como na Grécia são os deuses helênicos e, na Idade Média europeia, a obra de São Tomás de Aquino. Estes últimos são sempre estudados dissociados de suas funções místicas, enquanto fundadores ou precursores de valores civilizatórios.

Dessa forma, em nome da aceitação da diversidade de nossa sociedade, propomos e defendemos a inclusão do estudo dos mitos africanos nos currículos educacionais, nas dinâmicas pedagógicas, sobretudo, no que diz respeito aos orixás iorubanos, que são a expressão mais viva da cultura negra em nossa sociedade. Estudo este, que defende a diversidade e os fenômenos transicionais de Winnicott, que dessa forma se convertem em objetos transicionais para as crianças, enriquecendo seu espaço transicional, assim como a defesa da cultura africana e da Lei 10.639/03 no *Parecer Oficial do Conselho Nacional de Educação* (BRASIL, 2004), no intuito da pedagogia da subjetividade de Charlot, que vem ao encontro da formação identitária e cultural de Lahire e com a minha própria experiência na Fundação Ramakrishna.

Acredito que a introdução da história e da cultura negras nos currículos escolares, fundamentadas na metodologia dos espaços de criação proposta por Biarnès (2007), da pedagogia da subjetividade de Charlot e da formação identitária e cultural de Lahire, poderá contribuir para o enriquecimento do universo simbólico tanto das crianças negras quanto das demais. As negras, certamente, vão se reconhecer e se identificar com o universo que lhes é próprio. E as demais poderão aprender, integrar e ampliar seu repertório cultural, deixando de ver o outro através de estereótipos e de recortes de uma história que desconhecem. Remetendo-nos a Bourdieu, os espaços de criação sobre cultura africana favorecem a assimilação de um capital simbólico praticamente desconhecido no âmbito educacional, de forma que o atual arbitrário cultural (em relação às crianças) seja assimilado para que haja reversão na reprodução de relações culturais e, consequentemente, na reprodução das relações sociais.

Visões africanas
na educação

História: arquétipos, mitos e fatos

Uma das principais motivações que me levaram a escrever esta obra foi o fato de a maior parte dos livros sobre os mitos africanos tratá-los somente no aspecto religioso. No entanto, como já vimos, segundo o mitólogo Joseph Campbell (1991, p. 44-45), o mito tem mais três funções além da mística (religiosa): a cosmológica (que explica uma ordem universal), a sociológica (que cria corpos sociais) e a pedagógica (que cria arquétipos que imitamos e legitima comportamentos).

Atualmente, as tradições de matriz africana sofrem ataques e agressões em vários níveis. A principal razão disso não se enquadra exatamente em razões religiosas em si, mas, sim, em conflitos de valores civilizatórios entre a cultura do capital ocidental e as culturas tradicionais, tanto de matriz africana quanto indígena.

Segundo Max Weber (2013), o "espírito do capitalismo" (que, muito *grosso modo*, é a disposição de acumular capital como uma finalidade em si mesma) vem da ética dos primeiros movimentos protestantes, assim como o conceito de vocação profissional, entre outras coisas, do conceito de vocação do líder da reforma do cristianismo, Martinho Lutero (1483-1546). Este comportamento, dentro do espírito do capitalismo, interessa sobremaneira aos detentores dos meios de produção, razão pela qual muitos deles (inclusive do capital estrangeiro) financiam a evangelização de comunidades tradicionais.

O antropólogo Georges Balandier (1971, 1975), em seus estudos sobre as comunidades tradicionais na África Subsaariana, revela que estas em geral têm a tendência de condenar à morte social aqueles que acumulam capital ou riquezas de forma a ameaçar a sustentabilidade de suas sociedades. No caso de nossas sociedades tradicionais, tanto de matriz africana quanto indígena, esta influência está presente, o que contrasta com o que Weber define como espírito do capitalismo.

Outro valor civilizatório das tradições de matriz africana que vai contra o espírito do capitalismo em si é o conceito de ancestralidade e senioridade. A ancestralidade dá o sentido de pertencimento a uma comunidade das nossas matrizes africanas. E algumas outras tradições religiosas, para poderem se propagar, ressignificaram este valor civilizatório tão característico das sociedades tradicionais africanas ocidentais, como foi o caso do Islã em determinados momentos de sua expansão na África Subsaariana.

Do herói grego à heroína e ao herói negros

Além da noção de pertencimento a uma comunidade, o conceito de ancestralidade gera o conceito de pertencimento a uma terra e o culto ao espírito da terra em que se nasce. Para o africano subsaariano em geral, a terra em que se nasce, e onde se fundamentam seus ancestrais, tem um valor sagrado. Se a pessoa vem de outra região, dará esse valor à terra que a acolhe, contudo a noção de pertencimento à terra em que se nasce é central: a Terra dos Ancestrais continua sendo lá.

Temos nisso um exemplo claro que não deixa dúvidas no imaginário dos negros brasileiros de que, apesar de serem descendentes da África como terra ancestral, são brasileiros. A identidade negra no Brasil, e na maior parte dos países da diáspora africana, valoriza a identidade brasileira e a do país de origem, ao contrário do que acontece com grande parte dos descendentes de europeus no nosso país, que buscam ressaltar sua ascendência europeia em detrimento de suas identidades latino-americanas, mesmo que, na época da diáspora de seus povos para a América Latina, tenham vindo para cá porque as elites europeias não os queriam lá e ainda não os querem lá.

O sentido de memória a partir desta ancestralidade e do sentido de pertencimento também é central, pois ancestralidade é memória, memória é resistência, e este valor da ancestralidade vai contra a cultura de consumo. As comunidades tradicionais de matriz africana, baseadas na ancestralidade e na senioridade, incitam a adoção das dinâmicas sociais africanas tradicionais, que só aceitam o novo se ele for ressignificado a partir do tradicional e dificilmente aceita o novo pelo novo. Isso se converte também em um valor civilizatório que contrasta com a cultura de consumo e o espírito do capitalismo, tão presente em sua reedição na "modernidade líquida" de Bauman (2001), nestes tempos de pós-modernismo do início do século XXI, e ao qual a Teologia da Prosperidade das Igrejas Neopentecostais vai igualmente tão de encontro. Assim entendemos por que a memória que se baseia na ancestralidade, e que está presente nas tradições de matrizes africanas, consiste em uma ameaça a essas Igrejas. Nesse sentido, o próprio Max Weber afirmava que o espírito do capitalismo prevaleceria na América Latina quando esta fosse predominantemente protestante (e, em consequência, fosse menos católica e exterminasse as religiões tradicionais de matrizes africana e indígena).

Para entendermos melhor o que isso significa, basta que atentemos para o que representaram os quilombos no período colonial, no que se refere à resistência ao capitalismo mercantilista, e o que representam, no início do século XXI, as comunidades quilombolas e indígenas que mantêm suas tradições, para o atual espírito do capitalismo, motivo pelo qual se dá grande prioridade a evangelizá-las.

Dessa forma, fica bem claro que, mais do que valores e dogmas religiosos, o que faz com que as tradições de matriz africana sofram agressões é o conflito de valores civilizatórios. A única saída para que possam sobreviver a esta onda conservadora de agressões é que nossas casas de matriz africana se tornem pontos de cultura e propagadoras desses valores civilizatórios que são patrimônio cultural de todos os brasileiros. E que assim possam gozar da proteção do Estado, pois o Estado não pode defender valores religiosos ou dogmas, contudo tem o dever de defender valores civilizatórios que são nosso patrimônio cultural.

Nesse sentido, desenvolvi a presente obra para defender tais valores civilizatórios, tanto no meio acadêmico quanto para que sirvam de material de formação sobre estes valores civilizatórios em ambientes educacionais e comunidades tradicionais, para servir em sua defesa institucional.

O pai (muitas vezes protestante e negro) que não se importa que seu filho veja como heróis os mitos nórdicos, como Thor (que, na Escandinávia, nenhum pai protestante contesta que seja um mito que traz importantes valores civilizatórios a suas identidades nacionais), tem que reconhecer nos mitos africanos, como Ogum, Oxóssi, Iansã, Oxum e todos orixás, os valores civilizatórios fundadores de nossa nação. É necessário que, independentemente das religiões, se admita que o Reino do Queto tem muito mais a ver com nosso processo civilizatório brasileiro que o Reino de Odin ou mesmo o Olimpo grego em muitos aspectos.

O herói grego, o herói africano e seus códigos morais

Ao falar de educação, não podemos negligenciar o fato de que os heróis de nossas civilizações são os responsáveis pela criação de arquétipos que imitamos nesse processo educativo.

O motivo principal pelo qual, na formação clássica de educadores, estudamos os heróis gregos e o pai romano é porque esta formação na educação clássica defende que estes são os arquétipos principais que delineiam os comportamentos na educação. Exemplos que determinam o que deve ser ensinado, enquanto valores, e os primeiros responsáveis pela criação de arquétipos que nossos ancestrais imitavam.

Estudamos os clássicos gregos, como a *Ilíada* e a *Odisseia*, para entender sobretudo como se dá a construção desse herói responsável pela formação de arquétipos na educação. Estudamos a história do magistrado romano Catão (o pai romano) como o exemplo de referência na educação e de educador de nossa civilização, que considerava a família como a célula do Estado, e o pai (*pater familias*), a autoridade suprema e o núcleo da família.

É inegável que o herói grego e o pai romano fazem parte da formação de arquétipos da educação na civilização europeia. Da mesma forma, em nossa educação, por termos influência dessa civilização, os códigos morais dos heróis gregos e do pai romano são elementos que trabalham no sentido da formação de arquétipos (exemplos que imitamos).

Contudo, o que as universidades de referência na educação clássica em nosso país estranhamente negligenciam é que mitos e heróis (e heroínas), de origem africana e afro-brasileira, tenham participado desse processo de criação de arquétipos em nossa educação, mesmo que sejamos um povo com cerca de 90% de afrodescendentes (PENA; BORTOLINI, 2004) e do qual a maioria se declara negra (IBGE, 2020).

É como se todas as civilizações africanas que participaram de nosso processo civilizatório não tivessem nada a contribuir com nossos processos educativos, como se não tivessem tido seus heróis, seus mitos fundadores, seus ancestrais míticos; ou mesmo, é como se nenhum deles tivesse participado de nosso processo civilizatório, estando relegados somente ao plano religioso de uma minoria. É como se os mitos africanos fossem menos mitos do que os mitos gregos, como se a mãe negra africana (e brasileira), que se inspirava em seus arquétipos de heroínas para caçar, guerrear e alimentar seus filhos, fosse menos educadora que o pai romano que se inspirava em um código moral para educar seus filhos.

Em suma, é como se todos estes heróis e heroínas negros africanos e brasileiros, apesar de tudo, não existissem para nossa academia ainda nas primeiras décadas do século XXI. É como se suas civilizações, seus heróis e mitos não tivessem nenhuma relevância no processo civilizatório brasileiro, tornando-se invisíveis. Contudo, apesar de invisíveis para nossa academia, os heróis, heroínas e mitos dessas civilizações existiram e, de alguma forma, influienciaram a formação de arquétipos da educação brasileira em nosso processo civilizatório, mesmo que não sejam reconhecidos. Os códigos morais dos heróis gregos e do pai romano que estudamos em nossa formação clássica de educadores não participaram sozinhos do processo de formação de nossa civilização. Os códigos morais desses povos africanos, invisíveis para nossa academia nesse sentido, estiveram, através de seus heróis e mitos, presentes neste processo. Isso é inegável.

Ao estudarmos a questão da violência simbólica e da imposição do arbitrário cultural no início desta obra, entendemos melhor o que ocorreu com nosso patrimônio civilizatório de matriz africana perante nossa academia. Esta, ao negligenciar a participação dos códigos morais de origem africana, assim como de seus heróis, heroínas e mitos em suas funções civilizatórias, em nosso processo educacional, mostra a face mais cruel e injusta de seu pensamento ainda predominantemente colonizado.

Areté

Um dos conceitos centrais que formam os arquétipos da educação e do herói grego é o de *areté*. Citando o texto de Gilda Naécia Maciel de Barros sobre o assunto, temos as definições dos conceitos centrais do que é *areté* para a educação clássica ocidental.

> A palavra grega que poderia aspirar à equivalência relativamente à palavra latina *educação* é *paideia* [...], etimologicamente presa a *pais*, *paidós* [...] que significa [...] *criança*. Já o verbo *paideúo* [...] se traduz por criar, instruir, formar [...] Mas [...] o melhor fio condutor para se estudar a educação grega em suas origens não é a palavra *paideia*: mais importante do que ela é a palavra areté [...]. (BARROS, 2002, grifos da autora)

Dessa forma, areté, para os gregos, se define como um dos conceitos básicos da educação a partir do qual se constroem todos os arquétipos desta formação educativa, segundo Gilda Naécia.

> É muito comum traduzir-se a palavra *areté* por virtude e o seu plural, *aretai*, por *virtudes*. No entanto, isso pode induzir a se pensar que o sentido original de areté é de natureza ética. Ora, esse não é o sentido original exclusivo nem de *areté*, que melhor se traduziria por *excelência*, nem de *uirtus*, que se costuma traduzir por *virtude*. (BARROS, 2002, grifos da autora)

É importante ressaltar aqui que o sentido de areté, mesmo quando traduzido como virtude, não está diretamente relacionado com a natureza ética que temos em nossa língua para a palavra virtude. Aliás, para os gregos, nem a palavra *uirtus* que deu origem ao que chamamos de virtude tem um sentido de retidão ética. Areté, antes de retidão ética ou caráter, implica mesmo em excelência. Ter excelência em uma qualidade.

> A palavra areté [...] desígna o mérito ou qualidade pelo qual algo ou alguém se mostra excelente. Esta qualidade pode referir-se ao corpo e aplicar-se a coisas, como terra, vasos, móveis; pode referir-se à alma. Pode ter o sentido particular de coragem ou atos de coragem ou o sentido moral de *virtude*. [...] A ela se prende aristós [...], superlativo de agathós [...]. Ambas as palavras podem ser usadas no mesmo contexto e para a mesma finalidade. (BARROS, 2002, grifos da autora)

Assim, Gilda Naécia esclarece que esta areté representa algo ligado a excelência, mérito ou qualidade pela qual alguém se mostra excelente, e não necessariamente a qualidades relacionadas com o caráter ético dos indivíduos. Este é um ponto importante para compararmos com a discussão, que farei mais adiante, de uma das civilizações da África Ocidental que participaram de nosso processo civilizatório.

> No livro I da República Platão introduz algumas reflexões acerca do conceito de areté. [...] vai direcioná-las para [...] discutir a ideia de justiça: sua natureza, se é vício e ignorância ou sabedoria e virtude; se é mais vantajosa a injustiça do que a justiça. Mas é interessante que, aí, a ideia de *areté* vem associada a uma outra, também importante, que é a ideia de *érgon*, que se pode entender por *função*.
>
> Platão parte da verificação de que cada coisa tem sua função [...] e uma areté própria a preencher. [...] Vejamos o exemplo referente ao cavalo. Como qualquer outro animal, ele tem uma função (*érgon*) [...] que apenas ele pode fazer, ou, pelo menos, que apenas ele pode fazer *do modo mais perfeito* (*árista*). A saber, mostrar força, velocidade, firmeza na batalha etc.

Assim também ocorre com os olhos, com os ouvidos. A função do primeiro é ver, a do segundo é ouvir. Ver, ouvir são funções (*erga*) [...]. Em certas condições em que o exercício da visão se opera bem, mal, com maior ou menor grau de perfeição. Assim, *areté* dos olhos é a visão, o seu contrário (*kakían*), a cegueira. E ouvidos desprovidos de sua areté não poderão ouvir bem! (BARROS, 2002, grifos da autora)

Mesmo em Platão, o sentido de areté está ligado à excelência ou melhor forma de desempenhar uma função, não tendo assim, necessariamente, implicações em um comportamento ético.

Mas nesse diálogo Platão está interessado em uma areté, a *justiça* [...], que ele procura definir. Assim, no mesmo livro I, mais adiante, aplicando esses ensinamentos ao conhecimento do homem, raciocina de novo com cavalos e cães e suas excelências (*aretai*), com vistas a chegar à *areté* do homem.

Platão quer saber se é possível prejudicar a um homem em sua excelência [...]. Para isso é preciso saber em que o homem e só o homem é excelente, isto é, qual a sua *areté*. O que permite ao homem cumprir o seu *érgon* no mais alto grau de perfeição? (BARROS, 2002, grifos da autora)

Atingir alguma habilidade com o mais alto grau de perfeição é o objetivo da areté (excelência).

Iwá

Para poder em seguida fazer um paralelo com o que vimos em relação à areté grega, apresento um código moral de um dos povos da África Subsaariana que participaram de nosso processo civilizatório enquanto nação e que têm arquétipos ainda presentes em nosso processo de formação educacional: o iorubá.

Para os iorubás, a educação está ligada ao conceito de *kó* (conhecimento). Diferentemente do conceito em língua portuguesa, *professor* (aquele que professa, que prega) em iorubá é traduzido pela palavra *olukó* (dono do conhecimento), e *aluno* (aquele que não tem luz) é traduzido pela palavra *akekó* (aquele que busca o conhecimento). Portanto, etimologicamente, em iorubá, aprender algo é se apropriar de um conhecimento, processo que, ao passo que é feito, transforma o aprendiz em senhor deste conhecimento, diferentemente do que se tem em português, no qual o ser sem luz absorve o que lhe é pregado.

Da mesma forma, ensinar algo, etimologicamente, em iorubá, não é fazer uma pregação para pessoas sem luz, mas, sim, permitir que o conhecimento seja transmitido e ressignificado pelo *akeko* (quem busca o conhecimento) que, ao se apropriar dele, torna-se *oluko* (senhor do conhecimento, mestre).

Em relação à educação em si, temos os exemplos da tradição oral no código dos babalaôs. Para que possamos entender o "fio condutor" desse processo educativo, devemos entender igualmente o que significa a palavra e o conceito de *iwá*, que é central neste código moral. *Iwá* é o conceito central de onde todo o processo de formação de arquétipos da educação iorubá emana. Pode-se traduzir literalmente em português por *caráter*, e se manifesta por *iwá pele* (caráter gentil), *iwá rere* (bom caráter) etc. *Iwá rere* pode ser traduzido como bom comportamento, mas também bom caráter, e se emprega de acordo com as palavras em volta.

Para se tornar um babalaô e se iniciar nos segredos do corpo literário dos Odus de Ifá (composto por mais de 130.000 versos), que é um componente da oralidade iorubá, um dos pré-requisitos é o desenvolvimento de *iwá*. Sem este pré-requisito, um trabalhador não pode trabalhar, um sacerdote não pode iniciar ninguém nem fazer suas obrigações, e um estudante de Ifá não pode se tornar babalaô.

Diversos odus, como Eji Osá, Eji Ogbe e Ogbe Ogunda, falam de Iwá. A narrativa a seguir resume os principais elementos de dois poemas de Ifá que falam da origem de Iwá, citados por Wande Abimbola (1996).

Iwá era filha de Suuru (Paciência), filho de Olodumare (o grande Criador). Ela era uma mulher muito bonita, e o vidente Orunmilá desejou casar com ela. Quando Orunmilá a pediu em casamento, Iwá aceitou, mas impôs algumas condições: ela não poderia ser tratada de modo descuidado, não deveria ser castigada sem motivo, nem poderia ser mandada embora de casa. Orunmilá aceitou as condições. Disse que cuidaria da esposa, que a trataria com gentileza e amor. E assim Iwá e Orunmilá se casaram.

Mas, conforme o tempo passou, o casal começou a ter problemas. Orunmilá era impaciente e, esquecendo as recomendações de Iwá, vivia implicando com a esposa: se Iwá fizesse uma coisa de um jeito, ele reclamava; se ela fizesse diferente, ele também a censurava; até que Iwá se cansou de ser maltratada e resolveu voltar para a casa do pai, no Orum (o céu onde vivem as divindades).

Assim, Orunmilá ficou sem Iwá, e logo sua vida degenerou: os vizinhos não o respeitavam, os clientes não o procuravam para consultar o oráculo de Ifá. Orunmilá ficou sem dinheiro, sem roupas decentes, sem o necessário para se apresentar de forma digna. Saiu então à procura de Iwá.

Orunmilá visitou todos os sacerdotes de Ifá, foi a todos os reinos vizinhos. Batia em todas as portas e perguntava pela esposa, mas ninguém vira Iwá. Depois de muito tempo, voltou para casa e consultou o oráculo de Ifá: este disse que Iwá tinha ido para o Orum. Orunmilá resolveu ir buscá-la, e o oráculo mandou fazer antes um sacrifício.

Após seguir a recomendação do oráculo, Orunmilá vestiu sua roupa de Egungun e foi para o Orum. Chegando lá, começou a cantar uma canção em que contava sua busca por Iwá. Ouvindo aquilo, Iwá saiu de seu esconderijo para descobrir quem cantava. Ao vê-la, Orunmilá a abraçou; a roupa de Egungun se abriu e Orunmilá se deu a conhecer. Perguntou então:

– Iwá, por que você me deixou no Aiê [a terra dos mortais] e foi embora?

Iwá respondeu:

– Eu fugi por causa do modo como você me maltratava, porque queria ter um pouco de paz.

Orunmilá implorou então que ela tivesse paciência e o seguisse.

Mas Iwá se recusou:

– A partir de hoje, você não vai mais me ver. Mas eu vou estar perto de você. Volte para o Aiê e nunca mais faça as coisas que eu lhe disse para não fazer. Comporte-se muito bem, tenha um bom caráter. Cuide de sua esposa e de seus filhos. O que você fizer pensando em mim irá determinar como será a sua vida.

Esta narrativa contém alguns temas significantes do código moral iorubá:
- Para ter um bom caráter é preciso ter, antes de tudo, paciência: Paciência (Suuru) é o pai do bom caráter (Iwá).
- Desviar-se do caminho do bom caráter é um pecado contra a lei divina de Olodumare, que só pode ser corrigido por meio de esforços e sacrifícios.
- Quem não tem um bom caráter não receberá respeito nem cordialidade.
- O bom caráter é a condição necessária para receber o apoio e a proteção dos orixás.

Dessa forma, o bom caráter está no centro dos códigos morais dos mitos e heróis formadores de arquétipos da educação para os iorubás (e outros povos da África Ocidental que também participaram de nosso processo civilizatório).

Outro ponto importante proveniente deste conceito de iwá (caráter) no código dos babalaôs, e que teve participação em nosso processo civilizatório, é que, a partir da ideia de iwá, os grandes transgressores morais, segundo este código moral, são três:

- Eke – mentiroso: para os iorubás (e a maioria das outras sociedades que se baseiam na tradição oral) a palavra é documental e o mentiroso se torna, assim, um transgressor moral que fere os princípios do bom caráter.
- Awé – instável: uma pessoa que tem iwá não deve mudar de opinião a todo instante.
- Odale – traidor: uma pessoa que tem iwá não deve trair seus princípios.

Deste último princípio, herdeiro de iwá, nasce a frase *Awo mo dale awo* (babalaô não trai babalaô), que deu origem em nosso processo de escravização à frase "malungo (companheiro de navio negreiro e senzala) não trai malungo", e também, nas religiões de matriz africana no Brasil, à frase: "Quem é do Santo não trai quem é do Santo."

Iwá – areté

A comparação entre o conceito iorubá de iwá e o conceito grego de areté, que nos é apresentado como sendo uma história única, nos remete ao que fala a escritora nigeriana Chimamanda Adichie (2009) em sua memorável palestra em Oxford *O perigo de uma história única*, em que destaca a visão parcial que esta única versão da história nos traz. Visão parcial em relação à história de nosso próprio povo, e aqui digo mais uma vez que essas civilizações subsaarianas são tratadas como se não fossem nem ao menos civilizações pela nossa academia, que as ignoram no processo de construção de nossa educação.

Uma vez presente, como vimos, no código dos babalaôs e dos escravizados, é realmente um crime invisibilizarmos este conceito – "fio condutor" da educação de diversos povos da África Ocidental – em nosso processo de educação e igualmente na formação do herói (que também é negro, ou que também é africano) em nossa educação. Grande parte dos heróis e heroínas negros de nossos quilombos e levantes contra a escravização, assim como os mitos dos heróis iorubanos na figura dos orixás (nossos ancestrais que foram divinizados, antes de tudo), tinha, como fio condutor de seus comportamentos, conceitos como o de iwá, seja adquirido em suas terras de origem, seja no contato com outros povos escravizados na diáspora, o que nossa academia ignora.

Vemos claramente que há diferenças centrais entre o fio condutor que definia arquétipos da educação grega, que era a areté, e iwá, no caso dos iorubás. Enquanto o primeiro (areté) se referia geralmente à excelência em alguma habilidade que diferenciava o herói ou o homem comum dos demais, mas relegava a segundo plano a conotação de valores éticos; o segundo (iwá) coloca como um valor central a formação do caráter, e isso quer dizer muita coisa sobre as diferenças que têm estes fios condutores entre as civilizações.

Isso leva, por exemplo, a construir arquétipos na educação nos quais o herói grego se forma a partir do fato de se ser excelente em algo, o melhor de todos. Contudo os valores éticos ficam em segundo plano em sua civilização, e o herói não necessariamente tem uma ligação de ancestralidade com o seu povo. Já no caso do herói da África Ocidental (mais especificamente o iorubá), seu arquétipo não se constrói sem que os valores morais e o caráter estejam no centro de sua formação arquetípica, e sem que esteja relacionado à ancestralidade dos indivíduos. Isso traz consequências para a formação de arquétipos de nossos heróis na educação, que hoje ignoramos.

Vemos claramente, por exemplo, no código moral de Xangô, que ainda delineia comportamentos em toda a região iorubá, este fio condutor de iwá presente quando escutamos os versos de oriki: "Não faça mal à minha boa fortuna, minha boa fortuna a você pertence", versos nos quais iwá tem valor central, e define todo o sentido de coisa pública nessa civilização. Nesse caso, a partir do conceito de iwá pode-se estabelecer uma sociedade na qual o outro se transforma em parte essencial dessa coisa pública, algo que entendemos melhor ao estudarmos as dinâmicas sociais das sociedades da África Subsaariana, nas quais, para que haja sustentabilidade social, um ofício depende dos outros. Dessa forma, os clãs e as linhagens que estruturam essas sociedades estabelecem uma relação de interdependência, o que, sem iwá, não seria possível estabelecer. A sustentabilidade dessas sociedades não se estabeleceria a partir da areté grega. Da mesma forma, as sociedades quilombolas no Brasil, nas quais seus heróis tinham este conceito de iwá (ou conceitos semelhantes), não se estabeleceriam como sociedades de resistência que foram, como se organizaram em seus corpos sociais, apenas a partir do conceito grego de areté (excelência). A formação do caráter de seus heróis e mitos estava presente de modo central nestas sociedades de resistência à escravidão.

O arquétipo do herói

Originalmente, o sentido de *areté* nos é dado pela poesia heroica, de que *Ilíada* e *Odisseia* são dois grandes paradigmas. Se analisamos esses dois grandes poemas, vemos que o sentido básico de areté [...] é o de constituir uma força, uma capacidade, por vezes diretamente definida, como ocorre quando se diz que *vigor* e *saúde* são a areté do corpo; *sagacidade* e *penetração* a areté do espírito. A conotação ética não é a principal. (BARROS, 2002, grifos da autora)

Aqui se explana o principal fator a que nos devemos ater. O arquétipo da educação do herói dos clássicos gregos se baseia no alcançar esta excelência. Nele, o sentido básico da areté é de constituir uma força, uma capacidade única referente ao homem, sendo que a conotação ética não é a central. É importantíssimo que nos atenhamos a isso ao estudarmos os exemplos das civilizações subsaarianas que nos constituíram como nação, assim como aos nossos arquétipos na educação. O objetivo do herói grego é constituir-se nesta areté e ser excelente em suas qualidades. Mesmo lutando contra seus inimigos, não importando suas estratégias. O plano ético fica em segundo plano nesta excelência, e a busca pela perfeição de suas qualidades está no centro de toda atividade deste herói, que busca ser excelente nas qualidades que lhe são atribuídas.

Dentro do estudo do papel do herói na educação, em uma perspectiva maior, não podemos ignorar o trabalho de Joseph Campbell em seu memorável *O herói de mil faces*, que vem agregar à questão do herói grego as diversas formas como os heróis se apresentaram na história da humanidade nas mais diversas culturas. Campbell expõe, em seu clássico, o herói nas mais variadas funções, que são: o herói como guerreiro, como amante, como redentor, como imperador e tirano e como santo.

A seguir, descrevo brevemente as principais características dessas funções do herói, remetendo-me à obra *O herói de mil faces* (CAMPBELL, 1989). Contudo, faço um complemento com duas funções do herói de que Campbell não tratou e que, para o estudo das sociedades subsaarianas, são essenciais: o herói como ancestral e como transgressor.

O herói como guerreiro
É o campeão da vida criadora. Os tiranos humanos, que usurpam os bens de seus vizinhos e provocam o alastramento da miséria, devem ser suprimidos. Os feitos elementares do herói consistem em limpar o campo. Hércules é um exemplo do herói como guerreiro, que enfrenta a tirania e todo o simbolismo que ela representa. Na mitologia iorubá, Ogum é um herói guerreiro; e quase todas as mitologias têm seus representantes.

O herói como amante
A hegemonia tomada do inimigo, a liberdade conquistada contra a malícia do monstro, a energia vital liberada são representadas por uma mulher. Ela é a donzela salva do dragão, a noiva roubada do pai ciumento, a virgem resgatada do amante profano. É a imagem do destino que ele deve libertar das circunstâncias que o aprisionam. Rama, ao resgatar Sita, no clássico *Ramaiana*, é um exemplo do herói como amante, assim como Krishna como amante de Radha e das Gopis. O herói que defende sua amada, ou o inverso, é o arquétipo deste herói amante. Na mitologia iorubá há o exemplo de Xangô, amante de Iansã, Oxum e Obá.

O herói como imperador e tirano
A etapa seguinte na jornada do herói é encontrar o pai (o desconhecido, a fonte da Criação, o governante supremo) e tornar-se seu representante: através da sabedoria (e não mais pela ação), o herói conquista o direito do domínio e da aplicação da lei. É o mediador entre o Criador e o mundo terreno, mas, se abandonar esse vínculo, se tornará um tirano. Os reis como Carlos

Magno e Alexandre o Grande são exemplos deste herói. Na mitologia iorubá, o rei Edé (Oxóssi) em sua dimensão histórica é exemplo, bem como Xangô em seu aspecto de rei justiceiro.

O herói como redentor
No ciclo cosmogônico, assim como no da vida humana, a vida é seguida pela morte, assim como a libertação pelo herói tornado rei é seguida pelo reino arrasado pelo rei tornado tirano, que quer conservar o poder. O ciclo se repete quando outro herói destrona o tirano e se torna rei (e futuro tirano), ou se rompe quando o próprio rei se destrói para não se tornar tirano, virando, assim, o redentor. No mito grego, Prometeu libertou a humanidade dando-lhe o fogo, mesmo sabendo que seria castigado. Na mitologia iorubá, são exemplos desse arquétipo Ogum e Xangô quando, ao perceberem que destruíram seu povo e sua cidade, escolhem mergulhar nas profundezas da terra e se tornam orixás.

O herói como santo
O santo ou asceta é o que renuncia ao mundo. Dotado de um entendimento puro, refreando o ego com firmeza, distanciando-se do som e dos outros objetos, e abandonando o apego ou a aversão, vivendo sozinho, comendo pouco, dominando a palavra, o corpo, a mente, sempre em meditação e concentração, cultivando a libertação das paixões, esquecendo a vaidade e a força, o orgulho e a luxúria, a ira e as posses, tranquilo de coração e livre do seu ego, consegue tornar-se um só ser com o imperecível. Os ascetas e santos de todas as religiões são exemplos deste herói; na mitologia, um exemplo é Odin, que tirou um dos olhos e se pendurou numa árvore por nove dias, em jejum, para alcançar a sabedoria. Na mitologia iorubá, Ossaim e Ifá representam esse arquétipo.

O herói como ancestral

Este foi um ponto não trabalhado especificamente na obra de Campbell, contudo trabalhado na obra dos antropólogos que estudam as civilizações subsaarianas, como Georges Balandier (1971, 1975) e Carlos Serrano (1983, 2003).

A maior parte das sociedades subsaarianas tem este herói como formador de sua própria civilização, na qual se baseia toda a organização social e a partir do qual todos os corpos sociais se estruturam. O ancestral mítico é o herói que dá origem a um povo ou uma nação nas civilizações da África Subsaariana em maioria, e pelo qual todos se identificam como pertencentes a uma mesma etnia.

Cada indivíduo tem seu ancestral, que se une aos ancestrais de sua linhagem, que por sua vez se unem aos ancestrais que formaram os clãs, que por sua vez se unem ao ancestral responsável pela fundação daquela cidade e que, finalmente, se une ao ancestral mítico de toda a etnia em questão.

No caso dos iorubás, o ancestral mítico de todo o povo é Odudua, que lhe dá o sentido de etnia. Seus descendentes fundaram as cidades e tiveram descendentes que fundaram os clãs, e tiveram descendentes que fundaram as linhagens, de forma que cada indivíduo é ligado a este ancestral mítico por estes outros ancestrais.

Estes ancestrais, ao serem responsáveis por códigos morais de convívio das comunidades, assim como por valores civilizatórios desses povos e etnias, são deificados e se transformam em heróis responsáveis pela criação de arquétipos na educação desses indivíduos, dessas linhagens, clãs e etnias a partir desses códigos morais. No caso dos iorubás, o culto aos orixás é o culto ao ancestral da cidade em que se vive ou da cidade de origem de seu clã ou linhagem. Fora isso, há o culto aos ancestrais em si, masculinos (Egunguns) e femininos (Gueledés).

O herói como transgressor

Segundo Balandier (1971, 1975), as sociedades tradicionais africanas são consideradas, por antropólogos mais tradicionais, como sociedades de consenso e conformidade, em que a ordem é mantida através da estrutura mítica, e que não admitem o questionamento da autoridade estabelecida, mantendo-se quase imutáveis ao longo do tempo e fora de qualquer processo de historicidade. Essa descrição é aplicada por esses antropólogos às sociedades da África Subsaariana. Não podemos questionar o fato de que, como nas outras sociedades subsaarianas, na iorubá, os conceitos de senioridade e ancestralidade são centrais. Porém, isso não significa que essas sociedades não comportem dinâmicas capazes de desestabilizar a ordem e que não existam nelas conflitos de valores e agentes contestadores. Balandier nos fala de quatro categorias de contestadores da autoridade nas sociedades tradicionais subsaarianas: os rivais, que tentam transgredir as regras estabelecidas para se apoderar de um poder que lhes é recusado; os produtores, que contestam as regras estabelecidas quando elas criam grandes desigualdades na distribuição das riquezas; os inovadores e reformadores religiosos, que buscam transformar a sociedade através de uma nova relação com o sagrado; e os feiticeiros e as feiticeiras, já que a feitiçaria constitui uma forma de afrontamento social, uma expressão indireta da oposição. No caso dos iorubás, o grande transgressor é Exu.

O arquétipo da heroína

Além do arquétipo do herói na educação, devemos nos ater ao fato de que, no caso da África Subsaariana, temos também o arquétipo da heroína. As mulheres como heroínas têm um papel central nos processos educativos nas sociedades subsaarianas e, no caso dos iorubás, os mitos das deusas (as orixás), por exemplo, desempenham este papel de forma exemplar. Os mitos femininos vêm de mitos de deusas ou ancestrais míticas deificadas.

As próprias orixás, como Oxum, Nanã, Iansã, Ewá, Obá e Iemanjá, são divindades consideradas heroínas entre os iorubás. Seus cultos, não raro, surgem ou se adaptam a partir de necessidades de sobrevivência da sociedade, assim como ocorre com todas as entidades civilizadoras antes de tudo.

Além das deusas heroínas que também têm uma dimensão mítica, há, no universo das heroínas negras africanas e afro-brasileiras, as heroínas reais que só possuem uma dimensão histórica pelos papéis sociais que ocuparam. São elas, por exemplo, Moremi entre os iorubás, Ayelala entre os igbos, a Rainha Nzinga entre os mbundu de Angola, Luíza Mahin da Revolta dos Malês, Aqualtune, Tereza de Benguela, Mãe Menininha dos Gantois, Mãe Aninha do Afonjá e Carolina Maria de Jesus entre outras. Suas biografias justificam seu papel de heroínas muitas vezes inspiradas em outras deusas heroínas que também têm uma dimensão mítica.

Vejamos agora como as funções que descrevemos há pouco para o herói podem ser aplicadas à heroína.

A heroína como guerreira

É importante que nos atenhamos ao fato de que a maior parte dos heróis africanos deificados tem uma dimensão mítica e outra histórica. Por exemplo, Iansã é o mito da heroína guerreira na dimensão mítica, contudo na dimensão histórica ela foi a mulher do Alafin Xangô e filha de seu Ministro e Embaixador do conselho do Oyó Mesi, o Laguna.

A heroína como mãe e chefe de família

Um exemplo, no qual estava presente de forma central o conceito de iwá, aparecia entre as mulheres do mercado da África Ocidental e suas herdeiras, as negras nagôs e minas de nossos mercados na diáspora. Este mito de heroína formou um arquétipo, na África e na diáspora, para as mulheres que, na África, acabaram transgredindo a ordem estabelecida e formando os mercados. Mercados esses nos quais a trapaça nas negociações era tida como uma transgressão moral, e aí vemos novamente a abrangência deste fio condutor da educação dessa civilização que é iwá.

Num trecho de oriki de um dos mitos legitimadores dos comportamentos dessas mulheres, descendentes das primeiras chefes de família, vemos o conceito de iwá também como central na formação do caráter destas mulheres. É a história de Iansã que, segundo a lenda, vestia-se de búfala para caçar e alimentar seus filhos.

Não teria sido dessa forma se o fio condutor da educação dessas civilizações fosse a areté. Nem o corporativismo, existente nessas sociedades que trabalhavam para a sua própria sustentabilidade e sobrevivência, se constituiria da forma como se constituiu. Se fosse areté (a excelência individual) e não iwá (o bom caráter) o seu conceito central, seriam sociedades baseadas centralmente na competição, como a sociedade capitalista ocidental atual, e jamais se formariam como sociedades de resistência, sobretudo no caso dos quilombos na diáspora.

Este mito ganhou força no momento em que se intensificaram as razias (caçadas de escravos) na região da África Ocidental, e as mulheres passaram a ser obrigadas a assumir posições de comando em suas famílias em relação a seus filhos; e ainda inspira mulheres brasileiras de todas as religiões pela predominância de seus valores civilizatórios que faz dele um patrimônio cultural de todos os brasileiros independentemente de religiões.

Nossas mães, sobretudo se são chefes de família e afrodescendentes, assim como Iansã, ainda imitam o arquétipo criado por esta deusa heroína, que se vestia de búfala para caçar e sustentar seus filhos, quando se vestem para irem trabalhar; independentemente de suas religiões, como tenho eu mesmo exemplos em três gerações de minha própria família, assim como a maior parte dos brasileiros.

A heroína como transgressora e civilizadora
Nas diversas etapas do desenvolvimento das sociedades da África Subsaariana, as mulheres desempenharam papéis específicos. No período de caça e coleta, detinham-se basicamente na coleta, consideradas por alguns como as primeiras responsáveis pela agricultura, por realizar o plantio das sementes do que coletavam, ao observar que era possível plantá-las. No período de agricultura, desenvolviam papéis importantes ao lado dos homens e, sobretudo nas colheitas, tinham papel fundamental.

Pode se dizer que as mulheres foram as precursoras da urbanização. Mas essa função civilizatória se deu através de um papel transgressor. As mulheres levavam para as veredas e estradas os excedentes da produção para realizar trocas, transgredindo a lógica da guerra e literalmente criando na África Ocidental o mercado (que nasce da transgressão destas transgressoras). Criavam sociedades femininas e estruturavam a urbanização, formando novos corpos sociais nos quais desfrutavam de poder antes relegado somente aos homens. Sem a transgressão feminina, ao levar produtos para comercializar nas estradas, formando praças, a partir das quais, mais tarde, se formavam cidades, teria sido mais lento o processo de urbanização na região iorubá e em toda a África Ocidental.

Nesse desenvolvimento, mitos de deusas heroínas legitimavam arquétipos e comportamentos dentro das sociedades femininas que têm tanta importância em todo o processo do desenvolvimento da civilização iorubá. Tais mitos vieram para a diáspora e influenciam as chefes de família (sobretudo negras) até os dias de hoje nestas nossas terras, assim como na África.

De qualquer forma as mulheres do mercado, nossas ancestrais, espelhando-se em seus mitos de heroínas, foram responsáveis pelo desenvolvimento da civilização, o que confirma que estas heroínas africanas são responsáveis pela criação de arquétipos no processo educativo dos povos subsaarianos, sobretudo na África Ocidental.

Estas mulheres do mercado da África deram origem às mulheres do mercado da diáspora e, no caso do Brasil, nossas "Negras de Mina" de nossos mercados na Bahia, Pernambuco, Maranhão e Rio de Janeiro, assim como outros lugares de nosso país.

No Brasil, as negras de origem nagô de nossos mercados tinham herdado de suas ancestrais africanas o culto a estas deusas heroínas, como é o exemplo de Iansã.

A heroína como feiticeira e sábia

É bom lembrar que as feiticeiras, também transgressoras, segundo nos afirma Balandier (1975), só tinham espaço para desenvolver suas práticas tendo acesso às mercadorias do mercado. Assim como as demais sociedades femininas que se desenvolviam nesse âmbito, tiraram a exclusividade dos sacerdotes masculinos (geralmente ligados à tradição ancestral) sobre o ofício da magia, desenvolvendo importantes corpos sociais.

A heroína como ancestral

Da mesma forma como existe a função do herói como ancestral, há a função da heroína como ancestral. As heroínas ancestrais existem nos imaginários dessas populações. Assim como havia o culto do ancestral masculino nos Egunguns, também há o culto das Gueledés como representantes do ancestral feminino a ser considerado por todos nesta sociedade. Uma vez que (como já vimos) ancestralidade é memória, e memória se transforma em resistência, cultuar nossas ancestrais como heroínas faz parte deste processo de resistência de nossa cultura de matriz africana.

O arquétipo do "duplo"

Na cultura iorubá, assim como em outras sociedades da África Ocidental, o duplo aparece sob diferentes formas. Uma delas é o andrógino.

Além do papel civilizador, o papel da mulher como transgressora – a metade perigosa, como diz Balandier (1975) –, para estabelecer o moto social e histórico dessas sociedades, se faz presente nas dinâmicas do "duplo". Ordem e transgressão, homens e mulheres, nos fazem entender as dinâmicas sociais no seio das sociedades subsaarianas como a iorubá, assim como o jogo do duplo no poder e o ser andrógino na criação. No panteão iorubá que conhecemos na diáspora, há basicamente três divindades andróginas principais: Oxumaré, Logun Edé e Ossaim.

Outra forma do duplo na cultura iorubá é a imagem dos gêmeos, que remete aos conceitos de simetria e assimetria presentes nas relações de poder, com o poder duplo e simétrico simbolizando um poder terreno legitimado, de modo harmonioso e equilibrado, pelo plano espiritual: o rei histórico e o ancestral mítico, a linhagem real e as sociedades religiosas. Associados a Xangô, os gêmeos, na diáspora, constituem a divindade dupla chamada Ibeji.

Mitos africanos e afro-brasileiros

Recordando Campbell (1991), todo mito tem quatro funções, a saber: mística, cosmológica, sociológica e pedagógica. E, segundo Sacristán (1995), nove são as invariantes culturais propostas pelo educador inglês Denis Lawton, pelas quais todas as sociedades devem ser estudadas, apresentando fatores em comum: os sistemas de estrutura social, econômico, de comunicação (linguagem), de racionalidade (leis e políticas), tecnológico, moral (valores, atitudes), de crenças (religião), estético e de maturação (educação). Na sequência, apresento um pequeno guia para o estudo dos mitos afro-brasileiros.

Exu
Função Cosmológica: Senhor dos Caminhos.
Função Sociológica: Corpo social dos mercadores e sacerdotes ligados à feitiçaria, assim como todos os transgressores ao modelo vigente.
Função Pedagógica: Responsável pela transgressão à sociedade de conformidade e reprodução, conduzindo ao moto social destas sociedades.
Invariante de Lawton: Sistema de comunicação, sistema econômico, estrutura social, sistema de maturação.

Ogum
Função Cosmológica: Senhor da Guerra.
Função Sociológica: Corpo social dos ferreiros e sacerdotes ligados ao desenvolvimento tecnológico da sociedade.
Função Pedagógica: Código de guerra e de sobrevivência. Inicialmente, a caça, responsável pela formação do arquétipo do guerreiro e caçador.

Invariante de Lawton: Sistema tecnológico, código moral, sistema econômico.

Oxóssi

Função Cosmológica: Senhor da Caça.

Função Sociológica: Corpo social dos caçadores e sacerdotes do culto à terra (Onile).

Função Pedagógica: Código dos caçadores, desmembramento do mito de Ogum no sentido de formação do arquétipo dos caçadores.

Invariante de Lawton: Sistema econômico, código moral.

Logum Edé

Função Cosmológica: Senhor das Riquezas.

Função Sociológica: Responsável pela ligação entre o corpo social das mulheres do mercado e dos caçadores, tendo influência em ambas sociedades na região de Ilesa sobretudo; também presente no Ketu, importante integração dos períodos de caça e coleta à urbanização.

Função Pedagógica: Responsável pelo arquétipo dos que trabalham na ligação entre as sociedades femininas, das mulheres do mercado e nas sociedades de caçadores. Regula as relações de produção no meio urbano e rural, atribuindo a posição dos que não produzem a de transgressor moral.

Invariante de Lawton: Sistema econômico, sistema de comunicação.

Oxumaré

Função Cosmológica: Senhor do Arco-íris. Ligado aos mitos da criação.

Função Sociológica: Responsável por corpos sociais de seus sacerdotes que têm papel de destaque no corpo administrativo

das cidades. Define o papel da androginia e dos andróginos como integrantes da dialética (do duplo) nas relações de poder.
Função Pedagógica: Um dos mitos duplos que estabelecem a dialética subsaariana nas relações de poder, o jogo entre ordem e desordem que tem que haver na sociedade para seu progresso e evolução.
Invariante de Lawton: Sistema estético.

Obaluaiê

Função Cosmológica: Senhor da Morte, das Doenças e da Cura, Senhor da Terra.
Função Sociológica: Responsável pelo corpo social dos sacerdotes ligados à medicina tradicional, ao culto à terra e aos ancestrais.
Função Pedagógica: Estabelece o arquétipo dos curandeiros e dos sacerdotes ligados à medicina tradicional, assim como neste mito se encerra grande parte do conhecimento da medicina tradicional e dos ritos fúnebres.
Invariante de Lawton: Código moral, sistema de racionalidade, sistema de crenças.

Nanã

Função Cosmológica: Senhora dos Mortos e da Terra – ligada aos mitos da criação para alguns povos.
Função Sociológica: Corpo sacerdotal do culto à terra e à ancestralidade, presente também nos ritos fúnebres.
Função Pedagógica: Arquétipo da regeneração e responsável pelo sentido de amor à terra em que se nasce e de pátria em geral. Resume os conceitos centrais da ancestralidade.
Invariante de Lawton: Código moral.

Iemanjá

Função Cosmológica: Senhora do Mar e das Águas (em algumas cidades).

Função Sociológica: Corpo social das sacerdotisas e dos sacerdotes que têm papel central na administração da região de Abeokutá, sendo um dos ancestrais fundadores deste reino. Ligados a corpos sociais de sociedades femininas e de origem matriarcal.

Função Pedagógica: Responsável pelo arquétipo da maternidade adulta e mito que desempenha papel central no comportamento das famílias que adotavam as crianças abandonadas pelas razias. Tem papel fundamental nas dinâmicas de escravidão doméstica (linhageira) na região, atribuindo aos vindos de fora da linhagem seu papel social.

Invariante de Lawton: Sistema de racionalidade, código moral.

Xangô

Função Cosmológica: Senhor da Justiça.

Função Sociológica: Responsável por diversos corpos sociais na região de Oyó, desde o rei (Alaafin) até toda a sociedade do Oyomesi (parlamento de Oyó).

Função Pedagógica: Responsável pelo código moral e de leis dos iorubás, em geral, assim como das dinâmicas sociais. Na dialética africana do duplo no poder (assim como em Oxumaré), determina relações entre povos autóctones e invasores. Define em seus orikis o sentido de bem e o de coisa pública para este povo.

Invariante de Lawton: Código moral, sistema econômico, sistema de racionalidade.

Iansã

Função Cosmológica: Senhora dos Raios.

Função Sociológica: Responsável pelo corpo social das mulheres chefes de família, guerreiras e caçadoras. Define sociedades e posições femininas como as ialodês em diversas cortes iorubás. Responsável pela formação de mulheres do mercado e de suas sociedades, assim como Oxum, tanto na diáspora quanto na África.

Função Pedagógica: Surge na necessidade de as mulheres terem que caçar e guerrear na ausência de seus maridos e pais, que partiam para as guerras ou eram levados pelas razias em um segundo momento. Define o arquétipo das heroínas que formaram os corpos sociais de mães chefes de família e tem grande influência até os dias de hoje, tanto na África quanto na diáspora.

Invariante de Lawton: Estrutura social.

Oxum

Função Cosmológica: Senhora das Águas Doces.

Função Sociológica: Legitima diversos corpos sociais na região de Osogbo, onde define todo corpo administrativo desde o rei (Ataojá) até os administradores. Mito ligado aos corpos sociais de educadores (Idi Osun) e várias regiões iorubás. Juntamente com Iansã, regula corpos sociais de mulheres do mercado e suas sociedades secretas, assim como as feiticeiras que têm ligação com os corpos sociais de transgressores.

Função Pedagógica: O próprio papel da educadora e da mulher como educadora é um arquétipo formado por este mito. É uma resistência feminina às agressões masculinas, contrapondo a inteligência como uma característica feminina contra a força, uma característica masculina na formação civilizatória das sociedades. Arquétipo também das administradoras e mulheres do mercado, juntamente com Iansã.

Invariante de Lawton: Sistema de racionalidade.

Obatalá

Função Cosmológica: Senhor dos Céus.

Função Sociológica: Define juntamente com Odudua o corpo social de administradores de Ilê Ifé (cidade de origem de todas as outras cidades iorubás).

Função Pedagógica: Estabelece a ordem juntamente com o mito de Ogum e contrapõe Exu nos corpos sociais de transgressores responsáveis pelas dinâmicas sociais iorubás.

Invariante de Lawton: Estrutura social.

Odudua

Função Cosmológica: Ancestral Mítico.

Função Sociológica: Define juntamente com Obatalá o corpo social de administradores de Ilê Ifé (cidade de origem de todas outras cidades iorubás).

Função Pedagógica: Dá a ideia de ancestralidade ao povo iorubá e reúne as diversas cidades iorubás sob a égide de uma única origem (dá unicidade ao povo iorubá). Ancestralidade que é memória, resistência que vem basicamente dos mitos de ancestrais como Odudua, dos povos subsaarianos.

Invariante de Lawton: Estrutura social.

Os reinos mágicos iorubás

Neste capítulo, apresentarei quatro reinos com características diversas na criação de arquétipos da educação de nossa pedagogia negra. São eles: Ilê Ifé, o reino de Obatalá e Odudua, o ancestral mítico; Ketu, o reino de Exu e Oxóssi, o fogo da coexistência, da ordem e da transgressão; Osogbo, o reino de Oxum, um reino do feminino; e Oyó, o reino de Xangô, um reino do masculino.

Uma palavra inicial sobre os mitos de origem se faz necessária. Nos mitos das cidades fundadas por descendentes de Odudua, um personagem central é Lamurudu. Geralmente, ele é dito rei de Meca (na Arábia). Mas outras versões do mito dizem que os iorubás vieram das regiões dos nupés ou dos haussás (REIS; PINHEIRO, 2013).

O assunto continua sendo objeto de disputas, e a versão mais aceita é que o grupo fundador do império iorubá veio de algum lugar no leste. Mas o texto de Samuel Johnson (1921) tem um detalhe sobre os filhos de Lamurudu que parece não ter sido percebido por nenhum dos comentaristas: após serem expulsos de "Meca", Odudua se dirigiu para o leste e chegou a Ifé, enquanto os reis dos reinos haussás de Gogobiri e Kukawa foram para o oeste (JOHNSON, 1921, p. 4). Ora, se Ifé fica na África Ocidental, seria impossível chegar a ela seguindo para o leste, a partir de uma cidade que fica na Arábia, a leste da África.

O que podemos pensar, portanto, é que essa "Meca" recebeu o nome simbólico do centro religioso islâmico, mas devia ser uma referência dos autores árabes que descreveram eventos migratórios muito mais antigos, e que resultaram na existência, na África, de um território islamizado; ou um lugar na região dos reinos haussás ou no norte islamizado da África, suficientemente importante para ser o centro geográfico de referência para os cronistas árabes da Idade Média. Essa hipótese é reforçada por evidências arqueológicas que mostram um caminho de difusão cultural na região, desde o segundo milênio antes da Era Comum (AEC), no sentido norte-sul (AKANDE, 2016). Portanto, o mais produtivo é distinguir a "Meca" mítica da Meca física.

Ilê Ifé

Esta seção é inspirada em pesquisa de Ogunbiyi Bobola Elebuibon (2015) e utiliza informações principalmente de Oyeleye Oyediran (1973), Adeyemi Akande (2016) e Wikipedia (IFE, 2022).

Segundo a tradição oral, Ifé foi a primeira de todas as cidades iorubás: Oyó, Benim e as outras foram criadas depois, conforme o comércio da região com outros lugares crescia, como consequência dos locais estratégicos onde estavam. Evidências arqueológicas confirmam isso: as futuras terras dos iorubás (o sudoeste da atual Nigéria), povoadas desde o segundo milênio antes da Era Comum (AEC), receberam, a partir do século VI (AEC), ondas migratórias de diversos povos, entre os quais o iorubá. Esse povo fundou várias cidades, entre as quais Ifé, que pode ter sido criada no fim do século V ou início do IV (AKANDE, 2016).

Nos tempos pré-dinásticos, Ifé era o Estado dominante no conjunto iorubá, mas a região ocupada por esse povo não era originalmente um reino unificado: a população estava organizada em pequenas cidades independentes, cada uma com seu governo (AKANDE, 2016). Portanto, Ifé nunca foi a capital da nação iorubá, mas, dada a sua importância, era a moradia do governante do conjunto de estados iorubás. Após a mudança do trono para Oyó, Ifé permaneceu uma cidade-estado soberana e teve importância suprema para os iorubás como cidade sagrada original, irradiadora do pensamento religioso e capital religiosa do império.

Ilê Ifé é rodeada por uma cadeia de sete colinas: Oke Ora, Oke Araromi, Oke Owu, Oke Pao, Oke Ijugbe, Oke Onigbin e Obagbile de Oke. Como resultado da presença dessas colinas, a cidade foi construída em uma baixada, que é bastante porosa, exceto onde pequenas correntes correm pela cidade, criando ocasionalmente áreas pantanosas. Só três rios pequenos (Esinmirin, Opa e Agbara) correm por essa baixada.

Os habitantes de Ilê Ifé (os iorubás-ifé) são predominantemente lavradores, o que os faz depender muito da terra, com a qual desenvolveram uma ligação íntima. A cultura mais importante é o cacau. Outras fontes de renda são óleo de palma, noz-de-cola e madeira. Entre as plantações de alimentos, as principais são inhame, milho, mandioca, fruta-pão, feijão, legumes e banana. Indústrias locais tradicionais ainda florescem em Ilê Ifé, e os homens se ocupam de metalurgia e cestaria.

Durante o século XX, a população de Ifé cresceu ou diminuiu de acordo com a situação socioeconômica da cidade em diferentes momentos. Em 1911, estava em torno de 36.231 pessoas. Antes de 1921, depois de uma crise interna, essa população baixou para 22.184 pessoas. O censo de 1963 registrou 130.050 pessoas e, segundo o censo de 2006 (NIGERIA, 2006), a cidade contava nesse ano com 319.693 habitantes. Finalmente, segundo dados da ONU, em 2020, a população da região metropolitana de Ifé devia ser de aproximadamente 400.000 habitantes (MACROTRENDS, 2022).

Ilê Ifé é conhecida como o lugar original de culto da religião tradicional. Os habitantes de Ilê Ifé são tradicionalistas e ainda seguem a religião dos seus antepassados. Ainda estão presentes muitos festivais tradicionais para comemorar muitas deidades conhecidas na história da cidade e da terra iorubá. Alguns dos festivais são Edi (em honra a Moremi, heroína feminina), Olojo (que comemora a vida de Ogum, o deus de ferro). Outros são os de Odudua, Obatalá, Olokun, Yemowo, Oluorogbo, Babasigidi, Esindale, Oranmiyam e Oranfe.

A estrutura administrativa da cidade vem da tradição iorubá (FALOLA; AKINYEMI, 2016). No centro da cidade está o Aafin (palácio). Esta é a casa do Ooni, o governante tradicional da cidade. Ao redor do Aafin estão os seis bairros da cidade: Moore, Ilare, Ilode, Iremo, Okerewe e Iraaye. Cada bairro tem um administrador chamado Ijoye (alto chefe).

Em cada bairro existem os sistemas de Agbole (complexos). O Agbole é formado por um Idile (família que vive em um território definido). O Akodi serve como uma ligação, unificando muitas famílias. Muitas famílias constroem suas casas ao redor do círculo de Akodi.

O Ooni governa a cidade ajudado administrativamente por seu deputado, o Obalufe. Há três níveis hierárquicos de chefes em Ilê Ifé. O primeiro é chamado Ihare ou Agba de Ifé: são os anciãos de Ifé, envolvidos na administração do reino. Seus cargos se chamam: Obalufe, Obajio, Obaloran, Jagunosin, Waasin, Ejesi, Obalaaye e Akogun. O segundo nível de chefes é Modewa. Estes são essencialmente chefes de palácio que interiormente ajudam o Ooni nos seus deveres. Seus cargos se chamam: Lowa, Jaaran, Aguro, Arode, Isanire, Laadin, Lowate e Erebese. O terceiro nível é Isoro, formado por líderes religiosos, que não se envolvem em questões administrativas (OYEDIRAN, 1973).

A criação

A criação de Ifé está estritamente ligada à origem do povo iorubá. De acordo com o mito, Ifé está localizada onde os deuses Odudua e Obatalá começaram a criação do mundo, conforme ordenado pelo Deus Supremo Olodumare. Existem várias versões desse mito. Numa delas, Obatalá partiu do Orum (céu) com um saco cheio de terra e uma galinha; mas se embriagou com vinho de palma; Odudua narrou o ocorrido a Olodumare, que o indicou para criar o mundo (a terra firme). Odudua desceu por uma longa corrente até próximo do pântano primordial. Ali jogou a terra, que formou um montinho, e pôs sobre ele a galinha, que foi espalhando a terra com os pés. Foi então que Odudua deu o grito: "Ilè nfé!" (a terra se expande), que originou o nome de Ilê Ifé (VERGER, 1997). Depois, Obatalá criou os primeiros humanos de barro, enquanto Odudua se tornou o primeiro rei divino dos iorubás; por isso, o Ooni (rei) de Ifé reivindica descendência direta de Odudua.

A tradição oral popular, auxiliada pela história e pela arqueologia, revelou que os habitantes mais antigos de Ifé se organizaram em uma confederação de 13 aldeias principais. Cada uma tinha um chefe, designado por um título: o Ompetu de Ido, o Obaluru de Iloromu, o Obalesun/Obalale de Idita, o Obaloran de Iloran, o Lokore de Odin, o Oke Oja de Obajio, o Apata de Imojubi, o Obalaaye de Iraye, o Obalejugbe de Ijugbe, o Oke Awo de Owa Feegun, o Obawinrin de Iwinrin, o Obalufe de Parakin e o Obadio de Omoloogun. Depois essas 13 aldeias foram fundidas para formar a cidade de Ilê Ifé. A história tradicional diz que essa unificação foi efetuada por Odudua.

Segundo a tradição, Odudua teve muitas esposas. Entre elas estavam Seniade de Olokun, Osara e Yanda de Ojummu. Ele teve muitos filhos, e alguns migraram de Ilê Ifé para fundar os seus próprios reinos em outras terras.

Entre os filhos e netos de Odudua que deixaram Ilê Ifé para fundar outros reinos estão: Oranmiyan ou Oraniã (o neto que fundou Oyó), Ajagunla (Orangun de Ile Ila), Soropasan ou Isa Ipasan (Alaketu de Ketu), Ajaleke (Alake da terra dos egbás), Ajibogun (Owa de Ilesa), Lugborogan (Awujale da terra dos Ijebus), Obarada (um reino na República do Benim), Oninana (um reino em Gana), Okanbi (Onipopo de Popo, na República do Benim), Onisabe (reino de Sabé na República do Benim), Pupupu (Osemawe de Ode Ondo), Ajaponda (Deji de Akure), Ajibosin (Olowu de Owu), Awamaro (Ewi de Ado Ekiti), Arere (Olowo de Owo), Akarawale (Alara de Aramoko), Ogbe (Ajero de Ijero), Owaranran (Owore do reino de Otun) e Akinsale (Elekote de Ikole).

Outros reinos são Akarigbo de Ijebu Remo, Olosi de Osi, Alaaye de Ipole, Alaaye de Efon, Olojudo de Ido, Arigbajo de Owa, Otan de Igbajo, Owa dc Ayegbaju de Otan. Outras cidades fundadas em tempos diferentes são: Odan de Ifé, Ijummu de Ifé, Olukotun de Ifé, Ijebu-Ifé, Ifewara e Ifetedo.

Odudua se conservou como rei de Ifé, mas seu reinado não foi pacífico. Oxalá, alegando ser o primeiro encarregado por Olodumare da criação do mundo e, portanto, seu verdadeiro senhor, promoveu uma guerra contra Odudua, que negava o direito de Obatalá, pois substituíra este por ordem de Olodumare (VERGER, 1997). A guerra se prolongou por muitos anos e só se resolveu quando Orunmilá (o deus do destino) conseguiu que os dois se reconciliassem, ficando estabelecido que as casas descendentes de Obatalá e Odudua se alternariam na eleição do Ooni de Ifé.

Os Oonis (reis) de Ifé

Desde o fundador mítico até meados do século XVIII, a tradição histórica oral de Ifé registrou uma série de reis, dos quais se conhece a ordem cronológica aproximada, mas não as datas de início e fim do reinado. A existência de diferentes registros orais dessa lista provoca discrepâncias na ordem dos reis e até na sua existência na lista. A lista a seguir mostra uma das possíveis organizações dessa cronologia (IFE, 2022).

Oranfé, segundo alguns, foi o primeiro governante mítico de Ifé no período pré-dinástico, quando a região iorubá era povoada por aldeias dispersas. Foi o ancestral de Osangangan Obamakin, Obalùfòn Aláyémore e Lajamisan.

Como narra o mito de criação, Odudua e Obatalá se confundem na posição de primeiro rei de Ifé, durante a guerra descrita há pouco. Nesse conflito, cada um obteve o apoio de metade das 13 aldeias organizadas em confederação. Segundo alguns, Obatalá, que destronou Odudua, se aliou a Osangangan Obamakin (descendente de Oranfé) e estabeleceu a alternância de poder entre seus dois grupos de aldeias. Dessa forma, Osangangan Obamakin governou após Obatalá.

Ogum, oficial de Odudua, tentou tomar o poder, mas foi derrubado por Osangangan Obamakin (também chamado Òbalùfòn Ògbógbódirin), que, segundo a tradição, era filho de Oranfé e teve um reinado muito longo.

Obalùfòn Aláyémore, filho de Osangangan Obamakin, completou a unificação de Ilê Ifé. Teve dois períodos de reinado: o primeiro logo após a morte do pai, quando Oraniã estava exilado, e o segundo após o governo de Oraniã. Neste segundo período, teria reinado na mesma época que Dada, alafim de Oyó.

Oraniã (Oranmíyan), segundo a tradição, era um filho de Ogum que viveu no século XIII e foi pai de Eweka (obá do Benim) e Ajaká (alafim de Oyó). Ele forçou Obalùfòn Aláyémore a abdicar do trono, e este só retornou ao poder após a morte de Oraniã.

Após alguns nomes praticamente sem informações, vem Lajamisan, filho de Ayetise (descendente de Oraniã) ou de Oranfé. Em seu reinado, muito longo, começou a história moderna de Ifé.

A seguir, intercalados com outros nomes quase sem informações, aparecem nas listas cerca de 30 descendentes de Lajamisan através de Lájódoogun, entre os quais se destaca Lúwo Gbàgìdá, que foi a única mulher Ooni, descendente de Otaataa e mãe do fundador de Iwo.

A partir de 1770, existem registros escritos sobre os reinados de 14 Ooni. Após Akínmóyèró (1770-1800), Gbániárè (1800-1823), Gbégbáajé (1823-1835), Wúnmoníjè (1835-1839), Adégúnlè Abewéilá (1839-1849) e Degbinsokun (1849-1878), em cujo reinado ocorreu a primeira queda de Ifé, em 1849.

A seguir, reinaram Orarigba (1878-1880), imposto por Ibadan e Dérìn Ológbénlá (1880-1894), eleito mas não coroado, em cujo reinado ocorreu a segunda queda de Ifé, em 1882.

Adélékàn Olúbòse I (1894-1910) foi o primeiro Ooni a reinar em Ifé após a guerra de Ekitiparapo. Em seu reinado, o povo modakeke, em conflito com Ifé, foi exilado desta cidade.

Adékolá (1910) foi eleito, mas reinou por apenas dois meses. Depois dele foi eleito Adémilúyì Àjàgún (1910-1930), em cujo reinado os modakeke voltaram a Ifé, em 1921.

Após Adesoji Aderemi (1930-1980), reinou Okunade Sijuwade (1980-2015), em cujo governo os conflitos comunais entre os habitantes de Modakeke e Ifé se reacenderam. Finalmente, Adeyeye Enitan Ogunwusi, eleito em 2015 e reinando até o momento em que esta obra é produzida, iniciou esforços para eliminar as discórdias entre Ifé e Oyó.

O significado de Ifé

O oriki apresentado a seguir demonstra o significado de Ilê Ifé:

> Ile ife ooye lagbo
> Ibiti ojumo tii mowa
> Ile ife oodaiye
> Ile ife olori sim gbogbo
> Ile ife ile owuro

Tradução:

> Ilê Ifé, a cidade dos sobreviventes
> Onde o amanhecer do dia
> Foi o primeiro já visto

> Ilê Ifé encabeça o universo inteiro
> Ilê Ifé, a terra de todo o universo

Para os estrangeiros europeus durante a colonização, Ilê Ifé era uma cidade santa. Para os descendentes de iorubás em outras partes do mundo, era a casa original de todas as coisas e povos. Para os iorubás na Nigéria, era a casa de divindades e espíritos misteriosos e, para os habitantes de Ifé, era o "Ibode", isto é, o portal ao céu.

Ketu

Este texto é baseado em informações da Comuna de Ketu (BENIN, 2008) e do príncipe Serge Guezo, herdeiro do trono (onisabé) de Savé e do Daomé, descendente de Nan Agontimé (rainha do Daomé desterrada ao Brasil no século XVIII e que fundou a tradição do candomblé jeje) e do lendário rei Guezo do Daomé. Guezo citou, como fonte original dos dados, o estudo do administrador colonial francês Édouard Dunglas (2008a, 2008b), *Contribution à l'histoire du Moyen Dahomey*, publicado originalmente pelo Instituto Francês da África Negra (de Porto Novo, Benim) entre 1957 e 1958. Os capítulos referentes a Ketu, publicados (em português) pela revista *Afro-Ásia* em 2008, foram utilizados aqui como fonte direta de informações sobre a história de Ketu, combinados com a obra de Samuel Johnson (1921), *The History of the Yorubas*, citada por Dunglas.

A criação

De acordo com Dunglas (2008a, p. 209, 211-222), os fatos mais antigos da história oral de Ketu referem-se à chegada dos iorubás-ifé à região onde Ketu foi fundada, o que se deu por volta do século XI. O mais antigo ancestral conhecido da casa real de Ketu é Isa Ipasan, um dos vários príncipes de Ilê Ifé descendentes de Lamurudu (príncipe de "Meca") que emigraram para fundar reinos em lugares distantes.

Isa Ipasan, com seus seguidores, foi para o oeste e fundou uma aldeia, Oké Oyan (colina de Oyan), perto de onde o rio Oyan desemboca no rio Ogun. Anos depois, a aldeia foi abandonada (por causas desconhecidas) e o clã se dividiu entre três sobrinhos de Isa Ipasan. O mais novo subiu o rio Ogun, para o norte, e, além da nascente deste rio, fundou a Oyó antiga. O do meio subiu o rio Oyan para noroeste, instalando-se na floresta chamada Kilibo; mas, atacados pelos baribas, fugiram para o sul, onde fundaram o reino de Savé.

O príncipe mais velho, chamado Owé, seguiu para o oeste acompanhado pelo rei Isa Ipasan e nove famílias reais de Ilê Ifé (entre as quais eram eleitos os reis). Após dois dias de caminhada a partir de Oké Oyan, os migrantes chegaram a uma floresta, onde fundaram a aldeia de Aro, perto da fronteira entre os atuais Benim e Nigéria.

Assim, o rei Isa Ipasan foi o primeiro rei da nova dinastia fundada em Oké Oyan. Após sua morte, o príncipe Owé foi eleito, sendo o segundo rei da dinastia. O clã permaneceu por muitos anos em Aro, sendo governado sucessivamente, após Owé, por Ajojé, Ijá, Erankikan, Agbo Akoko e Edé. Durante esse tempo, o clã cresceu muito, tanto pela vinda de parentes emigrados de Ifé quanto pelo nascimento de novos habitantes. Com isso, os recursos da região se tornavam cada vez mais escassos. Então, Edé decidiu abandonar Aro em busca de terras melhores.

Antes de partir, Edé perguntou a seus três filhos (ou sobrinhos) se conheciam um bom lugar para se estabelecerem. Alalumon, Idofa e Matsai eram caçadores e conheciam bem a região. Cada um disse conhecer um lugar adequado, mas nenhum comportaria a população inteira, e esta precisaria se dividir.

Alalumon conhecia uma floresta a dois dias de viagem a oeste, de fácil acesso. Perto havia uma aldeia fon chamada Kpanku, mas Alalumon achava que os fons não criariam problemas.

Idofa sugeriu um bosque a um dia de viagem para o sul, perto do rio Yewa, que marca a fronteira entre Benim e Nigéria.

Matsai, que achou arriscado se estabelecer perto dos fons, sugeriu voltarem para o leste, para além de Oké Oyan, onde estava sepultado o rei Isa Ipasan.

Foi decidido que a população de Aro seria dividida em três grupos, e cada um seguiria o caminho sugerido por um dos caçadores de Edé. A data da partida foi marcada pelo babalaô, após uma consulta a Ifá. Edé dirigiu as cerimônias fúnebres realizadas em honra dos ancestrais sepultados em Aro, a quem pediram licença para partir e de quem se despediram.

Chegou então o dia da partida.

Idofa liderou o grupo que seguiu até o rio Yewa e desceu seu curso por algumas horas. Chegando ao lugar escolhido, o grupo parou e fundou a aldeia de Idofa. Esta aldeia ainda existe: fica no extremo oeste da Nigéria, perto da fronteira com o Benim.

Matsai seguiu para o leste com seus seguidores. Indo além de Oké Oyan, o grupo atravessou o rio Oyan e seguiu até uma floresta onde fundou a aldeia de Igbo Oran (Floresta Pantanosa). Essa aldeia ainda existe, com o nome de Igbo Awra (Igbo Ora), a cerca de 50 quilômetros ao norte de Abeokutá.

O grupo maior, comandado pelo rei Edé e guiado por Alalumon, seguiu para o oeste. Poucos dias após a partida, atingiram a encosta de um planalto de onde Alalumon pôde mostrar ao grupo a floresta que era seu destino.

Continuaram viagem e, a certa altura, como muitos tinham sede, Edé mandou um filho procurar água, anunciada pelo coaxar de sapos. O rapaz encontrou a casa de uma velha feiticeira, Ia Mekpere. Porque ele não se anunciou e a encontrou nua, a feiticeira o matou. Como ele não voltava, Edé mandou outro filho em busca do primeiro. Este também chegou à casa da feiticeira, mas bateu palmas e a feiticeira se vestiu antes de lhe dar entrada. O rapaz explicou a que vinha. Ia Mekpere deu-lhe permissão para pegar água, ressuscitou o irmão dele e foi com os dois encontrar Edé, a quem prometeu um talismã para proteger sua nova cidade.

Deixando Ia Mekpere, o grupo desceu a encosta do planalto e chegou à floresta. Agora, Edé e seu povo estavam na região habitada pelos fons que tinham atingido o extremo de sua dispersão oriental na margem leste do rio Uemé (no Benim). Meia hora a sudoeste de onde estavam, ficava a aldeia de Kpanku; um pouco mais ao norte, as de Adakpamé e Ewé. Essas aldeias ainda existem.

Alalumon conduziu o grupo até um iroko em que ele costumava pendurar sua bolsa quando caçava na região.

Já anoitecia. Enquanto mulheres e crianças providenciavam mantimentos e lenha, Alalumon foi a Kpanku pedir fogo. Ia Kpanku, uma velha senhora que o conhecia, deu-lhe um tição aceso, com o qual seus companheiros acenderam vários fogos, e foi preparada a primeira refeição no lugar. Esse fato é lembrado numa cerimônia realizada quando o rei de Ketu morre. Todos os fogos da cidade são apagados, e uma comitiva liderada por um ministro chamado Alalumon vai à casa de uma das mulheres idosas de Kpanku, a quem pede fogo. Recebe então um tição com o qual os fogos de Ketu são acesos novamente.

Logo na manhã seguinte, os iorubás começaram a construir o palácio do rei e as casas das 120 famílias (incluindo as nove famílias reais) em que os imigrantes se dividiriam, agrupadas em bairros segundo seus parentescos e afinidades. A ocupação da terra começou a causar problemas, embora de início os imigrantes tivessem sido bem recebidos pelos fons. Os iorubás construíam suas casas em terrenos fons e se apossavam das terras cultiváveis. Os fons tentaram defender seu direito à terra, mas foram empurrados para o oeste, até que foi estabelecida uma espécie de fronteira entre as terras fons e iorubás, perto da margem leste do rio Uemé.

Estabelecida a cidade de Ketu, Edé cobrou de Ia Mekpere o talismã da cidade. A feiticeira foi à cidade e lá enterrou, num canto do bairro de Idajè, a mistura mágica que protegeria Ketu contra invasões.

Por fim, Edé convocou uma reunião do conselho para escolher um nome para a cidade. Um ancião falou:

– Há alguns meses vivia aqui um tecelão corcunda de origem fon. Alguém já conseguiu endireitar sua corcunda? Não, com certeza. Então, assim como não é possível endireitar uma corcunda, ninguém pode destruir a nossa cidade. *Ké tu kéé? Ké fo lu?* [Quem endireita a corcunda? Quem destrói a cidade?].

Todos aprovaram a ideia de usar a expressão "Ké tu" como lembrete da invencibilidade da nova cidade. Para reforçar o desafio, foram buscar o tecelão em Ewé e o sacrificaram diante da porta da cidade, que passou a ser chamada de Ketu, sendo seu rei o *alaketu* (governante de Ketu).

Os reis de Ketu

Segundo Dunglas (2008a, p. 223-236), a tradição histórica, preservada oralmente pelos *griots*, guardou a memória de 43 reis de Ketu, com suas filiações completas, deixando clara a continuidade da dinastia do reino desde Isa Ipasan.

Depois de Edé reinou Okoyi, oitavo rei da dinastia de Ketu. Em seu reinado houve a primeira guerra com os fons, resolvida pela proposta de adoção das famílias fons da região pela cidade iorubá.

Depois de Okoyi reinaram em paz, sucessivamente, Etsu, Akpanhum, Dako e Ogôh. No reinado de Agbo-Keji (o 13º rei de Ketu), houve nova guerra com os fons que viviam a oeste e que pretendiam recuperar suas terras de cultivo. Os fons invadiram a cidade, mas foram logo repelidos pelos iorubás. Agbo-Keji, que fugiu durante o ataque, foi morto pelos súditos e substituído por Sá que, juntamente com Edé, é um dos mais famosos reis de Ketu.

Segundo a tradição local, Sá projetou e fez construir a muralha de Ketu. Medindo 1.100 metros no eixo norte-sul, 965 metros no eixo leste-oeste e com uma altura original de 3 a 4 metros, a muralha foi erguida usando o material do fosso escavado em torno da cidade, com 3 a 4 metros de profundidade e 5 a 8 metros de largura. No lado norte da muralha ficava a famosa Akaba Idena (porta de Idena). Consagrada com rituais e sacrifícios, a porta era considerada mágica, mas seus batentes foram levados para Abomé em 1886, quando o rei fon Glelê tomou Ketu, e substituídos por novos em 1896.

Depois de Sá, governou Ekpo, que continuou as obras de defesa da cidade. Do 16º ao 19º rei pouco se sabe. Foram eles: Ajina, Ara, Odiyi Ikoyè Nikan (um escravo adotado por uma família real, que passou pelo ritual de troca de sangue para se tornar elegível) e Akèdun.

A partir do 20º rei, as listas consultadas por Dunglas concordam em relação a seus nomes e à ordem cronológica. Até o 37º rei, a tradição oral conservou quase somente os nomes. Esses alaketus foram: Arogbo, Odun, Tètè, Ajiboyédé, Arowo Ojoyé, Ekpo Oludi, Etu, Ekotsoni, Amuwagun, Asunu, Agodogbo, Agassu, Orubu, Léké, Oyimbo, Osuyi Oliborumu, Oniyi, e Abiri.

O conjunto de reis descrito até aqui cobre o período que vai da fundação de Ketu (ou sua origem em Ilê Ifé) até meados do século XVIII, a partir de quando existem dados na história oral que permitem determinar, com uma margem de erro aceitável, as datas de início e fim de cada reinado. Dunglas (2008b, p. 341-352) divide a cronologia de Ketu, nessa fase, em dois períodos: o primeiro, de aproximadamente 1748 a 1858, quando a história de Ketu é claramente independente da de Abomé; e o segundo período, que começa em 1858 com a morte de Guezo (rei do Daomé desde 1818), a partir do qual as histórias dos dois reinos se tornam tão entrelaçadas que é difícil contá-las isoladamente.

No primeiro período, reinaram em Ketu seis alaketus (do 38º ao 43º). O 38º alaketu, Ojè, foi eleito por volta de 1748 e morreu por volta de 1760. Seguiram-se: Andè (1760-1780), que, segundo a tradição, podia ficar invisível para percorrer a cidade e ouvir as conversas dos súditos; Akibiohu (1780-1795), em cujo governo os fons de Abomé atacaram Ketu e outras cidades da região; Ajibolu (1795-1816), que enfrentou uma tentativa de secessão das aldeias Idanhim, Ilikimon e Iselu; Adebia (1816-1845), que enfrentou bandos de saqueadores egressos da guerra civil iorubá de 1821; e Adegbede (1845-1858).

Do início do segundo período (em 1858) até o fim de Ketu em 1886, durante a invasão daomeana dos distritos ocidentais do território iorubá (JOHNSON, 1921), o Daomé foi governado pelo rei Glelê, cujo mandato começou em 1858 e terminou em 1889 (SILVA, 2012).

A queda e o renascimento de Ketu

Samuel Johnson (1921) descreve em detalhes as guerras que assolaram a região dos reinos iorubás na segunda metade do século XIX, envolvendo os reinos iorubás entre si e estes (especialmente Oyó) contra os fons do Daomé. Como Ketu era uma "zona tampão" entre os dois reinos, enfrentou diversas batalhas contra Abomé.

O incidente que desencadeou a mudança de cenário político para Ketu foi o assassinato do rei daomeano Guezo na aldeia de Ekpo (vassala de Ketu) em 1858. O evento provocou grande agitação em Ketu e culminou com a deposição de Adegbede, que foi obrigado a se suicidar.

A Adegbede seguiram-se os alaketus: Adiro (1858-1867), em cujo governo Ketu se tornou centro de provisões do exército do Daomé e envolveu-se em atritos com outros reinos iorubás; Ojeku (1867-1883), que foi capturado quando Glelê invadiu Ketu; e Agidigbo Hungbo (1883-1886), que governou Ketu como regente por não ter sido escolhido o sucessor de Ojeku.

Em 1886, Daomé atacou novamente Ketu, mas não conseguiu ultrapassar sua muralha. Então, pôs a cidade sob cerco. Após três meses, conseguiu promover a destruição total da cidade, que foi saqueada e teve as edificações destruídas, os chefes mortos e a população aprisionada e levada para Abomé.

Em 1893, os franceses, que tomaram Daomé, restauraram o reino de Ketu como protetorado. Desde então, reinaram os seguintes alaketus: Ida (1893-1894), uma princesa que governou como regente; Oyingin (1894-1918); Ademufekun (1918-1936); e Adegibitie (1937-1963), cujo governo terminou com a extinção de Ketu no contexto de um golpe de Estado ocorrido três anos após a independência do atual Benim. Depois desse fato, reinaram: Adetutu (1965-2002), Aladé Ifé (2005-2018) e Adedun Loyé, de 2018 até o momento em que este livro é produzido (KÉTOU, 2022).

Conceitos civilizatórios da história de Ketu: o fogo da coexistência

A história do Ketu merece comentários sobre seus simbolismos, como quando aparecem feiticeiras, sendo que são estas a oposição indireta ao poder estabelecido, representando simbolicamente um momento de desordem e mudança na história.

Contudo, o que mais nos interessa como conceito civilizatório no Reino do Ketu é o simbolismo do fogo sagrado que Iya Kpankou deu ao rei Edé – Oxóssi. Lembremos que, ao invés de travar uma guerra entre os fons e os iorubás, a atitude de Iya Kpankou mostra o que temos nas relações entre muitos povos autóctones e invasores: a assimilação e a ressignificação de valores destes invasores em determinados reinos africanos e as alianças que se formam.

O princípio da coexistência com povos de uma alteridade se faz presente em dinâmicas sociais de diversos povos subsaarianos, sobretudo na região da África Ocidental.

Simbolicamente, o fogo dos ancestrais do povo fon que Iya Kpankou (a matriarca, regente mais importante da tradição fon) ofereceu ao rei Edé é o fogo da coexistência. E este ato de aceitação da alteridade declara que todos que chegassem ao Ketu, fossem eles cristãos, muçulmanos ou tradicionalistas de outras tradições, seriam bem-vindos.

Para os iorubás, o princípio da coexistência também é um valor civilizatório vigente em sua construção como povo.

Vemos no oriki de Xangô, por exemplo:

> Ele reza a cerimônia para o muçulmano.
> Ele faz a ablução no lugar onde cai a chuva.
> Ele pega o domingo com os cristãos.

O princípio da coexistência é presente nas comunidades tradicionais iorubás, como vemos no exemplo anterior. Desde que sejam respeitados os valores civilizatórios das comunidades tradicionais e que este princípio de coexistência seja igualmente aceito pelos demais povos.

Também vemos nos orikis de Xangô.

> Ele persegue o cristão.

Isso vem em um momento em que o cristianismo tenta se impor às demais religiões, não aceitando seus valores civilizatórios, sobretudo o princípio da coexistência.

As lendas das lutas com os malês e tradicionalistas vêm justamente da não aceitação deste valor civilizatório. A partir do momento que o islã aceita conviver com os tradicionalistas, e inclusive ressignifica valores civilizatórios tradicionalistas visando à sua expansão, cessam os conflitos entre tradicionalistas e muçulmanos.

Já o cristianismo, em algumas versões, tem um histórico de não aceitar ou ressignificar valores civilizatórios tradicionalistas e se impor negando estes valores, justamente por conflitar com valores civilizatórios que o cristianismo resguarda, não aceitando igualmente a questão da coexistência, que é um valor civilizatório da tradição iorubá e de diversos povos da África Ocidental. Isso justifica o desrespeito ao valor civilizatório da coexistência que regula as relações entre os povos na região, fazendo que "o cristão seja perseguido", por não aceitar um valor civilizatório que regula a sustentabilidade social, que é a coexistência.

Manter o tradicional e ressignificar o novo, das dinâmicas sociais subsaarianas da África Ocidental, que está presente inclusive no simbolismo do duplo do Oxé de Xangô, é algo que vai de encontro com esse tipo de valor civilizatório da coexistência na relação entre autóctones e invasores.

Na diáspora, temos uma relação com a alteridade muito semelhante ao que vemos na fundação do Ketu. Podemos afirmar que esse fogo da coexistência também é a origem que regula nossas relações com a alteridade; muito mais próximo do que temos no Brasil, ao contrário do exemplo europeu que recusa o contato com a alteridade.

Um dos exemplos disso vem do pensamento hegeliano, que via nesta dinâmica social africana, de ressignificar o novo a partir do tradicional, um fator de "inferioridade" que indicava a suscetibilidade a assimilar uma cultura superior como a europeia.

Estudamos essa dinâmica social africana com o preconceito hegeliano na academia. Sendo que, para nós, o bárbaro deveria ser Hegel, e não os africanos, pelo próprio legado que tais valores civilizatórios conferiram à nossa civilização; mesmo que parte de nosso pensamento acadêmico, ainda extremamente colonizado, invisibilize isso em seu processo de violência simbólica.

Osogbo – um reino feminino

Este texto é baseado em uma pesquisa de Ogunbiyi Bobola Elebuibon (2015), associado a obras acadêmicas e de divulgação sobre Osogbo.

Osogbo é uma cidade na Nigéria, capital do atual estado de Osun. A história de Osogbo propriamente dita começou nos anos 1670, mas sua origem é mais antiga. Segundo Ogundele e Ebonine (2010), essa história começou por volta do século X, com a fundação, pelo povo owu (subgrupo dos iorubás), da cidade de Ipole (ou Owu-Ipole), localizada cerca de 46 km a sudeste do lugar onde, no século XIX, seria fundada Ibadan, no estado de Osun.

A criação

Segundo a tradição oral, o sexto owaroki (governante) de Ipole, Owa Laage, teve três filhos: Lajomo (o mais velho), Larooye e Sogbodede, o mais jovem. Larooye sucedeu ao pai como sétimo owaroki de Ipole. Durante seu reinado, a cidade foi assolada por uma grande seca. Larooye, então, propôs a um grande amigo, um caçador chamado Olutimehin (ou Timehin), que buscasse um lugar melhor para o povo viver. Depois de algum tempo, Olutimehin descobriu um grande rio, que era o que hoje conhecemos como rio Osun. O caçador foi sem demora levar a notícia a Larooye, que, após confirmar por si mesmo a descoberta e consultar os oráculos, emigrou com seu povo para junto do rio (ADEBISI, 2013).

Chegando lá, começaram a capinar o terreno e cortar árvores para construir suas casas. De repente, uma árvore caiu dentro do rio. No mesmo instante, uma voz feminina começou a falar em tom furioso: "Oso igbo o, gbogbo ikoko aro mi ni e ti fo tan o" (feiticeiros da floresta, vocês quebraram todos os meus potes de tingimento). Era Oxum, a deusa do rio. Depois de acalmada com muitas explicações e desculpas, Oxum recomendou que subissem a colina próxima e buscassem um lugar com os sinais que ela indicou, para levantarem sua nova cidade, cujo nome parece ser derivado do rótulo que Oxum deu ao povo, "oso igbo" ("feiticeiros da floresta"). Segundo esta versão do mito, Oxum deu um peixe a Larooye, que "o te wo gb'eja" (recebeu o peixe com as mãos estendidas): dessa frase teria se originado o título do governante de Osogbo, "ataojá" (OLAJUBU, 2003).

Os reis de Osogbo

Jeleel Adebisi (2013), em *A Brief History of Ataoja of Osogbo*, descreve a sequência de governantes de Osogbo.

Logo após a fundação da cidade, na década de 1670, Larooye tornou-se o primeiro ataojá (governante) de Osogbo, reinando até sua morte em 1760.

Após Larooye, os primeiros ataojás que se seguiram em Osogbo foram: Sogbodede (1760-1780), o irmão mais novo de Larooye, e Aina Serebu (1780-1810), filho de Sogbodede. Após a morte de Aina Serebu, o trono foi disputado pelo filho dele, Gbeemu, e Adeyinka, filho de Oyelekan (outro filho de Sogbodede). Para resolver o problema, a única filha de Larooye (Abogbe) foi escolhida como regente e reinou de 1810 a 1812. Após sua morte, como a crise continuava, a filha de Aina Serebu (Obodebewa) foi designada regente.

Mas Ojolalele, marido de Obodebewa, encarregou seu irmão Lahanmi como protetor da esposa no palácio, enquanto ele cumpria suas funções de caçador e lavrador. Lahanmi, então, procurou o alafim de Oyó e propôs dar-lhe instruções para passar as propriedades dos ijexás para Oyó, com a condição de ser coroado obá de Osogbo. Assim, em 1815, Lahanmi foi coroado ataojá e mandou Obodebewa para o exílio, onde ela morreu.

Lahanmi iniciou a dinastia Oyipi de Osogbo, embora fosse um artesão, sem ligações com as famílias nobres do reino. Por isso, em protesto contra a coroação de Lahanmi, os príncipes de Osogbo confiscaram as coroas e outros paramentos reais, de modo que quatro sucessores de Lahanmi reinaram como ataojás de Osogbo sem serem coroados.

Lahanmi reinou de 1815 a 1840. Depois dele, seguiram-se seis ataojás da família Oyipi (com os tempos de reinado): Ojo Adio Okege (1840-1854), Ogunnaike Durosimi Fabode (1864-1891), Bamgbola Alao (1891-1893), Ajadi Olosunde Oyetona (1893-

1903) e Kofoworola Ajadi Latona (1918-1920). Durante todo esse período só houve dois ataojás que não eram da família Oyipi: Oladejobi Oladele Matanmi I (1854-1864) e Atanda Olukaye Olugbeja Matanmi II (1903-1917).

Em 1920, a população de Osogbo se revoltou contra os Oyipi, exigindo que os ataojás fossem da linhagem real, legítimos herdeiros das famílias Lahanmi/Matanmi (casa real feminina, descendente de Larooye por Abogbe e de Sogbodede por Obodebewa) e Sogbo ou Laro (casa real masculina, descendente de Sogbodede por Adeyinka e Gbeemu).

Então, reinaram os ataojás: Kolawole Alabi (casa Sogbo, 1920-1933), Samuel Oyedokun (Lahanmi/Matanmi, 1933-1944), Samuel Adeleye Adenle (Sogbo, 1944-1975), Olatidoye Iyiola Oyewale (Lahanmi/Matanmi, 1976-2010) e Jimoh Olanipekun Larooye II (2010-presente).

Esta cronologia mostra que, ao longo da história de Osogbo, seus governantes foram sempre escolhidos entre as famílias descendentes da dinastia real de Ipole. Entretanto, descendentes do caçador Olutimehin afirmam que também deveriam ser elegíveis para o trono de Osogbo.

Eles se baseiam numa versão do mito de criação da cidade um pouco diferente da narrada páginas atrás. Segundo ela, quando ocorreu a seca em Ipole, Olutimehin partiu com sua equipe numa expedição para procurar um lugar melhor para a cidade. No caminho, passaram por Odo-Okoko (em Gbonmi) e por Oja Oba e chegaram ao rio Elekikan, onde Olutimehin construiu uma casa chamada Ileba ou Ilegbe. Ali o grupo se estabeleceu, até que, em outra expedição, Olutimehin encontrou o rio Osun. Voltou então a Ipole, onde deu a notícia a Larooye, que decidiu ir para lá. Quando estavam cortando árvores e uma caiu no rio, uma voz chamou por Olutimehin para reclamar dos potes quebrados e deu a ele instruções sobre o local para erigir a cidade; depois, outra voz disse "Oso pele de Igbo", que teria originado o nome da cidade. Esta voz seria do espírito Oro Ile, que deu a Olutimehin um candelabro, em torno do qual o novo rei deveria dançar na sua coroação (ELEBUIBON, 2015).

Com base nesta versão, os descendentes de Olutimehin argumentam que: 1) Olutimehin foi o primeiro a beber das águas do riacho Elekunkun, onde criou o primeiro assentamento; 2) foi ele que Oxum chamou de dentro do rio; 3) foi Olutimehin quem dançou em volta do candelabro, sendo ele, portanto, o primeiro rei de Osogbo. Logo, as famílias descendentes de Olutimehin (Alagbaa, Oluode Atuuruku e Kokorin) também deveriam ser consideradas casas reais. Para os descendentes de Olutimehin, trata-se de uma distorção da história de Osogbo para atender a interesses particulares.

Oxum

Oxum é a deusa do rio Osun. As árvores nas margens do rio e a bela paisagem são suas roupas; o seu vestuário, elegante. A fecundidade sagrada desta deusa popular é insuperável e se transmite pela autoridade de rituais. Ao mesmo tempo que é alegremente benevolente, também é rígida e poderosa. Segundo uma lenda, Larooye, em função do acordo feito com a deusa, alimentava os peixes do rio Osun e, em troca, recebia um elixir eficaz contra e esterilidade das mulheres (BRITANNICA, 2019).

A deusa das águas, de acordo com a tradição iorubá, é poderosa até entre os orixás. Segundo um mito, a autoridade dos deuses no céu se desfez, mas foi restabelecida quando eles admitiram Oxum no seu conselho. A lenda da fundação do reino explica esse mito, pois reflete a posição da deusa como representante do poder feminino. Ela mostra que Osogbo tem uma relação especial com Oxum: embora a estrutura do reino seja patriarcal, o poder da deusa (e, por extensão, das mulheres), propiciado através de um acordo com o governante, é indispensável para o seu governo (OLAJUBU, 2003).

Oxum é a mãe de todos os habitantes de Osogbo, humanos e animais, como também das árvores, das pedras, da terra, das nuvens no céu, do rio e de suas partes mais fundas. A história dos reinos iorubás parece confirmar a proteção especial dada por Oxum a Osogbo. Muitas cidades iorubás conheceram guerras no passado, exceto Osogbo. Um exemplo é um relato sobre as guerras expansionistas dos fulani do norte da Nigéria, sobre as terras iorubás, no século XVIII. Quando os invasores se aproximaram de Osogbo, Oxum se transformou em uma senhora e foi vender comida para eles; e depois que comeram, todos morreram.

Até mesmo nos tempos perigosos das guerras tribais, Osogbo abrigou refugiados de todos os lugares, sendo que seus orixás foram submetidos hierarquicamente à Oxum de Osogbo.

O grande santuário de Oxum fica em Osogbo, junto ao rio Osun. Neste lugar o povo iorubá descobriu e estabeleceu a santidade de um ojubo (altar) da deusa Osun.

A Iya Osun (mãe de Oxum) é a líder de todo o corpo sacerdotal. Ela é sempre escolhida dentro da família do ataojá. A Iya Osun vive no Ile Osun (casa de Oxum) e todos os dias as pessoas vêm a ela para fazer orações e oferendas. O segundo sacerdote de Osun é o Aworo, que é homem; ele faz trabalhos espirituais junto ao Ile Osun. A arugba de Osun dedica todo o seu tempo e energia à adoração e ao serviço de Osun; vinda de uma casa escolhida por Ifá, deve ser uma jovem solteira e virgem e tem que permanecer assim até renunciar o posto para se casar.

Todo mês de agosto, os habitantes de Osogbo celebram o festival anual de Oxum. Pessoas do mundo inteiro vêm praticar sua adoração a Oxum.

No dia final do festival, a arugba leva a cabaça ritual, que contém as figuras de bronze sagradas e outros objetos de adoração de Oxum, e conduz a procissão do palácio do ataojá para o arvoredo que fica atrás do palácio. A arugba não pode tropeçar ou balançar a cabaça, o que é tido como um presságio ruim para ela e os fiéis. Por isso, um grande círculo é formado ao redor dela por homens jovens robustos, que utilizam varas e chicotes para afastar a multidão que tenta se aproximar.

Oyó – um império masculino

Este texto é baseado nas informações de artigos publicados na Blackpast (FRANZ, 2009), na Encyclopedia Britannica (2021), na Wikipedia (OYO, 2022) e em outros materiais acadêmicos e de divulgação.

O império iorubá de Oyó ficava situado na África Ocidental, ocupando partes do oeste da atual Nigéria e do leste do atual Benim. Foi criado entre o final do século XIV e o início do XV, e sua história se divide em três períodos. O primeiro período se passou entre a fundação de Oyó e a sua conquista pelos nupés, no início do século XVI, quando os habitantes de Oyó fugiram.

O segundo período começou anos depois, quando os exilados voltaram para Oyó e reconstruíram o reino como um império fortemente centralizado e militarizado. Esse período atingiu o auge entre o fim do século XVII e meados do século XVIII, quando Oyó promoveu guerras de conquista contra nações vizinhas, que alimentaram o comércio de escravos com os países europeus.

O terceiro período, da decadência de Oyó, foi de meados do século XVIII até 1896, quando o reino desapareceu, após tentar um ressurgimento em 1888 e se tornar um protetorado britânico. A partir de então, Oyó foi absorvido pela Nigéria como parte da África Ocidental Britânica.

A criação

Samuel Johnson (1921, p. 3-13) registrou a história da criação de Oyó conforme era contada pela tradição oral local.

De acordo com o mito, os governantes iorubás descendem de Lamurudu, um dos reis de "Meca", que teve três filhos: Odudua (ancestral dos iorubás) e os reis de Gogobiri e Kukawa (reinos haussás). Não se sabe quando Lamurudu viveu, mas o conflito entre seus descendentes e sua dispersão parecem ter ocorrido bastante tempo depois de Maomé.

Segundo a tradição, Lamurudu tinha convertido o reino ao islamismo. Mas o príncipe herdeiro Odudua, durante o reinado do pai, voltou-se para a religião ancestral e teve muitos seguidores. Então, ele transformou a grande mesquita da cidade num templo, que Asara, um sacerdote e fazedor de imagens ligado a ele, decorou com estátuas dos deuses ancestrais. Odudua também conseguiu que o pai emitisse um mandado, ordenando que todos os homens fossem caçar por três dias antes da celebração do festival anual em honra dos deuses antigos.

Acontece que Asara tinha um filho, Braima, que seguia fielmente o islamismo. Aproveitando uma das ausências dos homens na cidade, Braima destruiu as estátuas do templo. Quando os homens voltaram, foi feita uma investigação; o iconoclasta foi descoberto e condenado à morte na fogueira. Este foi o sinal para uma guerra civil entre seguidores do islamismo e da religião antiga. Com a vitória dos islâmicos, Lamurudu foi morto e os seus filhos, que seguiam a religião antiga, foram expulsos da cidade. Os reis de Gogobiri e Kukawa foram para o oeste e Odudua foi para o leste, levando duas imagens de deuses ancestrais.

Diz a lenda que Odudua viajou por 90 dias a partir de "Meca", até chegar a Ilê Ifé. Durante a jornada, Odudua e seu povo foram perseguidos por um exército muçulmano. Tiveram de lutar duramente em Ifé e, embora tivessem vencido, Odudua e seus seguidores, insatisfeitos, decidiram atacar "Meca" para vingar a morte de Lamurudu e a expulsão de Odudua. Estabelecidos em Ilê Ifé, dedicaram-se a formar um exército para atacar os muçulmanos, mas Odudua morreu antes de estarem prontos para a guerra. O rei deixou sete filhos vivos, que originaram as dinastias reais dos principais povos da nação iorubá: a mãe de Olowu (do povo owu), a mãe de Alaketu (de Ketu), Eweka (do Benin), Orangun (de Ila), Onisabé (dos sabés), Olupopo (dos popos) e Oraniã (dos iorubás propriamente ditos, de Oyó). Embora fosse o caçula, Oraniã foi escolhido sucessor de Odudua, por ser o único na linha direta de sucessão real (ou seja, tinha nascido depois de Odudua ser coroado rei). Foi coroado alafim (governante) de Ifé, e os irmãos receberam o governo das províncias.

Quando estava suficientemente forte, Oraniã se lançou na campanha contra "Meca". Foi dito que a rota que Odudua seguira para vir de "Meca" estava infestada por formigas; por isso, Oraniã precisou seguir um outro caminho, que atravessava o reino dos nupés ou tapas (no centro-oeste da atual Nigéria), chegando ao rio Níger. Os tapas se opuseram a que cruzasse o rio, por isso, Oraniã acampou nas margens do Níger, no território dos baribas. Ele pretendia recuar, mas, como seria humilhante voltar para Ifé, foi perguntar ao rei dos baribas onde poderia morar. O rei bariba fez um talismã, que prendeu numa jiboia. Então, recomendou que Oraniã seguisse o rastro da cobra: após sete dias, onde ela parasse e depois desaparecesse, seria o lugar para construir a cidade. Oraniã e seu povo seguiram as instruções e erigiram uma cidade que chamaram de Oyó Ajaka. Esta foi a Oyó antiga, marcada nos mapas modernos europeus e árabes como Eyeo ou Katunga.

Nos anos seguintes, a sede do governo dos iorubás "propriamente ditos" (os iorubás-oyó) foi transferida para Oyó, enquanto o culto das divindades nacionais permaneceu em Ifé.

Os reis de Oyó

Após a morte de Oraniã, seu sucessor foi o filho Ajacá Dadá. Mas Oraniã tinha outro filho: Xangô, filho de uma princesa nupé e que vivia entre esse povo. Em certo momento, Xangô destronou o irmão e assumiu o trono de Oyó. Ele tentou governar direito, fazendo justiça em seu reino, mas estava sempre envolvido em guerras com reinos vizinhos. Numa dessas ocasiões, obteve dos baribas uma poção mágica, mas com ela incendiou o próprio palácio e a cidade inteira. Os conselheiros então condenaram Xangô à morte, e ele se enforcou, mas se transformou no orixá patrono do império iorubá de Oyó (PRANDI; VALLADO, 2022).

Após a morte de Xangô, Ajaká reassumiu o governo. Depois dele, a tradição indica uma série de reis que começa possivelmente em meados do século XIV. Entre eles destacam-se: Kori (c. 1400-c. 1457), que expandiu Oyó; Onigbogi (c. 1500-c. 1537), que realizou a evacuação de Oyó por volta de 1535, fugindo da invasão dos nupés; Ofiran, coroado no exílio, que começou a recuperar territórios tomados pelos nupés; Eguguojo, que fundou a nova capital Oyó Igboho; Orompoto (1555-c. 1570), coroado após expulsar os nupés de Oyó; Abipa (c. 1570-1580), que reconstruiu Oyó Ilê; Ojigi (c. 1698-1732), que conquistou o Daomé; e Adeyemi I Alowolu (1875-1905), último rei independente de Oyó (OYO, 2022).

Queda de Oyó

Após a conquista pelos nupés (no início do século XVI) e um período de quase um século no exílio, os habitantes de Oyó expulsaram os nupés, voltaram à cidade natal e construíram uma nova capital (a Nova Oyó). Para garantir a segurança do reino, os alafins (reis) investiram na organização de um governo altamente centralizado e um exército forte, que promoveu a expansão e a consolidação do império através de guerras de conquista. A economia interna do reino incluía o comércio com caravanas que viajavam pelo Saara, trazendo tecidos, objetos de ferro e cavalos necessários para o exército e levando prisioneiros de guerra para as rotas de tráfico de escravos. O auge do poder de Oyó ocorreu em meados do século XVIII, com a conquista do reino do Daomé.

Estudiosos consideram que o declínio do império começou na segunda metade do século XVIII, em decorrência de intrigas e golpes nas esferas internas do poder, e dos movimentos pela independência em seus estados vassalos. A pressão britânica pelo fim do tráfico de escravos, no início do século XIX, também minou o poder econômico de Oyó.

Aproveitando-se do enfraquecimento de Oyó, Daomé iniciou uma série de revoltas que culminaram em sua independência, em 1823. Por volta da mesma época, Oyó começou a ser atacada pelos estados islâmicos situados ao norte e a oeste do império de Oyó. As cidades iorubás foram sendo progressivamente atacadas e pilhadas até que, em 1835, a capital Oyó-Ilê foi destruída, sendo substituída por Ago Oyó, situada ao sul da capital anterior. Este foi o sinal para o início do colapso do estado de Oyó. Em 1894, a nova Oyó foi bombardeada e destruída pelo governo britânico e desapareceu como unidade política em 1896, com a anexação pelo Reino Unido. A partir daí, Adeyemi I e seus sucessores governaram como vassalos britânicos até

1960, ano da independência da Nigéria. Bello Gbadegesin Ladigbolu II (1956-1968) governou como vassalo britânico até 1960 e a partir de então, como rei nigeriano tradicional. Adeyemi III governou Oyó de 1971 até o seu falecimento em 2022.

Xangô na diáspora

Dada a importância de Oyó no mundo iorubá, seu patrono, Xangô, difundiu-se amplamente na região. Quando Oyó entrou em decadência, no fim do século XVIII, os membros de sua nobreza e outros habitantes das terras iorubás passaram a ser capturados pelos povos inimigos e vendidos como escravos para países das Américas. Chegando ao Brasil na época em que as religiões de matrizes africanas estavam se organizando na diáspora, os iorubás (concentrados em cidades num momento em que negros escravizados e libertos tiveram condições para recriar seus cultos) mantiveram as marcas mais importantes de Xangô: a reprodução, na hierarquia religiosa, da organização da corte real, adaptada para as novas condições, e a combinação de vários mitos, de diferentes cidades, como variedades do mesmo Xangô, que concretizam os valores contidos em Xangô (PRANDI; VALLADO, 2022).

Heróis e heroínas negros do Brasil

Zumbi dos Palmares

De acordo com a tradição, Zumbi dos Palmares era neto de Aqualtune, princesa e líder guerreira do reino do Congo, aprisionada em 1665 na batalha de Mbwila (Ambuíla) e mandada para o Brasil, juntamente com outros nobres do Congo, entre os quais, possivelmente, seus filhos Ganga Zumba, Ganga Zona e Sabina, a mãe de Zumbi (ZUMBI, 2022). Submetidos a trabalho escravo na capitania de Pernambuco, os membros da casa real do Congo logo fugiram para o quilombo dos Palmares, que já existia desde, pelo menos, o início do século XVII, e era alvo de ataques repetidos por parte do governo desde 1608. Aqualtune e seus filhos tornaram-se líderes militares e políticos em Palmares, e Ganga Zumba, na década de 1670, era o rei do conjunto inteiro de mocambos (localidades) do quilombo (CARNEIRO, 1958, p. 15, 58).

O ano mais citado para o nascimento de Zumbi, em Palmares, é 1655. Entretanto, se sua família só veio para o Brasil em 1665, aquele ano está errado. O ano de 1655 pode ter surgido a partir de uma narrativa jornalística da história do quilombo dos Palmares, sem que fosse confirmada a existência da documentação supostamente usada (ANDERSON III, 1996). É muito mais plausível, portanto, que Zumbi tenha nascido por volta de 1665, logo após a chegada da família real do Congo ao Brasil.

Seja como for, é consenso que Zumbi nasceu livre. Entretanto, segundo a tradição, aos 6 anos de idade foi capturado por uma expedição de caça a escravos fugitivos. Entregue a um padre, foi batizado e educado como católico. Mas, aos 15 anos, Zumbi fugiu e voltou para Palmares, onde se tornou chefe do exército do tio, Ganga Zumba, que lutava ao longo dos anos contra o governo colonial. A situação permaneceu assim até 1678, quando Ganga Zumba, após uma importante derrota, aceitou fazer um tratado de paz com o governo português, sujeitando-se à entrega dos escravos fugitivos e à remoção dos habitantes palmarinos para uma área sob o controle do governo. Não aceitando o fato, Zumbi ocupou a capital e se tornou chefe de Palmares (ANDERSON III, 1996).

Zumbi governou Palmares por 15 anos, sempre enfrentando ataques do governo. Até que, no final de 1693, o exército chefiado pelo capitão do mato paulista Domingos Jorge Velho, que fora rechaçado no ano anterior, conseguiu sitiar o complexo real de Palmares no mocambo do Macaco. Após 22 dias de cerco, em 6 de fevereiro de 1694, o exército colonial tomou a capital do quilombo, matando e aprisionando centenas de pessoas. Zumbi conseguiu fugir e combateu os portugueses por mais de um ano, até que, traído pelo aliado Antônio Soares, foi capturado e morto em 20 de novembro de 1695 (ANDERSON III, 1996; CARNEIRO, 1958).

Este é o registro histórico sobre Zumbi. Mas o herói não se resume a isso. Vale registrar aqui uma observação do professor Robert Nelson Anderson III (1996) que joga luz sobre a figura de Zumbi. Segundo Anderson, uma das atividades mais interessantes que Exu (o Tradutor Divino) teve, a partir do século XVI, foi a tradução, para a linguagem do século XXI, de signos relacionados a Palmares e seus chefes: Ganga Zumba e Zumbi. A produção de matéria cultural sobre Palmares é riquíssima e continua ativa, mostrando que Zumbi (seu rei lendário) continua vivo. Trata-se da construção de um mito, e não simplesmente da reprodução de dados históricos sobre Zumbi, que são, de certa forma, irrelevantes diante do significado atual do herói na diáspora. Anderson ressalta ainda a posição da produção cultural sobre Zumbi dentro da cultura afro-brasileira, não simplesmente no que toca à autoria, mas considerando seu conteúdo e sua função: a mudança de olhar sobre territórios e pessoas.

Luiz Gama

Luiz Gonzaga Pinto da Gama nasceu no dia 21 de junho de 1830, na Bahia. Era filho de um fidalgo português e de Luíza Mahin, negra liberta, do povo nagô-mahin, vinda da Costa da Mina, que participou de diversas insurreições de escravos.

Em 1837, Luíza partiu de Salvador, deixando Luiz com o pai, que, em 1840, vendeu o filho como escravo. Levado para o Rio de Janeiro, Luiz foi comprado pelo alferes Antônio Pereira Cardoso, fazendeiro e comerciante de escravos, que o levou para Lorena, em São Paulo, com um lote de mais de 100 escravos. Na viagem, Cardoso foi vendendo os escravos, mas Luiz foi rejeitado pelos potenciais compradores por "ser baiano". Por isso, permaneceu na casa de Cardoso, fazendo serviços domésticos. Em 1847, quando tinha 17 anos, Luiz Gama foi alfabetizado por um estudante que havia se hospedado na fazenda de Antônio Pereira Cardoso. Em 1848, com 18 anos, fugiu, logo após conseguir documentos que provavam ser livre, pois sua mãe era uma negra liberta. Imediatamente "assentou praça" na Força Pública de São Paulo, onde chegou a cabo e ficou até 1854, quando foi dispensado por insubordinação, quando respondeu ao insulto de um oficial (LIMA, 2011, p. 143-144; QUEM, 2022).

Em 1850, tentou frequentar o curso de Direito do Largo de São Francisco (depois Faculdade de Direito da Universidade de São Paulo). Por ser negro, foi hostilizado por professores e alunos, mas frequentou as aulas como ouvinte por algum tempo. Não concluiu o curso, mas o conhecimento adquirido permitiu que atuasse na defesa jurídica de escravos.

Sustentando-se como tipógrafo e redator de jornais, advogava de graça, focalizando em escravizações ilegais e processos de alforria. Nessa atividade, teria sido responsável pela libertação de mais de 500 escravizados. Em 1856, foi nomeado amanuense da Secretaria de Polícia, sendo demitido do cargo em 1868, "a bem do serviço público", por ser "turbulento e sedicioso", ou seja, por pertencer ao Partido Liberal, divulgar suas ideias pela imprensa e ajudar negros a obterem a alforria (LIMA, 2011, p. 145).

Na década de 1860, Luiz Gama destacou-se como jornalista, colaborando em periódicos progressistas. Projetou-se na literatura com seus poemas, nos quais satirizava a aristocracia e os poderosos de seu tempo. Também fazia conferências e publicava artigos explicando os ideais abolicionistas.

Luiz Gama foi um dos maiores líderes abolicionistas do Brasil. Sempre esteve engajado nos movimentos contra a escravidão e a favor da liberdade dos negros. Em 1869, fundou com Rui Barbosa o jornal *Radical Paulistano*. Em 1880, foi líder da Mocidade Abolicionista e Republicana (LIMA, 2011; LUIZ, 2021; QUEM, 2022).

Luiz Gama faleceu em 24 de agosto de 1882. O poeta Raul Pompeia escreveu na ocasião:

> [...] não sei que grandeza admirava naquele advogado, a receber constantemente em casa um mundo de gente faminta de liberdade, uns escravos humildes, esfarrapados, implorando libertação, como quem pede esmola; outros mostrando as mãos inflamadas e sangrentas das pancadas que lhes dera um bárbaro senhor; outros... inúmeros. E Luiz Gama os recebia a todos com a sua aspereza afável e atraente; e a todos satisfazia, praticando as mais angélicas ações, por entre uma saraivada de grossas pilhérias de velho sargento. Toda essa clientela miserável saía satisfeita, levando este uma consolação, aquele uma promessa, outro a liberdade, alguns um conselho fortificante. E Luiz Gama fazia tudo: libertava, consolava, dava conselhos, demandava, sacrificava-se, lutava, exauria-se no próprio ardor, como uma candeia

iluminando à custa da própria vida as trevas do desespero daquele povo de infelizes, sem auferir uma sobra de lucro... E, por essa filosofia, empenhava-se de corpo e alma, fazia-se matar pelo bom... Pobre, muito pobre, deixava para os outros tudo o que lhe vinha das mãos de algum cliente mais abastado (QUEM, 2022).

Luíza Mahin

As informações históricas existentes sobre Luíza Mahin estão na carta de seu filho, Luiz Gama, ao jornalista Lúcio Mendonça (LIMA, 2011, p. 142). Segundo Luiz, a mãe era uma mulher negra de nação nagô, nascida na Costa Mina. Quanto ao físico, era baixa, magra, bonita e de pele bem escura. Quanto à personalidade, era altiva, geniosa, insofrida, vingativa e muito trabalhadora e sempre se recusou a se converter ao catolicismo. Quanto à posição social, era liberta e trabalhava como quitandeira.

Ainda de acordo com o filho, durante o tempo em que ambos conviveram (entre 1830 e 1837), Luíza foi presa várias vezes, por suspeita de participar do planejamento de "insurreições de escravos que não tiveram efeito". Os dois se separaram em 1837 quando, ocorrendo em Salvador a Sabinada (de novembro de 1837 a março de 1838), Luíza foi para o Rio de Janeiro e nunca mais voltou à Bahia. Depois de se estabelecer, em 1847, como homem negro livre (como vimos páginas atrás), Luiz Gama procurou a mãe várias vezes no Rio de Janeiro, mas não conseguiu encontrá-la. O único indício que obteve foi em 1862, de um grupo de negros minas que a conheciam. Eles disseram que, em 1838, Luíza fora presa numa "casa de dar fortuna" (nome dado, na época, aos candomblés no Rio de Janeiro), com "malungos" (camaradas) desordeiros; mas, depois do episódio, tanto ela como os companheiros desapareceram. De acordo com os informantes de Luís, eles eram "amotinados" e deviam ter sido mandados para fora do país, pois, na época, o governo tratava com rigor os negros libertos, considerados provocadores políticos (LIMA, 2011, p. 142).

Estes são os dados históricos fornecidos por quem conheceu Luíza. Em torno deles, foi construído o mito de Luíza Mahin, recorrendo a criações ficcionais de autores brasileiros. Para começar, o historiador João José Reis, citado por Dulcilei Lima (2011), contesta a participação de Luíza no Levante dos Malês (de 1835), pois, além de não haver qualquer indício que sugira a existência de uma mulher com o nome Luíza nas listas de presos por envolvimento no levante, seria "extravagante" pensar que uma mulher, ainda por cima "pagã", pudesse participar de um grupo de homens muçulmanos. Para Reis, o criador da lenda foi o escritor Pedro Calmon que, no romance *Malês: a insurreição das senzalas,* usou Luíza como personagem central, traçando um retrato fictício de uma princesa, uma das líderes da revolta dos negros islamizados, calcada no modelo preconceituoso a que Calmon aderia, que incluía a posição do negro e da mulher na sociedade (LIMA, 2011, p. 49-62).

Esse retrato fictício foi adotado integralmente por Arthur Ramos na obra *O negro na civilização brasileira,* com a diferença de que, enquanto o preconceito de Calmon tinha como base a raça, o de Ramos se baseava na cultura. Neste, Luíza se tornou símbolo do potencial da mulher negra, que poderia ser desenvolvido pela educação (LIMA, 2011, p. 63-65).

Assim começou a configuração do mito de Luíza Mahin, que, segundo Dulcilei Lima (2011), se completou no fim do século XX, com o feminismo negro. Nesse sentido, não importa mais a verdade histórica da biografia de Luíza Mahin, mas o uso feito da personagem, embora se apoiando em relatos fictícios, por autores e especialmente autoras, no resgate e na reconstrução de identidades e histórias negras. Não por acaso, boa parte da produção literária do feminismo negro adota Luíza Mahin como tema, agregando a ela múltiplos signos positivos do protagonismo negro feminino na história do Brasil.

Eugênia Anna dos Santos

Eugênia Anna dos Santos, conhecida como Mãe Aninha e Obá Biyi (seu nome religioso), é uma das personalidades mais importantes das religiões brasileiras de matrizes africanas. Nasceu em 1869, em Salvador (Bahia), de pais africanos da nação gurunsi. Por volta de 1884, foi "feita" (iniciada) para Xangô no candomblé pela ialorixá Marcelina da Silva (Obá Tossi), na Casa Branca do Engenho Velho (Ilê Axé Iyá Nassô Oká), da nação queto, de onde só saiu para fundar a própria casa religiosa (EUGÊNIA, 2022).

Paralelamente à atividade religiosa, Aninha tinha, em sua casa na ladeira do Pelourinho, uma pequena loja onde vendia quitutes, peças de artesanato e produtos de uso litúrgico, tanto brasileiros quanto importados da África. Quem a conheceu, como Mestre Didi (Deoscóredes Maximiliano dos Santos), conta que Mãe Aninha acolhia em casa pessoas necessitadas, que ali podiam trabalhar e ganhar seu sustento (EUGÊNIA, 2022).

Em meados da década de 1880, ocorreu uma grande dispersão dos membros da Casa Branca do Engenho Velho. A partir desse fato, em 1886, Mãe Aninha foi para a cidade do Rio de Janeiro (RJ), onde fundou o Ilê Axé Opô Afonjá, na Pedra do Sal (no bairro da Saúde, núcleo de origem da "Pequena África" e onde fica o quilombo da Pedra do Sal). Esse terreiro passou por vários endereços até se fixar em Coelho da Rocha (no município de São João de Meriti, RJ), onde permanece desde 1950, tendo sido tombado em 2016 pelo Instituto Estadual do Patrimônio Cultural (EUGÊNIA, 2022; INEPAC, 2016).

Obá Biyi comprou, em 1909, um terreno no bairro de São Gonçalo do Retiro (em Salvador), onde fundou o terreiro também chamado Ilê Axé Opô Afonjá, inaugurado em 1910. Mas Aninha continuou dirigindo pessoalmente o terreiro do Rio de Janeiro, com viagens eventuais a Salvador, e delegou a direção do terreiro de Salvador a outros membros do axé da casa. Somente em 1935 voltou para Salvador, deixando a casa do Rio de Janeiro sob a direção de Mãe Agripina, Obá Deyi (CASA, 2022; EUGÊNIA, 2022).

Por sua ligação com a Nigéria através do babalaô Martiniano Eliseu do Bonfim, Obá Biyi foi figura central do movimento de "reafricanização" do candomblé, que defendia a "pureza" do ritual da religião, que supostamente viera diretamente dos iorubás da Nigéria, contra a "degeneração" dos cultos afetados por influências estranhas, de origem africana ou não. Mãe Aninha afirmava que sua nação era nagô puro, e ela estava ressuscitando a tradição africana que os outros terreiros tinham esquecido. Em 1936, criou, em sua casa na Bahia, o Corpo de Obás (os 12 ministros de Xangô), do qual fizeram parte personalidades de destaque na cultura brasileira. No mesmo ano, participou do 2º Congresso Afro-brasileiro, realizado em Salvador, com uma comunicação sobre a culinária litúrgica (EUGÊNIA, 2022).

Mãe Aninha lutou ativamente para fortalecer o candomblé no Brasil e garantir seu livre exercício. Segundo biógrafos de Obá Biyi, o político e diplomata Oswaldo Aranha era seu filho de santo e aliado do presidente Getúlio Vargas, e a ialorixá aproveitou esse relacionamento para influenciar a posição do governo sobre os cultos afro-brasileiros, que até então eram criminalizados sob o rótulo de "magia negra" e tratados com violência pela polícia. Verdade ou não, o fato é que a Constituição de 1934, no artigo 106, garantiu liberdade de crença, culto e associação a todas as religiões (POLETTI, 2012). Além disso, o Decreto-Lei nº 1.202, de 1939 (sobre a administração dos Estados e Municípios), no artigo 33, vetou, entre outras coisas, "embargar o exercício de cultos religiosos" (BRASIL, 1939).

Mãe Aninha morreu em 1938, deixando um importante legado para o candomblé, para os afrodescendentes em geral e para as mulheres negras em especial.

Moremi

De acordo com Samuel Johnson (1921, p. 147-148), Moremi era a esposa de Oraniã, filho de Odudua (ancestral dos reis iorubás) e príncipe de Ifé. Moremi era muito bela e virtuosa e tinha um único filho chamado Olurogbo.

Aconteceu que, durante vários anos, Ifé foi repetidamente atacada pelos igbos (um povo vizinho). Os ifés atribuíram isso à insatisfação dos deuses com eles, pois, quando atacavam, os igbos não pareciam gente comum, mas deuses ou semideuses.

Os ifés pediram ajuda, pediram orientação sobre o que fazer, mas os deuses não responderam.

Então, Moremi decidiu descobrir o que os igbos realmente eram, e como derrotá-los. O plano de Moremi era se expor aos atacantes, ser capturada e levada para o reino deles, a fim de descobrir seus segredos. Para atrair o auxílio dos deuses, foi até um rio próximo, chamado Esinmirin, e fez uma promessa ao deus local: se seu plano desse certo, ela faria o sacrifício mais custoso ao seu alcance.

O plano funcionou. Já na terra dos igbos, sendo muito bela, Moremi foi tomada como esposa pelo rei. Com sua gentileza, afastou qualquer suspeita que pudessem ter sobre ela. Com o tempo, aprendeu os costumes e segredos dos igbos. Descobriu que eles pareciam deuses porque, ao partir para a guerra, se cobriam com folhas de capim e fibras de bambu e, assim, pareciam maiores do que eram e sem forma humana. Também descobriu a fraqueza dos igbos: se alguém pudesse passar entre os guerreiros igbos com uma tocha acesa, seus disfarces seriam queimados e eles poderiam ser derrotados. Tendo aprendido tudo isso, Moremi fugiu e voltou para Ifé, que, graças a ela, conseguiu vencer os igbos.

A primeira providência de Moremi, então, foi pagar a promessa ao deus do rio. Ela levou cordeiros, carneiros, bodes e até um boi para sacrificar, mas o deus recusou tudo. Então, ela pediu aos sacerdotes que descobrissem o que seria aceito pelo deus. E os sacerdotes responderam: o único filho dela! Moremi deu o filho em sacrifício, e assim pagou sua promessa, salvando o reino. Mais tarde, Olurogbo renasceu e tornou-se uma divindade. E o espírito de Moremi, de acordo com os fiéis da religião tradicional em Ifé, tornou-se também uma divindade que vive no mundo dos ancestrais.

Por isso, o povo de Ifé criou um festival, chamado Edi, que ao mesmo tempo homenageia sua rainha lendária e celebra a independência de Ifé. O festival é dividido em várias partes que representam as fases da história de Moremi e realizam o ritual de purificação espiritual da cidade. Primeiro, dançarinos encenam a luta entre os guerreiros igbos e os ifés, que derrotam os outros, graças às tochas com que queimam seus disfarces. A seguir, é encenada a morte do príncipe Olurogbo, filho de Moremi, já sob a forma de divindade. Depois há uma procissão com uma imagem representativa do sacrificado (igbo-ilamoja) que desfila diante da mãe, acompanhado por portadores de tochas (o fogo que venceu os igbos e purifica o mal da comunidade). Por fim, no último ritual de limpeza, desfila o Tele (portador das folhas), que transporta a carga dos males através da cidade, desde o palácio do Ooni até a muralha, onde joga a carga, voltando só tarde da noite (ADEMULEYA; IJISAKIN; AREMU, 2013; ODUNAIKE, 2016).

Ayelala

Ayelala é uma deusa cultuada principalmente pelos ijós e ilajés, que vivem no litoral da Nigéria, a oeste do delta do Níger. Mas é popular em toda a região habitada pelos iorubás. Seu campo de atuação é a justiça e a retribuição; e usa seu grande poder contra vícios sociais como roubo à mão armada, ofensas sexuais e feitiçaria. Também controla a moralidade e tudo o que é impróprio na sociedade, como o adultério e o desrespeito às normas de relacionamento entre diferentes estratos sociais. Ayelala costuma aplicar seu castigo de surpresa, quando o ofensor já esqueceu seu crime. Sendo uma deusa das águas, seus castigos típicos são fazer o criminoso inchar ou secar, através da manipulação da água do seu corpo (OJO, 2016; RAHEEM; FAMIYESIN, 2017).

De acordo com o mito, Ayelala era uma escrava que foi usada como bode expiatório para encerrar um conflito entre ijós e ilajés. A causa do conflito foi o adultério cometido pela esposa de um chefe ilajé (Temetan) com um plebeu ijó (Keko). Quando Temetan descobriu a ofensa e mandou prendê-lo, Keko fugiu, pois o que fizera era punido com a morte. Chegando a Igbobini (atual Ese Ondo, habitada pelos ijó-apoi), Keko pediu asilo no santuário da aldeia de Oborowe. Os ijós acolheram Keko e se recusaram a entregá-lo aos seus perseguidores, que deviam lavá-lo a Mahin (a capital ilajé) para ser julgado. Isso desencadeou uma longa guerra entre ijós e ilajés. Vendo a destruição causada pela guerra, um homem ilajé que vivia entre os ijós, chamado Idiogbe, pediu a um amigo ijó, de nome Agbeleki, que o ajudasse a acabar com a guerra. Os amigos agiram como diplomatas, cada um conversando com seu próprio povo. Com isso, os dois lados do conflito concordaram em fazer a paz, mas os ilajés exigiram a aplicação da pena de morte prevista pela lei. Apenas aceitaram que Keko fosse substituído por outra pessoa (BENISTE, 1997; OJO, 2016; RAHEEM; FAMIYESIN, 2017).

Nota-se que o sacrifício era uma prática comum entre sociedades tradicionais (africanas ou não), inclusive entre os iorubás. Os itens sacrificiais mais comuns eram tecidos, dinheiro, animais, vegetais e objetos manufaturados. Em casos graves, pessoas. Mas, neste caso, entre os iorubás, o comum era sacrificar pessoas "incomuns", como gêmeos, corcundas e anões. Talvez Ayelala tenha sido escolhida por não ter nascido livre na sociedade onde vivia: ela pode ter sido uma escrava, uma estrangeira ou marginal, o que fez dela uma vítima sacrificial adequada, por ser "incomum". Diferentes versões do mito sugerem outros motivos para sua escolha, além do fato de ser escrava: ela seria devota de vários deuses, sendo assim capaz de levar a eles as petições dos povos; era estrangeira entre os ijós, pois seu pai ou seu marido seriam ilajés; ou teria cometido o crime de ter relações sexuais com um sacerdote do culto de Orô (exclusivamente masculino), o que era proibido. Também existem diferentes versões sobre o método de execução de Ayelala: para uns, ela foi queimada dentro de um buraco no chão, tendo apenas a cabeça e o pescoço acima da terra; para outros, foi decapitada. Seja como for, o sacrifício acabou com a guerra (RAHEEM; FAMIYESIN, 2017).

A tradição ainda conta que Ayelala não era o nome da vítima, mas as palavras ditas por ela logo antes de morrer: "Ayelala o!". Na língua dos ilajés, esta expressão significa "o mundo é incompreensível", "misterioso" ou "perverso" e expressava o sentimento da mulher ao ser morta por um crime cometido por outra pessoa (BENISTE, 1997; RAHEEM; FAMIYESIN, 2017).

 E como essa mulher, escrava e executada, se tornou uma deusa? Na opinião de Matthias Ojo (2016), Ayelala é um bom exemplo de um ancestral divinizado. Ela se tornou uma pessoa extraordinária quando, antes de sua execução, ilajés e ijós fizeram um pacto de reconciliação que previa, entre outras coisas, que Ayelala (depois de morta) puniria com a morte qualquer membro de um dos povos que fizesse planos perversos, roubasse ou praticasse feitiçaria contra o outro. Assim, ao morrer, Ayelala tornou-se a portadora das consequências do desrespeito dos termos do tratado entre ijós e ilajés. Segundo a tradição, fatos ocorridos, que pareceram confirmar os termos do tratado, reforçaram e ampliaram a crença em Ayelala como executora da justiça divina em outras situações, desde o respeito aos valores cívicos até as pequenas questões do cotidiano. Com esses poderes, o culto de Ayelala se expandiu por todo o mundo iorubá e até influenciou as leis nigerianas (BENISTE, 1997; RAHEEM; FAMIYESIN, 2017).

Filosofia: Xangô veio antes de Rousseau

Nesta seção, farei uma análise comparativa entre o *Discurso sobre a origem da desigualdade entre os homens*, de Jean-Jacques Rousseau (2001), e os orikis da civilização iorubá, sobretudo o código moral de Xangô.

O *Discurso* de Rousseau

Para poder iniciar algo que se queira chamar de análise comparativa, é necessário primeiramente apresentar o *Discurso* de Rousseau em si, que é um verdadeiro elogio ao "homem natural". Esta obra nasceu como resposta à dupla questão proposta pela Academia de Dijon no seu concurso de 1752: qual é a origem da desigualdade entre os homens, e se ela é autorizada pela lei natural.

Bem, a partir desta questão, antes de entrar no mérito de sua discussão, o autor primeiramente, na dedicatória, se dirige à República de Genebra e a louva por apresentar as características de uma sociedade ideal.

No prefácio, que se segue a essa parte, é colocada uma questão crucial que abre toda a discussão que virá a seguir: quando o autor escreve que o mais avançado e mais útil de todos os conhecimentos parece ser este [conhecimento] do homem, e que não se pode conhecer a origem da desigualdade entre os homens sem conhecer o próprio homem primeiramente. Nessa parte, são introduzidos conceitos de estado de natureza e consequentemente de lei natural, assim como se questiona o modo de conhecer-se esse homem natural; e o autor tenta expor o que é o homem natural.

No início do discurso, o autor se dirige aos homens de forma geral e define a função pragmática e utilitária de seu discurso, assim como coloca uma análise de momentos importantes na história humana. Contudo, o autor deixa claro que lê esta história na natureza e não nos livros dos historiadores e homens do saber de sua época.

Ao final desta parte do *Discurso*, o autor afirma que falaria deste estado de natureza para o qual o homem deveria retornar para evitar os dissabores de sua época.

A seguir, na primeira parte, o autor aborda a questão do estado de natureza, no qual o homem tem poucas necessidades. Em um primeiro instante, detém-se na deterioração das qualidades humanas naturais e físicas em sua origem, devido aos confortos aos quais o homem se rendeu, e a degradação à qual a espécie humana se sujeitou ao se distanciar deste estado de natureza.

Ainda nessa parte, declara que a diferença entre homens e animais está na faculdade de se aperfeiçoar, que desenvolveu todas as outras faculdades e foi a responsável pela evolução da humanidade até o estado em que se encontra atualmente. Revela ainda as necessidades que obrigaram o homem a sair de seu estado de natureza, no qual vivia somente satisfazendo suas necessidades primárias (fome, sede, sexo), longe de constituir uma sociedade.

Nessa fase ainda não existiam as linguagens, que foram as primeiras responsáveis pelas desigualdades entre os homens. No estado de natureza não existe, segundo o autor, nenhum conceito de vício ou virtude, de bem ou mal, o que faz com que o autor discuta com os conceitos de Hobbes de que o homem era mau por natureza; e ainda nos faz chegar ao conceito de piedade natural, assim como estabelece que nessa fase o que existe é apenas o amor de si.

Para chegar ao conceito de piedade natural, Rousseau dá diversos exemplos dentro da natureza e define que o amor-próprio, origem de males humanos, só é possível após o estado de razão, que é desconhecido pelo homem natural (no estado de natureza).

Desse modo, essa piedade natural está presente no estado original do homem, não sendo portanto classificada como uma virtude, destas que o homem moderno elenca como virtudes, mas como uma qualidade natural que modera em cada indivíduo o amor de si, e dessa forma concorre para a conservação mútua de toda espécie.

Ainda nessa parte, o autor fala da impossibilidade da degradação social através dos adultérios e duelos por amores, no caso do homem em estado de natureza.

De forma geral, referente às desigualdades, o autor afirma que, em estado de natureza, dificilmente elas ocorreriam ou teriam um início, pois as diferenças de homem a homem não são claramente perceptíveis, atribuindo a este homem natural algo que determina ser uma verdadeira "perfectibilidade". Diz ainda que, sem causas externas, o homem natural não poderia ter-se tornado o homem corrompido do Estado de sociedade no qual vivemos.

Na segunda parte, o autor se detém bastante nas causas da desigualdade, chegando a declarar que a sociedade civil, a partir do advento da propriedade, deu início a todas as desgraças da espécie humana. Declara que, para que se conceba o Estado de propriedade, foi necessário um grande afastamento dos homens de seu verdadeiro estado de natureza.

Aqui novamente o autor afirma que este afastamento do estado de natureza se dá devido às primeiras dificuldades que o homem enfrenta, fazendo-o ter que se agrupar pela primeira vez, e que essas dificuldades criaram as primeiras luzes que o fizeram ver o quanto ele é diferente dos animais.

Neste estágio, o homem começa a viver em sociedade pela primeira vez e, com isso, temos o advento das famílias e dos laços afetivos que unem tais grupos pela primeira vez. A partir disso, começam a comunicação pela palavra e o desenvolvimento da linguagem.

Estes homens, que passam a se agrupar em famílias, passam também a reunir estas diversas famílias em pequenas nações; e passam a desenvolver características comuns que os fazem ter, entre si, alguma afinidade que legitime se estabelecer como povos. Aqui se iniciam os sentimentos de preferência, determinando-se novas desigualdades. Ao passo que os homens se domesticam, as ligações entre eles se estendem e os tornam mais próximos.

Nesse momento, os homens começam a lidar com a opinião pública e com a imagem perante o grupo. No afã da criação das preferências, surgiram os primeiros ataques ao bem-estar e à inocência.

Do lado da nova apreciação e da consideração mútua, são inaugurados os primeiros deveres de civilidade, e todo mal voluntário passa a ser malvisto e reprimido. De outro lado, devido a este desejo de reconhecimento, iniciam-se as primeiras barbáries e vinganças na espécie humana neste novo estado de sociedade, mesmo que "primitivo".

As punições se tornam mais severas, ao passo que as ofensas (que não existiam no estado de natureza) tornam-se mais frequentes. Contudo, neste estado intermediário, mesmo reconhecendo que a piedade natural tenha sofrido algumas alterações e os primeiros clarões do amor-próprio tenham fulgido, essa seria, segundo o autor, a época mais durável e mais feliz da humanidade. Este estado, sendo assim o menos sujeito às revoluções, é o melhor ao homem que saiu dele por necessidade (ou "funesto azar").

O autor afirma que este estado, visto que nele ainda se encontram os povos ditos selvagens, deveria ser o estado no qual deveria permanecer a humanidade e que, ao sair desta juventude do mundo pelas evoluções necessárias, o homem não evoluiu, mas, sim, se corrompeu e marchou em direção à "decrepitude" da espécie.

Para o autor, enquanto os homens não dependiam um dos outros e seu próprio trabalho os tornava autônomos, eles viveram livres, sãos, bons e felizes. Porém, quando este ciclo se quebrou, começaram as desigualdades com o advento da propriedade. A partir disso, o trabalho se torna necessário e inicia-se então o processo de escravidão e miséria da humanidade.

O autor afirma que a metalurgia e a agricultura foram as duas artes responsáveis por essa revolução. Dessa forma, desequilibraram-se os ciclos produtivos autônomos e o homem, daí em diante, nunca mais deixou de depender um do outro.

Pelo apego à produção agrícola, surgiu a propriedade rural, e as desigualdades se acentuaram. Antes que se inventassem os símbolos de riqueza (como a moeda), esta era medida por terras e gado. Neste estágio, toda terra passou a ser transformada em propriedade, não havendo mais espaço livre, fazendo com que passasse a existir os proprietários e os pobres.

Além disso, neste mundo novo no qual as qualidades passam a buscar reconhecimento, "ser" e "parecer" tornam-se qualidades diferentes, e daí nascem todos os vícios que conhecemos no mundo moderno.

Os ricos conheceram o prazer de dominar e passaram a subjugar seus vizinhos. A partir dessa diferença, nasce o estado de desordem e se inicia o estado de guerra, o que ameaçou o ser humano de ruína.

Para conter este estado que levaria à ruína da sociedade nascente, os ricos conceberam um projeto que consistia em empregar a seu favor a mesma força que os atacava e ameaçava, criando instituições contrárias ao direito natural. Instituições de regulamentação e paz, que em certa medida submetia ricos e fracos a deveres mútuos, e que, a partir de sábias leis, protegia todos os membros de uma associação, reprimiria inimigos em comum e manteria em estado de concórdia eterna essa nova sociedade.

Essa foi a origem da sociedade de leis que impediam a ação dos fracos, fortaleciam os ricos e acabariam de vez com a possibilidade do retorno à liberdade natural. Dessa forma se legitimaram para sempre o direito à propriedade e a desigualdade, instituídos a partir da usurpação de um direito irrevogável, e que sujeitaram toda a espécie humana à servidão e à miséria.

Estas leis criam corpos políticos e, assim, distantes do estado de natureza, os homens iniciam guerras nacionais e toda espécie de barbárie e derramamento de sangue em nome de terríveis preconceitos e da honra.

Cada modelo de administração pública surgiu de uma natureza e de condições específicas, porém todos contrariam o direito natural.

Mesmo que os homens, nesta sociedade, tenham em mente que os soberanos devam servi-los, o que ocorre é o contrário: na maioria das vezes, estes se servem das leis para subjugar o restante dos homens e permanecer acima da lei, o que também vai contra a lei natural primeira, na qual um homem não se submete ao outro. Dessa forma, o autor constrói argumentos para mostrar que a escravidão e a servidão, em geral, vão contra a lei natural e não se devem justificar por nenhuma lei, sendo as duas uma violência contra a natureza.

O autor reafirma que, analisando as diferentes revoluções da humanidade, não teria sido outro senão o estabelecimento da lei da propriedade o responsável pelas desigualdades em primeira instância, seguido pela instituição da magistratura e terminando pela mudança do poder legítimo em poder arbitrário.

Consequentemente ficaram estabelecidos os estados de pobre e rico, poderoso e fraco e, por fim, de mestre e escravo, sendo este o último grau da desigualdade, até que isto se reverta via novas revoluções ao seu estado legítimo.

Desse modo, Rousseau determinou que, no início das desigualdades, estão as qualidades pessoais e, por fim, as riquezas que estas engendram. Em seguida, o autor critica o direito de reputação que, segundo ele, é responsável por todos os outros males e paixões humanas. Saem deste ardor de se fazer falar de si mesmo e deste furor em se distinguir um dos outros todas as nossas virtudes e vícios no mundo moderno; contudo, disto resultam muito mais coisas negativas do que positivas, inclusive o fato de que os ricos seriam infelizes se a miséria tivesse um fim.

Desta forma, esta sociedade cria somente homens artificiais que se afastaram totalmente das leis naturais nas quais buscam somente poder e reputação; e o autor afirma que o selvagem vive nele mesmo, enquanto o homem sociável está sempre fora de si, buscando na opinião dos outros o seu próprio julgamento, e tudo para ele se reduz a aparências.

Por fim, o autor conclui que esse estado de sociedade não é o estado original do homem, e que as desigualdades que este estado gera o afastam de todas as suas inclinações naturais.

Define que, não existindo no estado de natureza, as desigualdades nascem com as "luzes da razão" e com o desenvolvimento das sociedades e do espírito humano e se legitimam com o advento das leis criadas pelas mesmas luzes da razão. Por fim, Rousseau estabelece que tais desigualdades são contra toda lei natural, pois por estas desigualdades falta à maioria faminta até mesmo o necessário.

O código moral de Xangô

Dando sequência à análise comparativa, faz-se necessário apresentar o código de moral do povo iourbá, presente nos orikis de Xangô. Para tanto, resumo aqui a parte referente a isso do meu livro *Antropologia dos orixás* (POLI, 2019).

Xangô, a morte e seu código de guerra

Xangô se relaciona com a morte, pois mata através do fogo e do raio. Mas, entre os iorubás, não é bem-vista a morte de um filho antes de seus pais, pois desorganiza a ordem natural de evolução das linhagens (SALAMI, 1993).

> Afastar-se da cobra cuja cabeça ainda não se cortou.

Além da relação com a morte, vemos nos orikis de Xangô uma relação direta com um código de guerra.

> Ele faz voto de longa vida a todos os guerreiros.
> Ele sente pena do pai de seis filhos e deixa um deles vivo.

Ao recomendar que um dos filhos de uma linhagem permaneça vivo, permite que aquela linhagem se recomponha e que ofícios privativos dela sejam preservados.

Vemos também uma função pedagógica em relação à guerra:

> Aquele que foi à guerra e usa a roupa do ancestral leproso se lavará com uma infusão de folhas.

Xangô e o mentiroso como transgressor moral

Em grande parte das sociedades subsaarianas, o mentiroso é um transgressor moral. Isso se explica pelo fato de estas sociedades se basearem na tradição oral, em que a palavra assume valor documental, e a mentira ameaça o bom andamento das relações comerciais e outras relações sociais (BÂ, 2010).

O mito de Xangô assume uma função pedagógica dentro de sua função civilizatória ao condenar a mentira e ratificar o papel do mentiroso como transgressor moral na sociedade iorubá. Em seus orikis, Xangô assume a função de perseguir o mentiroso:

> Ele fende secamente o muro do mentiroso
> Ele mata o mentiroso e enfia o seu dedo no olho dele
> O mentiroso foge antes mesmo que ele lhe dirija a palavra
> Ele se recusa a aceitar a oferenda do mentiroso
> Ele prefere aquele que diz a verdade do que aquele que a recusa
> Ele toca fogo na casa do mentiroso
> Ele entra por detrás na casa do mentiroso, o mentiroso foge,
> Xangô corre atrás dele.

Código moral de Xangô

Talvez o aspecto mais importante do mito de Xangô seja sua função pedagógica, e mais precisamente o que encontramos como um verdadeiro código moral.

Vemos traços fortemente marcados deste código moral em versos de todos os orikis dedicados a Xangô, que mostram muito do sistema de racionalidade, além do sistema moral e de crenças. Podemos até arriscar a dizer que muitos destes versos dialogam de alguma forma com o código moral dos malês e de outros povos vizinhos islamizados, baseados em aspectos legalistas do Alcorão.

Podemos chegar a esta conclusão pelos aspectos que se aproximam das características do legalismo corânico em grande parte dos versos de oriki de Xangô.

Ao encontrar aspectos deste código moral nestes elementos da oralidade iorubá, desmistificamos o que muitos de nós temos em nosso imaginário: que as religiões de raiz africana não podem constituir nenhum código ético ou sistema moral. Aliás, se isso acontece, serve a interesses que não são nossos em nosso resgate identitário, pois vemos muito de nós mesmos enquanto brasileiros neste código.

Vemos uma relação de imposição de respeito baseado em um sistema de racionalidade:

> Se um antílope entrar na casa, a cabra sentirá medo
> Se Xangô entrar na casa, todos os orixás sentirão medo.

Este código moral também se relaciona com a palavra correta, a imparcialidade e o senso de justiça:

> Ele é imparcial
> Sua palavra torna-se bem estar
> Pai que afirma o que é justo
> Que não digamos coisas estúpidas

O código moral de Xangô estabelece relações de confiança em relação aos líderes da linhagem:

> O cachorro possuído por alguém permanece na casa do dono e não conhece suas intenções

> O carneiro não conhece as intenções e quem lhe dá farelo
> para comer
> Da mesma forma nós caminhamos com Xangô e não
> conhecemos suas intenções
> O que fazemos no mundo não passa de fumaça, o fogo está
> com Xangô, o ancestral
> Àquele que respeita o segredo meu senhor facilitará as coisas

Ao estabelecer relações de confiança com o líder, Xangô também incita as pessoas a estabelecerem relações de confiança entre a comunidade, entre as linhagens, o que consolida uma estrutura social e dita relações entre diferentes corpos sociais. Desse modo, o código moral de Xangô tem o sentido do bem público, do respeito e do cuidado que se deve ter pelo que é de toda comunidade:

> Não existe ninguém que possa destruir minha boa fortuna,
> Não destruir minha boa fortuna, minha boa fortuna a
> você pertence.

Esses versos se referem a Ori: a Cabeça que determina o destino (a fortuna). Além do sentido pessoal, os versos falam da coisa pública, do ideal de equilíbrio que deve haver entre os elementos que constituem uma comunidade, aludindo à importância do papel que os elementos de uma linhagem têm em relação a outros de outras linhagens, para que ela se mantenha.

Outro fator importante no código moral de Xangô é a relação entre riquezas (*ola*), caráter (*iwá*) e dinheiro (*owo*). No código dos babalaôs o conceito de iwá (caráter) é realmente muito importante e não há real ola (riqueza) que se forme somente de owo (dinheiro). Toda riqueza é formada também por iwá (caráter e honra). Sem iwá (caráter), não pode haver ola (riqueza) e este conceito no código dos babalaôs está presente também no código moral dos iorubás.

Outros versos aludem a relações familiares entre gerações:

> Ele pega uma criança teimosa e a amarra como um carneiro
> Meu senhor que faz marido e mulher lutarem juntos
> Aprendiz que ao acordar não veio everá pagar uma multa
> A chuva molha o louco sem lavá-lo
> Ele não é como a criança que jamais teve relações ou como alguém que envelheceu
> A vagina que não é suficientemente formada não pode reunir-se ao pênis

Inegavelmente civilizatória e pedagógica, a função do mito aqui assume valores contra a pedofilia. Além disso, mostra-nos um claro sistema de racionalidade. Percebemos assim que este código moral é extremamente sofisticado e elaborado.

Comparação

Vemos, neste código moral de Xangô entre os iorubás, muito do que vemos na proposição de Rousseau quanto à idade de ouro dos homens, em seu segundo estágio de evolução, no qual se iniciou a vida em sociedade, contudo o homem ainda não havia se corrompido.

Vemos trechos que nos falam da piedade natural, do amor de si e deste homem natural claramente nos orikis de Xangô.

Para parecer mais linear, confrontarei abaixo trechos dos orikis com trechos do discurso do próprio Rousseau. Note que, como foi transcrito por mim da obra original em francês, o texto está um pouco diferente da versão em português colocada

nas referências. Conservo os números das páginas em que os trechos estão localizados na versão em francês (ROUSSEAU, 1952), o que pode ajudar a localizá-los na versão em português, incluída para maior comodidade do leitor (ROUSSEAU, 2001).
Comparemos as proposições.

O homem natural

Do Discurso *de Rousseau*

a) Gostaria de que ninguém no Estado possa ser capaz de se dizer acima da lei, e que ninguém no Estado possa fazer que se reconheça desta forma. Qualquer um que seja não pode estar acima da lei, porque a constituição de um governo não deve permitir que nenhum homem não esteja sujeito à lei. (p. 26)

b) Eu procuraria um país onde o direito de legislação seja comum a todos os cidadãos; pois ninguém melhor que eles mesmos pode conhecer as melhores condições de bem viver em uma mesma sociedade. (p. 27)

c) Parece-me antes de tudo que os homens, neste estado (natural), não tendo entre eles nenhum tipo de relação moral nem de dever conhecidos, não deveriam ser nem bons nem maus, não teriam nem vícios nem virtudes, a menos que tomem estas palavras no sentido físico; chamamos vícios no indivíduo as qualidades que podem ameaçar sua própria conservação, e virtudes aquelas que podem contribuir com esta. Em todo caso, deveria-se chamar de mais virtuosos aqueles que menos resistem aos impulsos naturais. (p. 43)

d) Por conseguinte, é absolutamente certo que a piedade é um sentimento natural, moderando em cada indivíduo a atividade do amor de si mesmo, contribuindo para a preservação mútua de todas as espécies. (p. 60)

e) Faça aos outros o que quer que lhe façam, inspire todos os homens a esta outra máxima de bondade natural, bem menos perfeita mas muito mais útil que a anterior. Faça seu bem com o mínimo de mal aos outros que seja possível. (p. 60)
f) O primeiro que cercou um terreno e disse "Isso é meu", e encontrou bastante gente simples para acreditar nele, foi o fundador da sociedade civil. (p. 66)

Do código de moral dos orikis iorubás

> Não existe ninguém que possa destruir minha boa fortuna (destino). Não destruir minha boa fortuna, minha boa fortuna a você pertence. (Oriki de Xangô)
> Não enganem um ao outro como o astucioso. Não sabemos o que o dia de amanhã nos reserva. Não sabemos o que acontecerá. Não sabemos se Ogum nos aceitará. (Oriki de Ogum)

Pela simples comparação destas máximas do *Discurso* com os versos, vemos uma correlação imediata entre o que propõe Rousseau como sendo uma sociedade ideal e o que ocorre com este povo que, através destes versos, mostra que defende um modo de viver (comum às sociedades subsaarianas e ameríndias) condizente com o estágio que Rousseau sugere que seria a juventude da humanidade e na qual deveria parar a humanidade.

Nos versos do oriki de Xangô, vemos coerência entre o que estes propõem como sendo o bem público no qual ninguém está acima da lei, pois sua piedade natural controla o seu amor de si a ponto de permitir que a sociedade se mantenha em um ciclo sustentável. Em ambos os versos de oriki, vemos que há coerência com o *Discurso* de Rousseau, que faz este elogio ao homem natural que segue esta lei natural, pois os próprios orikis atuam no imaginário dessa civilização da África Subsaariana (que também nos formou brasileiros) para que ela se mantenha em ciclo sustentável, no qual este amor de si faça com que o homem deseje ver o bem coletivo.

Quando diz que "não faça mal a mim, pois minha vida lhe pertence", o oriki traz à tona este amor de si em harmonia com a defesa do bem público no mais claro grau; o que é exatamente o que tanto Rousseau quanto os orikis propõem como sendo o ideal. Aqui, como propõe Rousseau, a piedade natural modera esse amor de si, concorrendo com a conservação mútua da espécie, o que ocorre igualmente no segundo verso do oriki de Ogum.

Nesse estado, o bem público é o único existente, sendo que a própria vida de cada um é este bem público no qual todos os interesses particulares nesta sociedade se dirigem ao interesse público e não podem ser maiores que este.

É bom lembrar que, nesta sociedade, estes orikis têm função civilizatória e, dessa forma, nesta idade da humanidade, têm o mesmo peso do código civil. Apesar disso, ignoramos totalmente tais códigos da África Subsaariana e dos povos ameríndios que nos antecederam nas constituições de nossas leis, apesar de sermos descendentes em maioria destes povos.

A importância da família

Do Discurso *de Rousseau*
a) O hábito de viver em conjunto fez nascer os mais doces sentimentos que são conhecidos aos homens, o amor conjugal e o amor paterno. (p. 70)

Do oriki de Xangô

> Meu senhor que faz marido e mulher lutarem juntos

Neste verso do oriki de Xangô vemos nesta civilização a clara menção ao início da vida em células sociais familiares, que o mito de Xangô legitima. Momento no qual o homem deixa de viver disperso e passa a se agrupar. No imaginário do povo iorubá, este verso significa exatamente este estágio de transição e habilita, desse modo, esta forma de vida e se torna responsável pelo sentimento do amor conjugal e paternal.

A sociedade corruptora

Do Discurso de Rousseau

a) Com todas as nossas faculdades desenvolvidas, a memória e a imaginação ativas, o amor-próprio ativo, a razão ativa, e o espírito atingindo quase ao máximo da perfeição que ele é suscetível. Com todas as qualidades naturais ativas, o local social de cada homem é estabelecido, não somente na quantidade de bens, mas também no poder de servir ou prejudicar, e no espírito a beleza, a força, os méritos, os talentos; e estas qualidades, as únicas que podem atrair a consideração, todos devem possuí-las ou atingi-las. Ser e parecer tornaram-se, de toda forma, coisas diferentes, e desta distinção saíram o esplendor imponente, a astúcia enganosa e todos os vícios que destes são advindos. (p. 76-77)

Dos orikis de Xangô

Vemos a partir destes versos, nesta sociedade deste povo que nos antecede e participa da nossa formação como brasileiros, a resistência em passar para o terceiro estágio da evolução humana, no qual o homem se corrompe totalmente, segundo Rousseau.

Os primeiros versos dos orikis de Xangô falam da cobiça que o poder engendra, que necessita de reconhecimento público, e termina com um código contra a pedofilia (e, em outras palavras, contra a degeneração da espécie e todos os vícios que este culto à personalidade e ao poder necessários ao amor-próprio dos homens dá origem).

Resumidamente, mostram que o desejo pelo reconhecimento público e pelas aparências degrada a sociedade e concorda com o *Discurso* de Rousseau, que isto está fora do estado de natureza (daí também a menção à pedofilia como um grande tabu, que também se encontra fora do estado de natureza, segundo o código dos iorubás).

> Alguém que balança os braços com ostentação provoca ciúmes
> Se uma pessoa importante tem dinheiro, provoca ciúmes
> Se alguém faz seu pênis funcionar, provoca ciúmes
> Ele não é como a criança que jamais teve relações
> Ou como alguém que envelheceu
> A vagina que não é suficientemente formada não pode reunir-se ao pênis

No segundo grupo de versos, vemos a menção ao ser e parecer do discurso de Rousseau, em confronto com a palavra documental entre os iorubás (e a maioria dos povos subsaarianos e ameríndios que nos constituíram como povo).

> Ele fende secamente o muro do mentiroso
> Ele mata o mentiroso e enfia o seu dedo no olho dele
> Ele olha brutalmente de soslaio o mentiroso

> Meu senhor que faz fugir àquele que tem razão
> O mentiroso foge antes mesmo que ele lhe dirija a palavra
> Ele se recusa a aceitar a oferenda do mentiroso
> Se ele se encarregar das oferendas, o mentiroso não as trará
> Ele prefere aquele que diz a verdade do que aquele que a recusa
> O mentiroso foge antes mesmo que ele fale
> Ele toca fogo na casa do mentiroso
> Ele entra por detrás na casa do mentiroso, o mentiroso foge,
> Xangô corre atrás dele
> Não se pode pronunciar uma imprecação qualquer contra um cachorro qualquer para que ele morra
> Ele é imparcial
> Sua palavra torna-se bem-estar
> Pai que afirma o que é justo
> Que não digamos coisas estúpidas
> Não me culpe que minha palavra seja correta

Dessa forma, notamos que esta sociedade resiste, estabelecendo a palavra como algo documental e, portanto, relegando ao mentiroso o papel do transgressor moral (e ao que quer mais parecer algo, e não ser de fato este mesmo algo), o que mostra novamente um movimento de resistência a este de degradação social ocasionado pelo serviço do homem ao seu amor-próprio segundo a obra de Rousseau.

Os sentimentos naturais

Do Discurso *de Rosseau*
a) Eu falo da piedade, disposição natural aos seres fracos e sujeitos aos males que nós somos; virtude universal das mais úteis ao homem, ela precede o uso de toda reflexão

e é tão natural que até os animais mostram seus sinais. Sem falar da ternura das mães a seus pequenos, e dos perigos que elas enfrentam para os proteger e sustentar. Observa-se todos os dias a repugnância que os cavalos têm em pisar em um corpo vivo. Um animal não passa sem inquietação próximo a um animal morto de sua própria espécie. (p. 58)

b) Por conseguinte, é absolutamente certo que a piedade é um sentimento natural, moderando em cada indivíduo a atividade do amor de si mesmo, e contribui para a preservação mútua de todas as espécies. (p. 60)

Dos orikis de Xangô

> Ele sente pena do pai de seis filhos e deixa um deles vivo.
> O cachorro possuído por alguém permanece na casa do dono e não conhece suas intenções.
> O carneiro não conhece as intenções e quem lhe dá farelo para comer.
> Da mesma forma nós caminhamos com Xangô e não conhecemos suas intenções.

Neste trecho dos orikis de Xangô, em contraste com o trecho do *Discurso* de Rousseau, vemos um elogio à piedade natural (em algum grau) presente nesta sociedade, e mesmo uma citação que compara o comportamento dos homens ao comportamento dos demais animais na natureza, que é recorrente no *Discurso* de Rousseau.

O sentimento de confiança que os orikis incitam somente é possível se o homem não perdeu de vista essa piedade natural que, segundo Rousseau e não menos na sociedade iorubá, vemos por estes versos dos orikis que moderam em cada indivíduo o sentimento de amor de si, que permite que a sociedade se conserve mutuamente.

Reflexão final

Vemos sociedades que nos antecedem, e que nos formaram como brasileiros ao lado das sociedades europeias, beberem nas fontes das luzes e se corromperem; e vemos outras sociedades que tentam se manter na juventude da humanidade, no estado (sobretudo moral) do qual, segundo Rousseau, a humanidade não deveria ter saído. Contudo, vemos que, mesmo em instituições que são elite do nosso pensamento acadêmico brasileiro, o estudo de tais sociedades não existe como se estes povos, em um país miscigenado como o nosso, não nos tivessem formado. Povos que, segundo a comparação com o *Discurso* de Rousseau, resistem a se corromper moralmente e que, por isso, mantiveram a pureza. Povos que têm seus códigos morais e histórias; que são vítimas de preconceito seja pelas religiões ocidentais, seja pelo currículo oculto de nossas instituições acadêmicas que os fazem invisíveis; como a maioria de nossa população de pele negra (falo em pele, pois, em raça, mestiços somos quase todos nós, queiramos ou não) se faz invisível nos bancos escolares de nossas melhores universidades. De qualquer forma, falo de povos que nos influenciam em nossa expressão nacional, de uma forma ou de outra, independentemente de nossa cor de pele.

Ao não estudarmos as instituições destes povos, ao estudar Rousseau neste *Discurso*, vemos que legitimamos nossa ascendência e calcamos nossas instituições em uma história de um povo que criou o colonialismo, que corrompeu as instituições da maioria das nações africanas e latino-americanas, calando a voz de nossas instituições ancestrais subsaarianas e indígenas com sua estrutura social corrompida (segundo Rousseau) e nos tornando em parte estrangeiros em nossa própria nação.

Nós nos encantamos ainda mais, depois de estudar Rousseau, quando entramos em contato com o universo mítico destes povos que nos antecederam em verdade e que buscam manter esta pureza do *bon sauvage*, que conhecemos bem em nosso íntimo quando nos confrontamos ao vivo e em cores com as sociedades dos países centrais e somos discriminados.

Porém, o mais triste em tudo isso é que muitos (a maioria de nós) tentam se aproximar e parecer fielmente um elemento dessa sociedade corrompida (segundo Rousseau), que o discrimina (por ter em suas origens tais povos "selvagens" que resistem a este movimento de degradação moral), rejeitando as próprias origens e invertendo o sentido de alteridade em nome de parecer algo que não é. Ao ter que estudar Rousseau (um ilustre filósofo desta sociedade que o discrimina) e ver na sua crítica algo que as sociedades de seus antepassados (invisíveis para este *bon sauvage*, em realidade) já conheciam há muito tempo e que, apesar de tudo, está latente no imaginário de seu povo, mas que lhe é privado de conhecer, esquecendo que em realidade o que este próprio filósofo ilustre nos deixa claro em seu discurso, pois ninguém pode negar, é que *Xangô veio antes de Rousseau* (e nem o próprio Rousseau negaria).

Itan Ifá – Reflexão: o oxé (machado) de Xangô e nosso processo de descolonização

No dia 13 de outubro de 2015, tive a minha última aula da disciplina Etnicidades e Africanidades do curso de pós-graduação do Etnocult do Celacc, na Escola de Comunicação e Artes da

USP, e concluímos com os mitos femininos e dos ancestrais míticos. Contudo, no dia 6, tivemos um momento importante nas reflexões sobre o mito de Xangô, a partir de minha obra *Antropologia dos orixás* (POLI, 2019), um dos mais importantes do curso, sendo a meu ver um dos pontos altos.

Para começar a entender, devo recorrer ao que significa o duplo em grande parte das sociedades subsaarianas, sobretudo da África Ocidental. Quem já viu em documentários, ou nas pinturas de Picasso, as representações das máscaras africanas de rituais, percebeu que, algumas vezes, elas são simétricas e outras, assimétricas, sendo que o simbolismo desta assimetria geralmente está ligado a relações de poder (máscaras de chefes que em si mesmas já são assimétricas), e a simetria é ligada a funções do sagrado e espiritual. Há também as relações do duplo na figura dos gêmeos, do Ancestral Andrógino e do Homem e da Mulher, ordem e caos, e ciclos de ordem e desordem (como no mito de Exu).

Para os iorubás (e muitos outros povos da África Ocidental), um rei, para poder ter acesso ao poder, tem que ter em seu simbolismo algum elemento feminino, que vem a significar que detém em si o princípio da desordem que este feminino significa, pois só os detentores deste poder estarão preparados para governar. No caso de Xangô, isso se apresenta na figura do verso de oriki: "Ele trança os cabelos como uma moça", o que significa que, ao deter o poder do feminino em si, está pronto a enfrentar os ciclos de ordem e desordem na condução de seu povo.

O duplo também tem outra função entre os iorubás (e outros povos da África Ocidental). Pode significar a aliança entre povos autóctones e invasores. Oraniã, o ancestral de Xangô, a tinha em seu próprio corpo, sendo metade branco e metade negro, simbolizando a aliança entre os povos baribá e iorubá na formação do reino de Oyó. O oxé (machado) de Xangô também simboliza a aliança entre o povo nupé invasor (de sua mãe) e autóctone iorubá-baribá (de seu pai) que, respectivamente, representam o duplo do conselho Oyomesi da realeza de povos invasores e da sociedade Ogboni dos autóctones no governo de Oyó.

Dessa forma, as dinâmicas sociais dos iorubás (e grande parte dos povos da África Ocidental e outras regiões da África Subsaariana), como vimos, ressignificam o novo a partir da base do tradicional, como ocorreu com a propagação do islã na África Negra que, para se consolidar, respeitou e se apropriou destas dinâmicas, ressignificando conceitos civilizatórios como a ancestralidade e os conhecimentos da medicina tradicional em seu processo de expansão.

Com isso, vemos que a ocidentalização e a negação de valores civilizatórios tradicionais na formação de instituições na África, negando esta dinâmica social que ressignifica o novo a partir do tradicional, condenam estas mesmas instituições a se corromperem e se degradarem.

Na diáspora, o racismo institucional, presente em nossa sociedade desde a formação de nossas instituições, excluiu e negou a participação destes valores civilizatórios em nossas instituições, fazendo a maior parte de nossa população estrangeira em nosso próprio país. Isso talvez ajude a explicar a dificuldade de grande parte de nossa população em se identificar com estas instituições e se achar mesmo parte delas, pois os valores civilizatórios de nossas matrizes africana e indígena não estão na base de consolidação e formação das nossas instituições.

Dessa forma, a partir desta reflexão, proponho que olhemos para o oxé (machado) de Xangô também como um símbolo do processo de colonização cultural que está presente em nossa educação e, sobretudo, em nossa academia.

Sociologia: o sociólogo Exu

Abro este capítulo pedindo licença a Exu novamente, para que estas palavras cheguem tão longe quanto chegam os sete ventos por nosso Aiê, pois, quando a palavra é pronunciada, deixa de pertencer ao falante e passa a pertencer a Exu. *Laroye Exu.*

Talvez o tema lhe pareça meio estranho, e você possa argumentar que Exu pode ser várias coisas, menos sociólogo, com o que tenho que concordar. Contudo, como a palavra quando é proferida passa a pertencer a Exu, ele jamais faria como uns e outros que se pretendem sociólogos e dizem "para esquecer o que escreveram". Nem agiria de forma incoerente com as palavras que, quando proferidas, passam a lhe pertencer.

Portanto, deste ponto de vista, Exu é um sociólogo muito mais sério do que ilustres personagens de nossa história que se pretendem sociólogos, mas não têm memória.

Aliás, memória é algo central nas tradições subsaarianas, e nada se desenvolve nestas sociedades, que privilegiam a ancestralidade e a senioridade, sem o conceito de memória.

O papel de Exu na sociedade tradicional iorubá é o de transgressor da ordem estabelecida para que se estabeleça uma nova ordem. Esta figura aparece também em outras sociedades tradicionais e em antropologia assume a denominação de *trickster* (trapaceiro) ou *décepteur* (enganador), dependendo da nacionalidade de autoria dos antropólogos em questão.

Passamos, conforme o século XXI avança, por um momento de ascensão do conservadorismo, não só em nosso país, mas em diversas nações, no que alguns sociólogos e antropólogos, como Georges Balandier, classificam como uma das formas de resistência às transformações inevitáveis pelas quais passa o mundo desde sempre, seja em nossa sociedade hoje globalizada, seja nas remotas sociedades tradicionais.

Nesta dinâmica social, o papel dos transgressores e de todos que trabalham para transformar a sociedade tem que ser bem compreendido como essencial para esse processo contínuo de transformação.

Aproveitando o gancho sobre o papel de transgressor que tem este mito, iniciaremos com a análise da obra clássica *A ética protestante e o espírito do capitalismo* (WEBER, 2013). No diálogo com suas premissas à luz das sociedades tradicionais, tentaremos entender o choque civilizatório que há entre elas, razão verdadeira da intolerância religiosa por parte de diversos setores do protestantismo, sobretudo neopentecostal contra as comunidades tradicionais em todo o mundo. A análise destas razões ajuda a explicar parte da onda conservadora atual em nosso país, assim como em diversos países do mundo para onde se propagou esta doutrina, especialmente quando combate valores das sociedades tradicionais.

Na sequência abordaremos a obra *A desordem*, de Georges Balandier (1997), para dar sequência a explicações que nos ajudem a entender o momento atual em nosso país e diversos países do mundo e as razões pelas quais surgem tais ondas conservadoras como resistência às transformações; que na sociedade iorubá, como exemplo de sociedades tradicionais, tem em Exu seu agente transgressor e transformador principal.

A ética protestante e o espírito do capitalismo

A obra de Weber (2013) se divide em cinco capítulos: filiação religiosa e estratificação social; o espírito do capitalismo; a concepção de vocação de Lutero; fundamento religioso do ascetismo laico; e o ascetismo e o espírito do capitalismo.

Filiação religiosa e estratificação social

No primeiro capítulo, Weber esclarece a questão da estratificação social na Alemanha que, assim como em diversos outros países, está ligada à questão religiosa.

Tal situação, é dito em termos claros, se liga ao fato de que os líderes empresariais e detentores do capital, assim como os trabalhadores com altos níveis de qualificação, e tanto o pessoal mais bem treinado técnica e comercialmente das empresas modernas, são na maioria protestantes. Quanto mais liberdade tem o capitalismo, mais claramente o efeito se manifesta.

Mas além disso, e ainda mais importante, pode ser que, como é dito, a maior participação de protestantes nas posições empresariais e de gerência na vida econômica moderna seja atualmente entendida, pelo menos em parte, simplesmente como resultado da grande riqueza material que eles herdaram.

Ainda neste capítulo, Weber afirma que por onde estiveram, sendo classe dominante ou dominada, foi uma tendência dos protestantes o desenvolvimento de um racionalismo econômico que não se observa entre os católicos, e ele vincula essa estratificação social a fatores ligados a aspectos inerentes a suas crenças religiosas, e não somente a razões históricas.

O espírito do capitalismo

Weber define, a partir de falas de Benjamin Franklin, este espírito do capitalismo como sendo a predisposição para acumular capital como um fim em si mesmo, como vemos no trecho a seguir.

De fato, o *summum bonum* dessa ética, o ganhar mais e mais dinheiro, combinado com o afastamento estrito de todo prazer espontâneo de viver, é, acima de tudo, completamente isento de qualquer mistura eudemonista, para não dizer hedonista; é pensado tão puramente como um fim em si mesmo, que do ponto de vista da felicidade ou da utilidade para o indivíduo parece algo transcendental e completamente irracional. O homem é dominado pela geração de dinheiro, pela aquisição como propósito final da vida. A aquisição econômica não mais está subordinada ao homem como um meio para a satisfação de suas necessidades materiais. Essa inversão daquilo que chamamos de relação natural, tão irracional de um ponto de vista ingênuo, é evidentemente um princípio-guia do capitalismo, tanto quanto soa estranha para todas as pessoas que não estão sob a influência capitalista. Ela expressa ao mesmo tempo um tipo de sentimento que está intimamente ligado com certas ideias religiosas (WEBER, 2013).

Não estranhemos se virmos estes conceitos e ideias religiosas presentes na Teologia da Prosperidade, tal qual é pregada pelos pentecostais. Além disso, o autor afirma que destas mesmas ideias religiosas surge o fato da carreira ser encarada como um dever:

> Na verdade essa ideia tão peculiar, o dever do indivíduo em relação à carreira, é o que há de mais característico na ética social da cultura capitalista e, em certo sentido, constitui sua base fundamental. (WEBER, 2013)

O autor busca as origens desta mesma filosofia para além do surgimento do capitalismo, em uma época anterior ao advento deste sistema.

Assim pois, o capitalismo atual, que veio para dominar a vida econômica, educa e seleciona os sujeitos de quem precisa, mediante o processo de sobrevivência econômica do mais apto.

Mas aqui podemos facilmente vislumbrar os limites do conceito de seleção como meio de explicação histórica. Para que um tal modo de vida, tão bem adaptado às peculiaridades do capitalismo, pudesse ser selecionado, isto é, viesse a sobrepujar os outros, ele teve de se originar em algum lugar, não em indivíduos isolados, mas como modo de vida de grupos humanos inteiros. (WEBER, 2013)

Deste grupo de homens, antes de defini-lo, vêm exemplos de comportamentos mais adequados aos detentores dos meios de produção como uma característica predominante, colocando exemplos destes grupos em trabalhadores de seitas protestantes que apareceram a partir do século XVII na Europa.

Vocação e ascetismo

Weber centra no conceito de vocação a partir da obra de Lutero, que resgatou a valorização das atividades mundanas da antiguidade grega. Para Lutero, o único modo de vida aceito por Deus não é superar a moral mundana pelo ascetismo religioso, mas pelo ascetismo laico: cumprir as obrigações impostas pela posição do indivíduo no mundo. Esta justificativa para as atividades mundanas é a raiz desse conceito de vocação profissional, que ao mesmo tempo desencadeia a filosofia do acúmulo de capital como um fim em si mesmo.

O autor encontra, depois, os desdobramentos que relacionam esse ascetismo protestante em outras vertentes posteriores a Lutero e o espírito do capitalismo.

Weber também falava do triunfo do sistema capitalista, desde o início do século XX, sobre os outros sistemas, e também dizia que o espírito do capital só prevaleceria na América Latina quando esta fosse predominantemente protestante (e consequentemente menos católica e com a erradicação das religiões tradicionais).

Para entender esta afirmação de Weber, é necessário compreender a postura das religiões tradicionais frente ao que ele define como o espírito do capital (e do capitalismo), que seria a predisposição de acumular como um fim em si mesmo que, segundo o autor, se coloca como um ato irracional até mesmo para os que não estão imersos nesses contexto e valores civilizatórios.

O espírito do capital e as religiões tradicionais

Ao estudar as sociedades tradicionais (sobretudo africanas) em seu clássico *Anthropo-logiques*, o antropólogo Georges Balandier (1975) observa que, nestas sociedades, é comum que a distribuição desigual das riquezas, quando chegam ao ponto de ameaçar o equilíbrio e a sustentabilidade sociais, faz com que a comunidade condene os detentores destas riquezas à morte social. O autor dá o exemplo claro de alguns povos da África Ocidental e Centro-ocidental. Entre os iorubás, podemos também encontrar essa particularidade quando nos remetemos ao oriki de Xangô que diz: "Não faça mal à minha cabeça (destino). Minha cabeça pertence a você", mostrando a interligação de todos os agentes das diversas linhagens dentro da comunidade, assim como o sentido de coisa pública dentro desta sociedade, na qual a integridade e a vida (assim como o sustento e o meio de vida) dos demais indivíduos da comunidade são parte desta "coisa pública".

Em tais sociedades, o espírito do capital advindo da ética protestante, na qual a acumulação de riquezas aparece como uma finalidade em si mesma, é totalmente irracional e, conforme nos fala Balandier sobre sociedades tradicionais, condena esses agentes à morte social.

Um outro exemplo disso está em um ditado da tradição iorubá sobre quando alimentamos os reis e os servos: "O alimento de um rei não é digno se seu povo passa fome." Temos na simbologia disto que, na religião tradicional iorubá, nada se faz sem que Exu, que serve a todos os demais orixás, seja alimentado primeiramente; e somente ao final de tudo o Grande Orixá (Orisa Nla – Oxalá) é alimentado. Isso faz alusão à sentença que nos mostra claramente que não há espaço, em tal modelo social, para o desequilíbrio que advém do que Weber chama de espírito do capital, no qual acumular riquezas aparece como um fim em si mesmo, ainda mais se isto provocar o desequilíbrio social e ameaçar a sustentabilidade dessa mesma sociedade.

Neste espírito podemos finalmente entender a afirmação de Weber, de que só se tornando majoritariamente protestante a América Latina (e também a África) faria prevalecer o espírito do capital. Entendemos ainda melhor isso se nos remetermos ao período colonial na América Latina e analisarmos o que representaram os quilombos no que se refere à resistência ao capitalismo mercantil. Isso nos faz compreender o foco prioritário da evangelização de comunidades quilombolas e indígenas (comunidades tradicionais) por parte de igrejas protestantes, muitas vezes financiadas pelo capital de grandes corporações da América do Norte, na América Latina: isso se explica por representarem, ainda de alguma forma, focos de resistência a esse espírito do capital (o que também se estende às comunidades tradicionais da África).

De fato, isso tudo ajuda a esclarecer a principal razão pela qual as religiões tradicionais são tão demonizadas e perseguidas pelas igrejas protestantes, sobretudo neopentecostais. Reside neste choque essencial entre valores civilizatórios a forma como se encara o espírito do capital, antes do que razões realmente de cunho teológico; pois as interpretações de vertentes cristãs divergem umas das outras, dependendo de quanto mais ou menos estejam próximas à defesa deste espírito do capital.

Portanto, a intolerância contra as religiões de matriz africana ou indígena na América Latina (e mesmo na África) se dá primeiramente no campo desse choque de valores civilizatórios, sendo de fato o que podemos chamar de uma nova "Inquisição do espírito do capital" entre civilizações que combatem e defendem este "espírito do capital", antes do que conflitos de dogmas religiosos que podem assumir interpretações diversas.

Diálogos da sociologia de Exu com *A desordem*, de Georges Balandier

Neste capítulo dialogaremos com a obra *A desordem*, de Georges Balandier (1997), publicada originalmente em 1988, mas que, na segunda década do século XXI, ainda expressa sua atualidade ajudando-nos a entender o momento de resistência conservadora ou qualquer outro que se estabeleça quando as sociedades marcham para caminhos de transformações inevitáveis, assim como representa o trabalho dos transgressores tais como Exu nas sociedades tradicionais.

Balandier inicia sua obra afirmando que a ciência, em várias ocasiões, tentou matar o pensamento mítico (por ser este, segundo o pensamento científico, um pensamento irracional) e declarou guerra a esse pensamento. Contudo, o autor afirma que esta mesma ciência, ao mesmo tempo que trabalha pela erradicação do pensamento mítico, não consegue por sua vez explicar todos os fenômenos humanos e sociais.

Ele alude ao mito, segundo outros autores, um valor suprarracional que, em suma, dita a ordem e o sentido primordial do universo e inicia a ordem das coisas no mundo. Diz que, de qualquer forma, esta ordem se inicia desde um caos preexistente, do qual emerge a criação que, a partir desse caos inicial, estabelece um eterno jogo entre forças de ordem e desordem e cria as personagens que atuam neste jogo.

Os tempos iniciais começam antes do tempo cronológico, quando nada existia e tudo ainda estava por ser criado. Assim, essa fase inicial era dominada pelo caos.

A criação tem um agente que estabelece a ordem, contudo o caos também tem um agente transgressor que resiste à ordem estabelecida e, como diz Balandier: "O mundo é criado, mas ele é resultado de um drama no qual o criador manifesta seus limites, no qual o transgressor gerador de desordem somente é vencido pela operação sacrificial que acarreta um renascimento da ordem."

Segundo Balandier, esta luta de forças contrárias não acaba com uma criação fundada a partir do homem. Citando as tradições africanas, ele afirma: "Estas tradições se nutrem de graus diversos de riqueza e complexidade, de lendas de origem, de mitos de criação que compõem os sistemas conceitual, simbólico e imaginário a partir dos quais as sociedades se pensam e legitimam sua ordem. Todos chegam à conclusão que esta evolução social não é linear e que se refaz a todo instante."

Podemos ter um exemplo claro disso nas lendas da criação de diversos povos subsaarianos e, não me abstendo de falar nos iorubás, recorro novamente à figura de Exu nas diversas lendas da criação e em sua própria história como rei do Ketu.

Quando os versos do oriki de Exu dizem: "Ele faz o torto endireitar, Ele faz o direito entortar", Exu traz à tona estes elementos em seu papel de mito transgressor. Além disso, estes mitos transgressores tornam possível a recriação dos mitos do novo para além do mito primordial da criação. São mitos de um tempo ideal que, segundo Balandier, rompem com a história vigente e provocam o aparecimento da história desejada. Balandier marca a diferença entre o mito calcado no princípio da esperança, das expectativas, que pode se manifestar em movimentos proféticos, messiânicos e revolucionários. Portanto, esse tipo de mito não opera no tempo atemporal anterior à criação, mas no tempo histórico, no qual podem ser conciliados ruptura e nascimento: no primeiro caso, desordem, violência, injustiça, falsidade e maldade que justificam as mudanças, revoltas e revoluções; no segundo, o novo mundo de ordem e harmonia projetado para o futuro e que, ao ser criado na imaginação, pode transformar a realidade. Balandier dá o exemplo do processo de descolonização da África, no qual o plano sagrado traçou a via política.

Entendemos melhor quando recorremos aos versos do oriki de Exu que dizem "Rei na Terra do Ketu" e "Ele reforma Benim". Estes transgressores estabelecem a ordem a partir da ruptura com o estabelecido ou o que é prescrito. São inovadores que desafiam a ordem, conciliam rupturas com esta ordem e o renascimento de uma nova ordem na qual, sem dúvida, a única coisa que será realmente conquistada é a evolução desta sociedade para um estado de avanços neste mesmo campo social. A transformação da realidade se faz inevitável, e muitas vezes tais transformações começam no campo dos mitos e do imaginário das sociedades, reforçando a percepção da esterilidade do papel que têm os cientistas que recusam aceitar a atuação do campo mítico no desenvolvimento das sociedades. Nesse sentido, o autor conclui que a transformação deve se realizar através dos mitos e dos rituais. No caso dos mitos, simultaneamente como teogonia (busca da origem dos deuses) e politogonia (busca da origem da comunidade política), de modo a dar à história um novo curso que traga o sentido e a ordem que os homens esperam.

Já o rito, segundo Balandier, trabalha no sentido do estabelecimento da ordem e representa a ordem por si mesmo, por tratar de práticas que envolvem explicitamente a ordem e a desordem, que não podem ser dissociadas da vida e da história. Balandier cita o *Livro dos ritos* (ou *Clássico dos ritos*, um dos cinco livros canônicos do confucionismo), afirmando que "eles têm um mesmo fim, que é unir os corações e estabelecer a ordem".

Nesse sentido, recorrendo à mitologia iorubá, o oriki de Obatalá (símbolo maior da ordem e código moral espiritual deste povo) nos diz: "Só aquele que morre e renasce para a vida nova [passa pelos ritos] pode conhecer a realidade", o que expressa ao mesmo tempo todas estas facetas renovadoras do mito e dos ritos, trabalhando pelo restabelecimento de uma nova ordem.

As sociedades tradicionais evidenciam, de modo peculiar, a função do rito como tradutor da ordem, o que também existe em outras sociedades. Nas sociedades tradicionais, graças aos ritos, o homem se torna um indivíduo social e, do nascimento à morte, a vida passa pelas etapas mais importantes. Ele ingressa na ordem da sociedade, situa-se nela e progride até o fim da vida.

Um exemplo claro disso são as iniciações das religiões tradicionais e seus ritos de "passagem" de seus adeptos, assim como todos os ritos de passagem das sociedades tradicionais em geral.

Mesmo nem sempre comemorando e celebrando estes ritos de passagem, as demais sociedades "não tradicionais" também seguem a seus ritos sociais próprios, estando sujeitas ao mesmo processo de instituição de uma ordem determinada através da celebração dos ritos que elegeu para si.

As iniciações, de qualquer forma, produzem a interiorização da ordem que lhes é própria e fazem com que cada nova geração contribua para a conservação da ordem, restando à morte o papel de vitória da desordem.

Entendemos melhor, a partir disso, o que diz o oriki de Obatalá citado há pouco: "Só aquele que morre e renasce pode conhecer a realidade", pois ordem e desordem (morte e renascimento) fazem parte de um todo na construção social.

Outro fator relevante nesse contexto é simbolizado pela desordem ritual, muitas vezes presente em culturas de sociedades tradicionais, quando o rito parece agir ao inverso do estabelecimento da ordem e assim deixar o campo livre para a desordem. Contudo, isso se dá, segundo Balandier, para que a nova ordem surja a partir de uma sociedade momentaneamente falsa, pervertida e aparentemente sem governo.

Esta desordem ritual se dá em diversas sociedades tradicionais subsaarianas. No entanto, uso o exemplo, entre os iorubás, da desordem ritual da coroação dos reis do Ketu, os alaketus, assim como dos reis de Oyó, os alafins. Alguns dias antes de assumirem o trono, eles podem ser insultados e agredidos pelos súditos. Porém, após este período de "noviços", quando assumem seus tronos, tornam-se intocáveis e passam a representar o grau máximo de estabelecimento da ordem e das tradições ancestrais: passam a ser chefes de corpos administrativos e com uma função central nesses sistemas de realeza sagrada.

Neste caso, a desordem ritual simboliza justamente a desordem momentânea de onde emergirá uma nova ordem que virá das iniciativas desta própria sociedade em culto a seus reis.

Tendo em conta este exemplo, e evocando o que afirma Balandier, devemos lembrar que nenhuma sociedade pode ser purificada de toda a desordem. É preciso lidar com ela para controlá-la, já que é impossível eliminá-la. Esta é a função do mito e do rito, que dão à desordem uma imagem controlável, convertendo a desordem em fator de ordem ou enviando-a para o imaginário da sociedade. Novamente a desordem ritual, entre os iorubás e todos os demais povos subsaarianos que a aplicam, explica esta afirmação, pois, ao praticá-la e depois, quando o rei assume o trono, esta desordem se converte em nada mais que um fator presente em seu imaginário, pois é vencida pela ordem estabelecida. Dessa forma, o rito, mesmo celebrando a desordem ritual, opera pelo estabelecimento da ordem.

Outro fator relevante em nosso contexto da sociologia de Exu, discutido no início do texto de Balandier, diz respeito à questão da tradição, sobretudo nessas ditas "sociedades tradicionais", que, segundo o autor, são geradoras de continuidades e, normalmente, são vistas como pouco produtoras de desordem e, portanto, segundo alguns antropólogos tradicionalistas, pouco afeitas aos processos de historicidade.

Contudo, o que virá mostrar Balandier é que transgressores, assim como Exu nas sociedades iorubás, ao contestarem a ordem estabelecida pelas tradições, conferem este moto histórico e social a estas sociedades tradicionais, por serem justamente estes agentes da "desordem" que transformam estas sociedades.

Segundo Balandier, ordem e desordem são indissociáveis entre si, quaisquer que sejam os caminhos que conduzam de uma à outra, assim como ambas são indissociáveis da história da racionalidade. Dessa forma, esses períodos se alternam, e a desordem só se torna destrutiva quando se dissocia da ordem, e os dois elementos não se organizam num estrutura. Ao contrário, a desordem é criadora quando produz uma perda de ordem para criar uma nova ordem que pode ser superior.

Nos mitos das sociedades subsaarianas, como a iorubá, esta dinâmica se mostra não somente no caso dos transgressores, como Exu, mas também nos códigos morais advindos de mitos responsáveis pela ordem, como Xangô, quando diz em seu oriki:

> Rei que depõe outro rei pega sua coroa e se torna rei.

O mito também mostra as dinâmicas de sociedades subsaarianas, como a iorubá, em relação ao contato entre povos autóctones e invasores na formação dos corpos administrativos de seus reinos. Assim como nas dinâmicas do duplo na África, ordem e transgressão (desordem) também fazem parte deste jogo.

Balandier afirma que, mesmo as ciências sociais, na sociedade moderna, não são mais o que foram anteriormente. Elas devem renascer porque a sociedade não é mais o que era: suas mudanças e suas desordens exigem um novo diálogo da ciência com o social, a fim de tornar a sociedade mais inteligível.

Este movimento constante, que na sociedade iorubá não se faz sem o mito de Exu, assim como seus correspondentes em outras sociedades subsaarianas, também está presente nas sociedades modernas através de seus transgressores ao previamente estabelecido. Nesse sentido, conforme Balandier, as sociologias do equilíbrio e da mudança não dão conta das complexidades da sociedade, de seus movimentos e sua atividade constante.

Portanto, este agente do movimento das sociedades tradicionais, simbolizado na sociedade iorubá por Exu, é o representante do moto social nas sociedades em geral. O social, como um todo, não pode ser visto somente a partir do ponto de vista das sociologias do equilíbrio ou da mudança, mas pelo movimento na dinâmica que se estabelece entre tais sociologias, sendo central o papel do agente destes movimentos, tanto nas sociedades tradicionais como da modernidade.

Nesse contexto, pode-se afirmar que a única certeza de elemento comum existente nas dinâmicas entre equilíbrio e mudanças na sociologia é o movimento, e este, nas sociedades tradicionais, é representado por seus agentes como Exu na sociedade iorubá.

Conforme Balandier, a chamada sociedade não corresponde a uma ordem global estabelecida. É uma construção de aparências e de representações, ou uma antecipação alimentada pelo imaginário. Podemos dizer que o social é infinito, tal é seu horizonte, o que reforça ainda mais o movimento destes transgressores como central na constituição da dinâmica de ordem e desordem na formação da sociedade. Para Balandier, a liberdade destrutora e geradora faz um movimento sem fim: ordem – desordem – ordem. A sociedade está sempre inacabada e só existe a partir da ameaça da sua própria destruição, o que nos remete ao oriki de Exu novamente: "Ele faz o torto endireitar" e "Ele faz o direito entortar", assim como "Ele reforma Benim".

Novamente estes versos colocam estes agentes transformadores e transgressores como protagonistas do moto social, tanto das sociedades tradicionais quanto de nossas sociedades modernas. As sociedades, tanto tradicionais quanto modernas, não evoluem e não se transformam sem seus agentes transgressores da ordem momentaneamente estabelecida. Dessa forma, este Exu (elemento transgressor) das sociedades tradicionais também tem seus representantes nas sociedades modernas.

Para ilustrar a importância das transgressões e atendendo-nos diretamente à figura de Exu, vemos que não necessariamente estas transgressões representam violência ou destruição física, mas de qualquer forma representam ruptura com um modelo anteriormente estabelecido.

O exemplo que podemos dar desse caso é a formação dos mercados nas sociedades tradicionais. No caso da iorubá, também nasce de uma transgressão e estabelece um novo patamar no convívio social destas sociedades, sendo este um contrapeso da guerra que era estabelecida pelas tradições anteriormente prescritas.

Antes do advento dos mercados em toda a área da África Ocidental (assim como outras regiões africanas), para que as linhagens e os clãs distintos obtivessem o que necessitavam e o que era produzido por outros clãs, entravam em conflito para tomar o que lhes era necessário.

Esta era a ordem até então estabelecida, prescrita e aceita pelas tradições destes povos. Nesse quadro, as mulheres assumem seu papel também estabelecido e prescrito como transgressoras nestas sociedades e passam a levar, para picadas e atalhos, os excedentes de suas produções e comercializar com mulheres de outros clãs na base da troca.

Assim, desta transgressão nasce o mercado na África Ocidental (e outras regiões da África), pelas mãos das não menos transgressoras mulheres que se contrapõem à lógica das guerras entre os clãs, e passam a comercializar os seus excedentes de produção nas picadas, e mais tarde nas praças que formaram as primeiras cidades da região, abrindo o caminho para a urbanização.

As mulheres do mercado, de qualquer forma, até os dias de hoje, nas regiões da África Ocidental, são maioria neste espaço que, no caso dos iorubás, tem Exu como seu representante mítico, por ser igualmente este agente transgressor destas sociedades, agente da mesma transgressão que formou os mercados que vieram a se opor à lógica da guerra e estabelecer as praças e os primeiros espaços urbanos. Como diz seu oriki:

> Exu está no mercado e faz com que nada se venda ou se compre sem que ele queira.

Pelo mercado ter nascido da transgressão, é domínio do mito que legitima o papel dos transgressores que dão moto social às sociedades. Estes transgressores também têm um papel ativo nas dinâmicas das sociedades tradicionais, sobretudo subsaarianas, que se transformam mantendo uma base tradicional e ressignificando o novo partir desta base. Conforme nos diz Balandier sobre a visão dos tradicionalistas do século XIX a propósito das sociedades tradicionais, estas têm dois aspectos: um passivo e outro ativo. O primeiro é sua função conservadora da memória; o segundo, a possibilidade de fazer o que já existiu. A palavra, o símbolo, o rito, é o agente da estruturação da sociedade em que o passado se prolonga no presente, que por sua vez se remete ao passado.

Segundo este pensamento, estas sociedades são dessa forma condenadas à eterna reprodução de estruturas sociais, o que o autor critica em sua obra, mostrando que esse agente transgressor é apresentado através das relações de rivalidade (caçulas e mulheres querendo assumir papéis reservados aos mais velhos e aos homens); da produção (muito comum quando as tradições legitimam o papel daqueles que desequilibram e ameaçam a sustentabilidade de suas sociedades através da acumulação de riquezas, o que cria corpos sociais que vêm a resistir a estas relações, mudando as relações de produção por meio da desobediência a estas tradições); dos reformistas religiosos (que, através de uma nova relação com o sagrado, tentam criar novos corpos sociais e novas regras sociais); e da feitiçaria (que funciona como um corpo social que se transforma na expressão indireta da oposição ao poder estabelecido a estas mesmas tradições, o local da resistência e da contestação a tais formas de poder previamente prescritas e estabelecidas).

Desse modo os transgressores conferem o moto histórico e social às sociedades da tradição, conforme nos fala Balandier, contrariando a visão dos antropólogos tradicionalistas que afirmavam que estas sociedades (como são exemplos as subsaarianas e ameríndias) não tinham historicidade, o que de certa forma influenciou para que as nações africanas, já no século XX, se formassem a partir de suas áreas de exploração colonial, e não a partir de seus reinos e povos de sociedades tradicionais, que supostamente não tinham historicidade.

Sabemos hoje, sobretudo depois do trabalho de Balandier, que esta afirmação é totalmente contestável e na realidade falsa. Temos exemplo disso ao estudarmos os versos de oriki de Exu:

> Ele olha calmamente derramarem pimenta na vagina de sua sogra.
> Ele faz com que a nudez do corpo da rainha não se cubra.

Em ambos os casos, o que há neste papel desta figura é a transgressão simbólica da ordem, trazendo à tona o fato de que, na literatura oral iorubá, os orikis descrevem imagens que se justapõem para formar uma figura no imaginário dos que os escutam e recitam: a imagem da agressão simbólica à sogra (símbolo da mulher que já atravessou o período fértil e, portanto, detém em sua posição o mesmo respeito social conferido ao poder masculino, representando dessa forma a ordem). Expressa assim uma agressão e um desafio à ordem estabelecida pela tradição e mostra uma situação de transgressão por rivalidade.

Igualmente, a figura da rainha nua agride a moral do reino e, mais claramente, revela este desafio à tradição e o apelo da transgressão à ordem estabelecida.

Ao desafiar esta ordem estabelecida, este mito sugere que existem outras possibilidades de construções sociais além daquelas determinadas pelas regras impostas às sociedades tradicionais pelo respeito à senioridade e à ancestralidade que são bases fundadoras desta sociedade (e da maior parte das sociedades subsaarianas). Abre, portanto, possibilidades para que esta ordem estabelecida e imutável (segundo os antropólogos tradicionalistas) seja transgredida.

Conforme nos fala Balandier, ordem e desordem são como os lados de uma moeda, ou seja, aspectos indissociáveis da realidade. Entretanto, na percepção do senso comum, parecem ser um o inverso do outro. Assim, nas sociedades tradicionais, que se definem em termos de equilíbrio, conformidade, estabilidade e ordem, a desordem é uma dinâmica negativa que vira o mundo do avesso.

De toda forma, o autor conclui que este virar do avesso pode servir para fortalecer a ordem e criar uma nova mais perfeita e mais estável, sendo que, em determinado período, passará por transformações inexoráveis ao seu próprio destino, abrindo assim um ciclo de desordem, seguindo sempre por estes ciclos (ordem – desordem – estabelecimento de nova ordem) a fim de se aperfeiçoarem continuamente.

Nesse sentido também vão as dinâmicas sociais destas sociedades tradicionais subsaarianas, segundo Balandier: manutenção do tradicional que, a partir desta base, ressignifica continuamente o novo e que, também neste ciclo "ordem – desordem – estabelecimento de nova ordem", vai de encontro ao que expusemos no início, quando citamos os versos de oriki de Exu que já vimos: "Ele faz o torto endireitar", "Ele faz o direito entortar", "Ele reforma Benim".

Além das sociedades tradicionais, o autor afirma que este ciclo atinge todas as sociedades, mesmo as não tradicionais. Neste espectro, a ordem é desafiada continuamente pela desordem que mais tarde vem a se traduzir em ordem novamente.

Balandier dá o exemplo de nosso Carnaval e, inclusive, cita o mito de Exu (Legba da sociedade fon) como este agente transgressor de que tratamos neste texto. Contudo, um fator que coloca como imprescindível é que, da mesma maneira

que essa desordem se coloca no mundo moderno na forma de transformações inexoráveis, em todo final de ciclo no qual a ordem estabelecida pede renovações, existem respostas a estas transformações que podem ser de três formas:
- a resposta "totalitária", ou a ordem totalitária;
- a resposta da pessoa, a ordem do sagrado; e
- a resposta pragmática, a ordem pelo movimento.

Para ilustrar a ordem totalitária podemos dar o exemplo da atualidade, na qual atravessamos, desde 2008, a crise do capitalismo e do neoliberalismo que mostra sinais de esgotamento e final de etapa, bem próprio do ciclo – ordem – desordem – ordem. Em 2014, quando este estudo foi feito, passávamos pela desordem imposta pelo esgotamento deste modelo neoliberal, que pedia uma resposta política e econômica transformadora e renovadora, como muitos governos progressistas latino-americanos estavam fazendo.

Contudo, vimos nestes países a resistência do conservadorismo, assim como no nosso próprio, que elegeu em 2014 o congresso mais conservador desde 1964. Em vários países por todo o mundo (haja vista o crescimento da extrema-direita nas eleições de 2014 do parlamento da União Europeia), vimos uma crescente onda conservadora política e econômica em resistência às transformações que nossas sociedades pedem de fato. Isso pode ser tomado como uma resposta totalitária às transformações inexoráveis que aquele momento exigia – e ainda exige, nesta segunda década do século XXI.

O então ex-presidente Lula chegou a falar em Quito, em dezembro de 2013, que a América Latina deveria se unir em torno de um projeto econômico e político comum de integração que visasse combater o conservadorismo que levou os países desenvolvidos à crise que se reflete nos demais países do mundo.

Paralelamente a isso, vemos, em todos os países progressistas da América Latina, focos de resistência a tais transformações e o consequente crescimento de grupos conservadores, assim como de intolerância, inclusive a tradições de matriz africana (que podemos conciliar com a questão do choque civilizatório entre estas tradições e o neopentecostalismo e outras vertentes protestantes, sobretudo as que resguardam justamente os valores da cultura do capital). Esses focos são sinal de resposta conservadora e até mesmo totalitária, se considerarmos agressões e intolerância a outras minorias, e mesmo a correntes políticas progressistas por parte destes grupos conservadores.

Nesta segunda década do século XXI, estes governos progressistas da América Latina e "transgressores" da ordem neoliberal são atacados por esta resposta conservadora e totalitária, sendo este o exemplo mais atual de resposta totalitária às transformações necessárias para que se reestabeleça uma nova ordem mais justa e melhor nesta região.

Como exemplo da resposta pessoal, da ordem do sagrado, podemos ver, dentro desta mesma onda conservadora, o crescimento de cultos religiosos (de cunho igualmente conservador) em todo o mundo, desde o final do sécuo XX, e em especial desde meados da primeira década do século XXI. O crescimento, principalmente das igrejas neopentecostais no Brasil, por seu cunho conservador (sobretudo com as implicações que vêm tendo em nosso parlamento em vários níveis), vem se tornando ao mesmo tempo uma resposta total no plano coletivo e da ordem do religioso nos planos individuais. De qualquer forma, mesmo que nem toda resposta da ordem do sagrado seja necessariamente conservadora, esse crescimento mostra que existe uma busca por novas instituições que confiram segurança de alguma forma à sociedade e, em consequência, também mostra uma perda de confiança nas instituições seculares e do Estado.

Em consequência disso, macropolíticas de redução da ação do Estado (próprias ao neoliberalismo, apesar de seus sinais de esgotamento) tendem a fazer com que este movimento cresça, e corre-se o risco de o Estado passar a ser influenciado por grupos religiosos, o que ameaça seu *status* de laicidade; como vemos claramente desde 2019 em nosso país, sobretudo no que tange ao crescimento, em nosso congresso, da bancada evangélica, o que tem consequência imediata para diversos grupos de minorias, podendo representar um retrocesso em políticas adotadas na defesa destas mesmas minorias nos anos anteriores.

A outra alternativa de resposta ao período instável de transformações inexoráveis, pelas quais também passamos neste momento, é aquela do "movimento" de que tivemos exemplo no caso da criação dos mercados (da qual Exu é o mito guardião) na África Ocidental.

Ou seja, a partir do momento em que houve uma saturação no modelo pelo qual os clãs e linhagens se relacionavam, que era através de conflitos, as mulheres que são (segundo Balandier) transgressoras por excelência foram protagonistas nas transformações; e, a partir de suas transgressões ao modelo da tradição que delimitava aos conflitos a única forma de obter os excedentes das produções, passam a comercializar este excedente, fazendo ao mesmo tempo entrar em crise o antigo modelo que ditava que, para conseguir este excedente, as guerras eram necessárias.

O movimento destas transgressoras possibilitou a criação dos mercados, a urbanização e o desenvolvimento a partir da dinâmica ordem – desordem (transgressão). Nova ordem, pois estabeleceu uma ordem mais perfeita e mais evoluída na qual este mercado se tornou o contrapeso da guerra.

Isso significa que, se estas transgressoras não tivessem agido no sentido de legitimar suas transformações até estabelecer a nova ordem que criou os mercados, suas civilizações teriam provavelmente se autodestruído. Do mesmo modo que, se a resposta predominante a suas transgressões fosse totalitária e conservadora, e não pela adesão a este novo moto social, o mercado não teria sido criado como contrapeso à lógica das guerras, assim como não teria surgido a urbanização nestas sociedades, e elas estariam ainda puramente na fase agrícola ou da caça e da coleta.

Se elas tivessem tido medo de prosseguir em sua empreitada, provavelmente suas sociedades teriam se autodestruído. O que nos faz lembrar o oriki de Oxum, um dos mitos legitimadores das mulheres do mercado, cultuado nas sociedades religiosas de iyalodes e senhoras do mercado assim como é Iansã: "Ó Logun Ede, quem tem medo não pode ser importante."

Na sociedade atual, na crise do capital em que estamos, que denota e reforça o pedido da consolidação de uma transformação, e da mesma forma que naquele período anterior, se a resposta conservadora e totalitária for predominante, a sociedade sucumbe. Isso significa também, em outra medida, que, se as instituições (supostamente) multilaterais não se reformarem e derem a devida importância às novas potências do Sul em sua representatividade, dificilmente encontraremos uma saída. O diálogo Sul-Sul, os Renascimentos Latino e Africano (contextos nos quais escrevo este texto), dos países muçulmanos, do Sudeste Asiático, da Rússia, da China, assim como a reedição para este século do Renascimento Hindu precisam se consolidar desde já como um projeto cultural, social, político e econômico para que possamos estabelecer uma nova ordem que aponte para nosso progresso em comum, e vençam as resistências totalitárias e conservadoras, que normalmente se impõem às transformações que de fato são inexoráveis, que, se não ocorrem, podem levar nossa sociedade à autodestruição.

Aderir ao movimento de transformações para vencer a resistência totalitária e conservadora que nos leva à autodestruição, como diz o oriki de Exu que já conhecemos – "Ele faz o torto endireitar", "Ele faz o direito entortar", "Ele reforma Benim" –, ou o de Oxalá no verso "Só aquele que morre e renasce conhecerá a verdade" (evocando a morte social da resposta totalitária e do conservadorismo que resiste às transformações por que precisamos passar), se faz mais do que necessário para que a humanidade passe por mais este momento turbulento que pede nossa reação de restabelecer a nova ordem da qual realmente precisamos neste momento mais uma vez.

Que toda vez que passemos por estes momentos na história da humanidade nunca deixemos de nos inspirar pelas vozes daquelas transgressoras, nossas ancestrais, que salvaram suas sociedades da autodestruição e criaram o mercado em terras da África... Mercado este no qual reina Exu, senhor de toda a transformação. E que ele permita que possamos sempre transformar nossa sociedade pelo movimento e pela adesão ao movimento dos transgressores, para que se estabeleçam as ordens ideais que desafiam as respostas totalitárias de um conservadorismo que atrasa e atravanca nosso desenvolvimento como espécie humana, assim como mostrou sempre nossa história pelos séculos. Que sempre possamos reformar nosso grande Benim, assim como diz o seu oriki, e que nossa mãe Oxum e todos os que lutam pela transformação sejam por seus ideais libertados em todos os tempos das torres da opressão, como diz a sua eterna lenda.

Itan Ifá – A Experiência do Mestre e o Mito de Exu

Na segunda aula da disciplina de Etnicidades e Africanidades que ministro na Pós-graduação do curso Etnocult, na Escola de Comunicação e Artes da USP, tive momentos preciosos.

O tema da primeira parte da aula foi o mito de Exu e a importância das transgressões à ordem nas sociedades tradicionais.

Falei sobre as funções do mito (além da religiosa, que são cosmológica, sociológica e pedagógica) e as invariantes de Lawton para poder guiar o estudo de qualquer civilização dentro dos conceitos da diversidade.

Logo depois, começamos o processo de desmitificação deste tão importante mito para os iorubás, que tem seus correspondentes em quase todas as sociedades tradicionais da África Ocidental.

Falei da função de sinalizador dos caminhos, senhor dos caminhos, responsável pelo sistema de comunicação deste povo e seus simbolismos nas entradas das casas e caminhos.

Contudo, um dos pontos mais importantes foi quando falei sobre a questão do mercado e por que Exu é o Senhor do Mercado. Para entender melhor, é necessário se ater ao fato de que o mercado, em quase toda a África Ocidental, surge da transgressão das mulheres, que analisamos em detalhe na seção anterior deste livro, acentuando que o mercado, surgindo de uma transgressão, se contrapõe à lógica da guerra que regulava as relações entre clãs e linhagens. Portanto, o mito que legitimaria esta instituição deveria ser o mito do transgressor, presente no arquétipo de Exu no caso dos iorubás.

Apresentei a posição dos antropólogos tradicionalistas do final do século XIX, que estabeleciam que as sociedades tradicionais não tinham nenhum processo de historicidade por serem sociedades de consenso e reprodução destas tradições. Falei de Georges Balandier, que, na época do processo de descolonização da África, em seus estudos, contradisse este pensamento e disse que os transgressores dão o moto histórico e social a estas sociedades e que se dividem em quatro tipos: os rivais (caçulas que assumem o papel social dos mais velhos são um exemplo), os produtores (que relegam à morte social os detentores de riquezas quando estes ameaçam a sustentabilidade da sociedade), os reformistas religiosos (que buscam, a partir de uma nova relação com o sagrado, estabelecer novas relações sociais) e as feiticeiras (que são um corpo social que em si representa a oposição indireta ao poder estabelecido).

Apresentei os versos de orikis que mostram como, na sociedade iorubá, Exu legitima estes quatro tipos de transgressores e que falam de seus aspectos transformadores e transgressores da ordem:

> Ele faz o torto endireitar
> Ele faz o direito entortar
> Ele reforma Benim
> Rei na Terra de Ketu

Para complementar a questão da importância deste papel dos transgressores nas sociedades tradicionais, recorri a outra obra de Georges Balandier (1997) chamada *A desordem: elogio do movimento*, que trata destas questões, tanto nas sociedades tradicionais quanto nas modernas. Muito resumidamente, Balandier, em sua obra, afirma que o pensamento científico e puramente racional não consegue explicar todos os fenômenos humanos e que o mito traz fatores importantes nesta explicação de fenômenos sociais. Evoca que, nas construções mitológicas, todas as origens nascem de uma desordem e um caos que se estabelecem em ordem, e que este mito continua impondo um duplo jogo entre ordem e desordem no decorrer do processo histórico.

A partir destes estudos ele demonstra que tanto as sociedades tradicionais quanto as modernas transitam entre ciclos de ordem e desordem, e que normalmente isto se dá com a finalidade de que, no ciclo ordem-desordem-ordem, se estabeleça sempre uma ordem mais perfeita. Para que esse ciclo se cumpra nas sociedades tradicionais, mitos como o de Exu (dos transgressores) são centrais.

No exemplo discutido anteriormente, temos em Exu, na questão da criação dos mercados através da transgressão na região iorubá, o legitimador da nova ordem; pois, não fosse a criação dos mercados, a lógica da guerra (que engendra a desordem) teria destruído a civilização. Dessa forma, este agente transgressor dá uma resposta à desordem que se estabeleceu na sociedade, a fim de que uma nova ordem mais perfeita se estabelecesse e ela não se autodestruísse.

Contudo, segundo Balandier, tanto as sociedades tradicionais quanto as modernas nem sempre dão este tipo de resposta à desordem. Segundo ele, há três tipos de respostas a esta desordem:

1. A resposta totalitária, de que são exemplos o fascismo, o nazismo e a onda conservadora atual;

2. A resposta religiosa na dimensão do sagrado, de que é exemplo o crescimento de seitas religiosas atuais e do fundamentalismo religioso, que acaba conversando diretamente com o conservadorismo;

3. A resposta pelo movimento, de que são exemplos a transgressão de Exu e das mulheres na criação dos mercados na África Ocidental e o movimento artístico modernista que igualmente rompeu com padrões estabelecidos.

Sem dúvida, atualmente, o mundo passa por desordem e transição, e temos exemplos das respostas totalitária (conservadorismo) e religiosa unidas em um primeiro momento. Contudo, se faz necessária uma resposta pelo movimento, tal qual na criação dos mercados na África Ocidental, legitimada pelo mito de Exu. Para tanto, para romper com o estabelecido, para vencer este momento de desordem e estabelecer uma nova ordem, alertei minhas alunas e meus alunos sobre a importância do papel transgressor que eles têm. Espero que o aprendizado adquirido em meu curso Etnocult (assim como o curso como um todo) ajude a produzirem trabalhos a fim de desafiar e transgredir o ciclo de reprodução cultural, para que se crie uma semente em suas ações, em suas profissões e militância nos movimentos sociais; para enfrentar o ciclo de violência simbólica que vitimiza nossa cultura, e assim contribuir para estabelecer o ambiente cultural para o advento de novas relações sociais, e a transformação política, econômica e social em si que este momento pede. Que a partir de suas transgressões ao poder estabelecido, assim como Exu, ajudem a fazer o "Torto endireitar" e sejam agentes deste "Rei que reforma Benim".

Para lhes dar um exemplo de rompimento com o poder estabelecido, deixei-os com o poema de Álvaro de Campos (Fernando Pessoa), que nem imaginavam que poderia ter a ver com o mito de Exu em seu espírito de desafio ao poder estabelecido atual. Espero que isto os inspire como inspirou meus alunos transgressores que chegaram até o final deste texto.

> Laroye Esu
> Iba Esu Odara
> a lun se Ibini
> Oba ni Ile Ketu
> Esu lo lo lo lo lo.

Ultimatum

> Mandato de despejo aos mandarins da Europa! Fora.
> Fora tu, [...] reles esnobe plebeu [...]!
> Fora tu, [...] imperialista das sucatas [...], charlatão da sinceridade [...]

Quem és tu, tu da juba socialista [...]

E tu, qualquer outro [...]

Ultimatum a eles todos, e a todos os outros que sejam como eles todos!

[...]

E tu, Brasil [...] blague de Pedro Álvares Cabral, que nem te queria descobrir!

[...]

Fechem-me isso a chave e deitem a chave fora!

[...]

Sufoco de ter só isto à minha volta!

Deixem-me respirar!

Abram todas as janelas!

Abram mais janelas do que todas as janelas que há no mundo!

Nenhuma ideia grande [...]

Nem uma corrente política que soe a uma ideia-grão [...]

Sim, todos vós que representais a Europa [...]

Homens altos [...], passai por baixo do meu desprezo!

Passai [...] aristocratas de tanga de ouro [...]

Passai, frouxos [...]

Passai, radicais do Pouco [...]

Passai, [...] monte de tijolos com pretensões a casa!

Inútil luxo, [...] megalomania triunfante [...] Vós que confundis o humano com o popular [...] Vós que confundis tudo [...]

Passai, [...] anarquistas deveras sinceros, socialistas a invocar a sua qualidade de trabalhadores para quererem deixar de trabalhar!

[...]

Quem acredita neles?

[...]

Mandem isso tudo pra casa descascar batatas simbólicas!

[...]

A Europa tem sede de que se crie [...]

A Europa quer a Inteligência Nova [...]
a Sensibilidade Nova [...]
O que aí está a apodrecer a Vida quando muito é estrume para o Futuro!
O que aí está não pode durar, porque não é nada!
Eu, da Raça dos Navegadores, afirmo que não pode durar!
Eu, da Raça dos Descobridores, desprezo o que seja menos que descobrir um Novo Mundo!
[...]
Proclamo isso bem alto [...] braços erguidos, fitando o Atlântico e saudando abstratamente o Infinito!

(PESSOA, 1917)

No exemplo do poema de Álvaro de Campos acima, temos a quebra necessária com as tradições a este momento, a resposta pelo movimento que foi o movimento modernista nas artes no início do século XX e que Exu representa na sociedade iorubá.

Mesmo me assumindo como alguém da "juba socialista" por ideal, ao ouvir os versos de Fernando Pessoa me conscientizo da necessidade de reformas estruturais nos sistemas políticos, econômicos e culturais deste início do século XXI frente à atual crise que vivemos.

Nesse sentido, faz-se mais que necessário o alinhamento dos países do Sul que, até 2030, deverão representar 75% da produção de riqueza mundial em uma Nova Ordem Mundial que aprofunde o processo de descolonização. Este projeto deve ser seguido da adoção de políticas econômicas que tragam uma alternativa ao conservadorismo neoliberal atual, que vê seus sinais de esgotamento gerando esse momento de desordem e que ainda resiste a responder a esta mesma desordem pelo conservadorismo, sendo uma espécie de resposta totalitária.

Segundo o livro O *capital do século XXI*, de Piketty (2014), uma das principais causas da crise é o modelo econômico atual que concentra cada vez mais renda e não privilegia a produção, mas, sim, a especulação e o rentismo (algo que o mundo já conheceu igualmente na Crise de 1929).

Este modelo deve ser enfrentado, contudo, além do modelo econômico, para que se consolide uma Nova Ordem em que os países do Sul tenham reconhecidos seus espaços nas políticas das instituições multilaterais e sua verdadeira representatividade seja compatível com seu peso econômico. Faz-se necessário um projeto cultural, que chamo de Renascimentos do Sul, no qual esta obra faz parte do Renascimento Africano, em primeira instância, e secundariamente do Renascimento Latino.

Os povos do Sul, em seu processo de descolonização (que é contínuo), devem se aproximar dos valores civilizatórios tradicionais (de suas comunidades tradicionais, como é o caso da África) para que suas instituições sejam reformadas segundo estes valores civilizatórios, a fim de participarem do processo de reconstrução desta Nova Ordem Mundial como protagonistas.

A apropriação de valores civilizatórios que confrontem o espírito do capital é essencial neste momento de transformação. Um exemplo deste espírito das sociedades tradicionais que contradizem o espírito do capital tive quando viajei a Salvador, alguns anos depois de voltar para o Sul e deixar a Bahia. Em uma dança de Obaluaiê (Sakpata, o Senhor da Terra), ele gritava e se contorcia. Ao buscar explicações para a simbologia disto nesta representação da dança de Obaluaiê, descubro que esta dança, que simboliza a dor do Senhor da Terra, é a dor do mundo e de todos os homens que vivem nele; que o Senhor da Terra sente e que as riquezas da Terra, seu domínio, devem servir para aliviar as dores dos homens, e assim sua dor seria aliviada, pois, enquanto os homens na Terra sofressem as penas, e as riquezas da Terra não fossem usadas para aliviar as dores dos homens, ele continuaria sentindo as dores dos homens.

Como filho de Obaluaiê, tendo o Odu Obara Meji (o Odu da Prosperidade entre os povos) em meu destino, isto me levou a militar politicamente pelo fim da miséria em meu país, trabalhando voluntariamente como pesquisador militante, confeccionando relatórios para a utilização em políticas públicas na área social, educacional, de igualdade racial e de gênero; segundo o juramento de vida que fiz à minha mãe Oxum pelas mulheres e contra todo tipo de opressão e discriminação racial, religiosa e de gênero, e a Xangô pela educação, chegando até mesmo a me infiltrar entre o povo de rua da Bahia para pesquisar seu capital cultural e os motivos que provocaram a evasão escolar desta população. Fiquei extremamente realizado pelo juramento que fiz quando, em 2013, foi promulgada a lei que destina 100% dos recursos dos *royalties* do petróleo do Pré-sal Brasileiro para a Saúde (25%) e a Educação (75%), cumprindo a vontade de Obaluaiê, usando as riquezas que estão de baixo de do solo de sua Terra para aliviar as dores dos homens e, assim, indiretamente, aliviar sua dor (o que confronta diretamente com o espírito do capital dos monopólios com suas atuais extensões no mundo financeiro que nos trouxeram a crise atual).

Outro fato que me deixou extremamente realizado por minha ancestralidade afrodescendente, no alento à dor do Senhor da Terra, foi quando meu país erradicou a miséria e saiu do Mapa da Fome Mundial, algo pelo qual lutarei com minha obra, sobretudo na inspiração de políticas públicas como bom filho do Senhor da Terra, para que o mesmo ocorra na nossa amada Mãe África e em outros lugares do mundo, para que assim a dor do mundo, que sente o Senhor da Terra, seja menor. Ainda mais por, além de tudo (em minha tradição), acreditar que na cabeça de cada um mora um deus (independentemente de sua religião). E, considerando como são alimentados os deuses nossos ancestrais, os seres que os carregam não podem passar fome, pois estes deuses (independentemente de sua fé ou descrença) se alimentam quando os alimentamos, e assim se erradica a fome.

Só se enfrenta o espírito do capital (que, sendo a predisposição de acumular capital como um fim em si mesmo, motiva o rentismo que nos trouxe a esta crise) com outros valores culturais que deem suporte a novos modelos econômicos sustentáveis, que devem se adaptar aos valores culturais dos povos do Sul em seus Renascimentos Culturais (africano, latino-americano, islâmico, russo, chinês, hindu e asiático em uma versão ao século XXI) que dialoguem entre si.

Desconstruir e reconstruir, no processo de ordem – desordem – ordem mais perfeita, do qual nos fala Balandier, é o caminho que se apresenta a nós para que trilhemos.

Para os que creem que nada se modifica, deixo-os com o título de uma obra de Marshall Berman, inspirada na frase de Karl Marx e Friedrich Engels (1848, cap. 1, paragr. 18), *Alles Ständische und Stehende verdampft* ("Tudo que é sólido desmancha no ar"), bem no espírito do que representa Exu para o povo iorubá, além de versos do seu oriki que transcrevo abaixo igualmente:

Oriki de Exu

> Ele faz o torto endireitar,
> Ele faz o direito entortar
> Rei na Terra de Ketu,
> Ele reforma Benim

Reformemos nosso Benim, Exu.

Laroye Esu

Psicologia: Iansã enlouqueceu Freud em seu divã

Este pequeno texto sobre o encontro entre Freud e Iansã, em um tempo imaginário, tem como objetivo discutir de uma forma divertida os encontros e desencontros entre a teoria psicanalítica de Freud e as tradições dos povos subsaarianos, sobretudo os ligados à matrilinearidade.

Também discute até que ponto os profissionais de psicologia em nosso país estão preparados para lidar com o tema do racismo em suas práticas, tema recorrente de diversos pesquisadores negros da área na atualidade.

(Iansã se apresenta.)
Iansã – Ku Aro, seu Freud. Se alafia ni?

Freud – O quê? Boa tarde, quem é a Senhora?

Iansã – Dona do vento da Vida,
Senhora da Caça,
Senhora da Guerra,
Altiva na Batalha,
Aquela que cuida das crianças,
Bela na Briga,
Mãe que doma a dor da miséria,
Mãe que doma a dor do vazio,
Mãe que doma a dor da tristeza,
Mãe que doma a dor da desonra,
Quem não sabe que Oyá é mais que o marido,
Oyá (eu) é mais que o alarido de Xangô.
Mãe dos Nove Filhos,
Mãe das Nove Luas,
Mãe da Noite.

Freud – Bem, só isso? Ainda não tinha ouvido falar da Senhora aqui em Viena. Por que me procura?

Iansã – Porque os homens de branco, seus adeptos, falaram para minhas filhas guerreiras negras da nação da minha diáspora que o Senhor poderia me ajudar em uma questão.

Freud – No que, exatamente?

Iansã – Quando minhas filhas negras procuram emprego, não são aceitas, e ocupam as posições mais baixas nas suas sociedades, são ignoradas em seus direitos. Quando procuram trabalho, trabalham mais que os homens; são colocadas para escanteio no terreno afetivo pelo padrão de beleza vigente em suas sociedades e lhes é negado o direito de afirmação de sua própria identidade e cultura, o que, quando ocorre, não é reconhecido.

Não raro passam humilhações públicas, por causa de suas condições de mulheres negras em vários terrenos, e não se veem nem mesmo representadas nas produções artísticas, o que igualmente não raro faz com que muitas abaixem a cabeça e aceitem esta posição de inferioridade que lhes é imposta.

Seus filhos, destas mulheres negras, sofrem genocídio, fecham-lhes oportunidades, são representados negativamente e de forma pejorativa, lhes é negada sua própria riqueza cultural; enquanto nestes países atribuem-se vistos à mão de obra especializada de alto valor agregado mais para estrangeiros brancos do que para jovens negros, que dificilmente chegam a se especializar antes de serem mortos pela polícia.

Isto me deixa muito triste, pois sou uma heroína que lhes legitimou comportamentos de suas ancestrais, e fico triste por muitas não me conhecerem, não poderem se espelhar no meu exemplo de guerreira.

Eu mesma sofro humilhações em meus simbolismos, não sendo reconhecida como heroína, mesmo sendo heroína de fato deste povo... Quando os alunos que vão ser professores aprendem sobre os mitos da educação, só falam do herói grego e do pai romano, heróis brancos.

Quando falam que sou sua heroína que formou sua nação, muitos vêm me dizer que sou coisa do demônio, que não mereço servir de exemplo, ainda que se espelhem no exemplo de suas ancestrais negras que se vestem para trabalhar e sustentar seus filhos, assim como eu fazia me vestindo de búfala para caçar e guerrear e sustentar meus nove filhos.

O pior é que as instituições de meu país não me reconhecem assim, e os poucos que me procuram, mesmo entre estes que dizem que sou o demônio, querem que apenas lhes faça magias para resolver seus problemas imediatos, sendo que há muito mais do que a magia que desejam. O que já fiz pelas civilizações destes países da diáspora e da África é muito mais, e não reconhecem, o que gera grande sofrimento para todos nós.

Freud – Bem, vejo um diagnóstico claro de autovitimização, síndrome de perseguição, podendo até mesmo ter suas raízes em falta de medicação psiquiátrica. Vou estudar o caso à luz da psicanálise clássica. Vejo também uma relação difícil com a figura paterna, talvez fruto de alguma histeria, e vejo claramente minha teoria de inveja do pênis.

Iansã – Bem, já ouvi isso várias vezes, em quase toda clínica de seus discípulos em que me consulto, por isso vim procurar o Senhor em pessoa aqui no Orum pra ver se isso era coisa do Senhor mesmo.

O Senhor nunca ouviu falar de racismo? Não lhe ocorre que talvez o doente não seja exatamente minha filha e eu, mas, sim, a sociedade em que estamos?

Freud – Bem, não costumamos nos deter em questões sociológicas na psicologia.

Iansã – Pois deviam.

Freud – Vejo que talvez o caso Dora sobre a histeria pode ser interessante nesta situação. A Senhora e o seu povo têm algum problema na relação com o próprio corpo ou com o prazer?

Iansã – Seu Freud, certamente o Senhor não conhece minha lenda aqui em Viena. Fui mulher de todos os deuses e os conheço no sentido de sua Bíblia. Aliás, é o que tem de mais interessante e divertido neste livro. Mesmo sendo pagã, adoro conhecer as pessoas no sentido bíblico. E a isto agradecem meus nove filhos por terem nascido devido a este meu gosto.
    Quando era pequena, ouvia o oriki de Ogum que dizia:
    – Ele toca a base de seu pênis, talvez seja inativo.
    – Ele vê que seu pênis está ereto, exceto os testículos que se esvaziam.
    Minha mãe Iemanjá tinha em seu oriki a fertilidade:
    – Ela tem muitos pelos na vagina.
    – Senhora que tem os seios úmidos.
    Na minha tradição, os meus desejos e instintos, que são coisas que me fazem me sentir humana, são sagrados, dom dos deuses que fazem parte da vida e não o que vocês chamam de pecado. Não demonizo a minha relação com meu corpo.

Sempre tive uma relação muito saudável com minha sexualidade, pelos exemplos que citei, assim como meu povo... Não conhecemos o que é histeria em nossa cultura.

Acho que não é o caso.

Freud – Contudo este fato que a Senhora cita de seu companheiro sobre o pênis talvez denote o que chamo de inveja do pênis.

Iansã – Seu Freud, o Senhor não ouviu que eu sou mais que o Alarido de Xangô, que sou mais que meu marido.

Em minha civilização, acho que o que existe é a inveja do meu ventre, pois os homens não têm o dom de gestar como eu e minhas filhas guerreiras.

Se não fossem nossos ventres, nossas linhagens não se prolongariam, pois os homens não gestam, não têm os nossos ventres sagrados.

Não fossem nossos ventres, nossa civilização não existiria, tanto que, até que descobrissem que tinham participação no fato do nascimento de nossos filhos, éramos tidas como deusas, de onde vem o canto de minha irmã Oxum, que diz:

– Ajoelhem-se para as mulheres.

– As mulheres são a inteligência da Terra.

– O homem não pode fazer nada na ausência da mulher.

Somos as senhoras dos segredos da magia, as mães da Terra e seus segredos, as senhoras do mercado, as matriarcas nas quais têm origem nossas linhagens e objeto de maior respeito, representando a tradição. Não somos nada menos que as mães da civilização.

Acho que vou desistir do Senhor e seu "monismo fálico" e vou me consultar com o Senhor Donald Winnicott, que baseia seus estudos em nós, as mulheres, e diz que, se somos mães suficientemente boas ou não, é o que determina todo o futuro de nossas civilizações.

Todos invejam nossos ventres de onde venho. Não temos a mínima ideia do que seja esta tal de inveja do pênis. Nosso ventre representa o poder de nossas sociedades, e o poder da magia dos segredos da terra em todas civilizações, desde a África que vem de nossos ventres, muito mais poderosos que este seu pênis de que não tenho inveja nenhuma.

Nossas transgressões, como transgressoras que somos, criaram a agricultura enquanto coletávamos e os homens caçavam, criaram o mercado (que nasceu de nossas transgressões) que salvou nossa civilização das guerras impostas pela ordem masculina. Criamos nestas mesmas transgressões outras ordens nas linhagens, com os agregados nas famílias, as crianças vindas de fora, integrando-as às linhagens com nossa maternidade simbólica, o que, na época das razias (as caçadas de escravos) e de diversas guerras (nas quais nossos mais velhos e maridos eram levados para a América), salvou nossa civilização novamente. Assim como transgredindo novamente aprendemos a caçar e guerrear nesta mesma época, quando eu surgi como mito para legitimar estes comportamentos que ainda são os das chefes de família mulheres na África e na Diáspora, construindo com mais esta transgressão à ordem masculina uma nova civilização, mesmo que, para os homens das letras, que dizem quem são os heróis da educação, sejamos invisíveis.

Sinto muito que minhas filhas mulheres negras hoje não reconheçam isso e o papel que lhes é atribuído atualmente em suas sociedades.

Seu Freud, como fica a história do racismo?

Freud – Bem, antes vou psicanalisar alguns objetos que traz...

Bem, talvez seja importante ver o que representa esta espada de formato fálico e esta sua bolsinha de formato côncavo; isto pode querer dizer alguma coisa no quadro geral, ter outro simbolismo.

Iansã – Bem, seu Freud, o Senhor está me irritando com esta história e não está me respondendo sobre a questão do racismo.
Se o Senhor continuar, eu é que vou psicanalisar o simbolismo do seu famoso charuto, que o Senhor não largou até o final da vida...

Freud – Bem, vamos combinar, o charuto é só um charuto, sua espada pode ser somente uma espada, sua bolsinha pode ser só uma bolsinha.... (Acho melhor não comprar esta briga).

Iansã – E vamos combinar uma coisa: racismo pode ser só racismo, ou em algum caso clínico pode também existir racismo e seus adeptos têm que considerar isso em seu trabalho essencial na modernidade.

Freud – Eparrei, dona Iansã, e que nunca nos curem totalmente de nossa loucura!

(Iansã solta seus brados de guerreira entre os raios que solta e o trovão que ressoa.)
Iansã – EHHHHHE... E não matem assim nossa criatividade, que é o que nos dá vontade de viver. E, como eu mesma disse nos sonhos de minha filha Simone (de Beauvoir), que veio mostrar para sua civilização a coragem ancestral que vem de nós, guerreiras africanas, desde a noite dos séculos, para que sejam menos calculistas e cartesianos e mais felizes: "*ÉCARTES DESCARTES*" (descarte Descartes).

Itan Ifá – a desmacunaimização do herói brasileiro em um jovem que se descobre negro e até então não sabia

Dentro do contexto do herói, sempre me intrigou, como paulistano antropofágico, em contraposição aos paulistanos fascistas (pois São Paulo ainda é a capital do fascismo no Brasil), a questão do herói brasileiro como sendo o herói sem caráter da obra *Macunaíma* de Mário de Andrade (2019).

Macunaíma nasce negro e, segundo diz sua história, ele embranquece, o que pode ser também uma metáfora e mesmo uma crítica para as políticas de embranquecimento da população entre o final do século XIX e o início do século XX. Contudo, além de embranquecer, Macunaíma também é um herói que se forma a partir da perda do seu caráter. O herói sem caráter de Mário de Andrade aparece como uma metáfora do arquétipo formado pelo herói brasileiro na educação: a falta de ética de nossos governantes, a falta de estrutura moral de nossas instituições, a corrupção em nossa sociedade presente de forma generalizada. De forma geral, pode-se dizer que este herói sem caráter, que era negro e embranquece, tem diversas *aretés* (excelências), entre elas a esperteza, o dom de ludibriar, da trapaça e tudo mais que a falta de caráter forma em um herói.

Paralelamente a este contexto, na época em que entrei em contato com este herói em minha educação, eu me declarava branco somente por ter um sobrenome de origem italiana e pele clara para os padrões brasileiros. Mesmo sendo afrodescendente e com avó, mãe e tia maternas de traços e pele negra, não me considerava negro e, aliás, nem sabia que poderia me declarar como tal. Eu me achava mais um dos milhões de oriundos de São Paulo, orgulhoso de sua origem europeia, de uma classe média que busca não se identificar com os padrões brasileiros.

Bem, isso se deu até que eu fui para a Europa e lá não fui aceito pelos europeus como um deles, por meu tom de pele, tradição cultural (que achava que era europeia como grande parte de outros oriundos de nossa classe média paulistana acha), forma de andar, de me expressar, e tudo mais que contrastava em muito com o que de fato se passa na Europa. Apesar de falar italiano bem na Itália e muito bem francês na França, os grupos de europeus italianos e franceses não me viam como um integrante de seus grupos, como eu e grande parte dos integrantes da classe média brasileira nos considerávamos até então. Na Itália, cheguei a ser chamado de *tizione* (tição) pelo meus traços, e na França era o *métis* (mestiço). Os que me aceitavam como integrante de seus grupos eram os imigrantes árabes, egípcios, magrebinos, sírios, libaneses, hindus, africanos subsaarianos, antilhanos e outros mais.

Na verdade esquecemos, nós que também temos origem europeia em nossas ancestralidades na América, que nossos ancestrais vieram da Europa fugindo de guerras e fomes ocasionadas por uma elite que não os queria lá, e ainda não nos quer lá, a nós descendentes desses migrantes, camponeses em sua maioria.

Bem, a partir disso, não tive mais nenhum motivo para me orgulhar de ser um representante das civilizações europeias em meu país e passei a integrar os grupos que me aceitavam de fato e que, em sua maior parte, se declaravam negros. Vi na pele o que é ser negro como uma posição política, antes que um tom de pele, e de que nós brasileiros, só porque temos uma ascendência europeia, não nos damos conta.

Ao afirmar minha identidade e minha cultura, venci o arbitrário cultural a que estava submetido e, ao ampliar meu universo simbólico através da valorização destas culturas todas, minhas ancestrais (pois a ancestralidade é um valor civilizatório de meus ancestrais africanos que passei a valorizar), assimilei os códigos de comunicação em cerca de dez línguas, aumentando das três anteriores que tinha somente, quando me achava um perfeito europeu.

De qualquer forma, em meu imaginário eu não me orgulhava dos heróis do meu país, por estar presente neste imaginário este arquétipo de herói que fugiu de suas origens negras e ainda, além de tudo, perdeu o caráter (no que, segundo o conceito de *areté*, não há nada de errado, desde que mantenha a excelência em determinadas qualidades que o diferenciem).

Um dia, já de volta ao Brasil, em uma aula na universidade em que estudei, um professor de História da Educação falou sobre uma viagem sua à Europa e o contato com os protocolos da academia das universidades portuguesas. Ao lhe ser perguntado, pelos acadêmicos portugueses, qual é o protocolo nas universidades brasileiras, dissera-lhes que não temos protocolo, mas "preto-colo", e que no Brasil era difícil formar estes arquétipos do herói na educação por não termos heróis "de verdade". De fato, era uma alusão direta à desvalorização dos referenciais subsaarianos em nosso processo educativo de formação e ao seu completo desconhecimento dos códigos morais que formaram os arquétipos de nossos heróis negros em suas sociedades de resistência.

Isto me levou a querer estudar estes heróis, desprezados em nosso imaginário e que, apesar disso, não deixam de fazer parte de nosso processo civilizatório. Ao entrar em contato com lideranças tradicionais do atual Renascimento Africano, entrei em contato com estes códigos morais e descobri o conceito de *iwá*, que centra justamente o caráter na formação do arquétipo do herói.

Paralelamente a isso, descobri que minha afrodescendência permite que eu me declare negro, apesar de, pelo fenótipo e pela cor de pele, não ser necessariamente visto como tal no Brasil. Contudo, consciente de que, antes de tudo se trata de uma posição política, não pude deixar de assumir minha negritude com todo o orgulho, em nome de todos os meus ancestrais, meu patrimônio identitário e cultural, e todos aqueles povos negros que na Europa me aceitavam como integrante de seus grupos. Resolvi portanto me identificar, antes de tudo, como sendo do grupo que me aceita sem restrições em qualquer lugar do mundo, e dessa forma não poderia ser outra coisa senão um NEGRO.

Desse modo, consegui fazer o que chamo de processo de desmacunaimização do meu herói nacional, que, de negro de nascimento que se torna branco e perde o caráter, recupera o caráter (*iwá*) a partir dos códigos morais de seus ancestrais e, negando uma falsa identidade europeia e branca dos que não o aceitam em seu grupo, assume sua identidade mestiça, valorizando todos os matizes culturais que me formam. Contudo, faço isso de forma afrocentrada pelo fato de ter o conceito de ancestralidade, um valor civilizatório africano e negro, antes de tudo como posição política, resgatando esta origem perdida no arquétipo da formação deste herói sem caráter.

Vejo em relação a esta história única – como diz a escritora nigeriana Chimamanda Adichie (2009), uma de minhas inspirações maiores –, que define e venera a *Paideia grega* como a única que pode formar arquétipos de heróis da educação, todo o processo de violência simbólica em relação a nossas tradições de matriz africana de que trato no primeiro capítulo desta obra. E até imagino Exu, ou o próprio Macunaíma, quando entra em contato com o que Exu me disse [quando me pediu que o nome de outra obra minha fosse *Paideia negra* (POLI, 2016)], que é uma revelação para mim, e mais preciosa do que aquilo que os *daimons* (espíritos inspiradores) de Sócrates lhe diriam: "Meu filho, estes desta Paideia Branca também peidam que nem nós. Não estão acima do bem e do mal."

Viva Zumbi.
Viva Xangô. Viva Oyá. Viva Luíza Mahin. Viva Luiz Gama e todos os heróis negros de nossa nação que formaram nossos arquétipos da educação, mesmo que sejam ainda invisíveis ao pensamento predominantemente colonizado de nossa academia.
Eparrey Iansã.
Kawo Kabiyesi l'Oba Baba Sango.
Laroye Esu.

Aplicações

Oficinas e práticas pedagógicas de afirmação identitária afrodescendente

Esta seção apresenta, primeiramente, os resultados da pesquisa de campo realizada, em 2012, para a minha dissertação de mestrado. A hipótese que norteou esta pesquisa é a seguinte: a introdução do estudo dos mitos africanos e afro-brasileiros no contexto educacional brasileiro promove, para as populações negras, a afirmação identitária e cultural, o que representa um grande ganho no processo de escolarização. Ou seja, os indivíduos que afirmam sua identidade e sua cultura e, a partir disso, enriquecem seu universo simbólico de origem terão mais facilidade de desenvolver-se na escola; além disso, para as demais crianças, esse estudo representa o aumento do repertório cultural e, dentro do conceito do espaço de criação de Biarnès, proporcionará a oportunidade de lidar com a alteridade e inserir na escola a diversidade cultural.

A seguir, descrevo o programa *Nossos Pais Nossos Verdadeiros Heróis*, que constitui minha experiência pedagógica como professor do Ensino Básico e em oficinas realizadas em bibliotecas e centros culturais, principalmente em São Paulo.

O projeto pedagógico *Ire Ayo*

A pesquisa de campo foi realizada na Escola Municipal Eugênia Anna dos Santos, localizada na periferia de Salvador, Bahia, e que funciona no Terreiro Ilê Axé Opô Afonjá. As aulas foram observadas no período de outubro a novembro de 2012.

O projeto pedagógico dessa escola baiana incorpora o projeto pedagógico *Ire Ayo*, de autoria da doutora Vanda Machado (doutora em Pedagogia pela Universidade Federal da Bahia), em que são trabalhados, semestralmente, interdisciplinarmente, mitos de orixás africanos, nas dimensões sociológica e pedagógica. Não é abordada a dimensão mística, em respeito ao caráter laico da escola pública. Durante o período em que estagiamos ali, os professores trabalhavam o mito de Oxum, mais especificamente, a lenda "Oxum, a senhora das águas doces e da beleza".

Observação e estratégias de intervenção nas aulas

No período em que lá estive, foram observadas diversas aulas, das quais destaco quatro. A primeira observação foi realizada com a turma de Pré-alfabetização, em que a professora, evangélica, utilizava exemplos e usava tópicos dos mitos africanos para ilustrar o processo de alfabetização. Na aula da professora do 1º ano, observamos que utilizava este mesmo conteúdo no processo de alfabetização.

No 3º ano, a professora era islâmica e, naquela aula específica, fiz uma intervenção para falar de heroínas e de mulheres de destaque negras brasileiras e africanas, como Luíza Mahin, Moremi, Wanda Machado, Mãe Stella e Obá Biyi, fundadora do Ilê Axé Opô Afonjá, que descriminalizou os cultos de matriz africana.

Também contei a história do Ketu, ressaltando o trecho no qual Iya Kpanko deu o fogo da coexistência ao rei Edé (Oxóssi), defendendo o princípio da coexistência como um dos princípios fundantes da nação que herdamos dos povos negros, comum nas dinâmicas sociais na África Ocidental e Sul-ocidental, de onde veio a maioria dos povos escravizados, e a professora narrou como funcionava este princípio na tradição islâmica.

No 5º ano, a professora deu uma aula sobre tempos verbais de verbos presentes no mito e, também, falou sobre questões relativas a heroínas e mulheres negras de destaque em nossa sociedade. Aproveitei para fazer uma intervenção sobre o papel da heroína negra em nossa sociedade.

Projeções de mitos – estratégias pedagógicas

Na teoria winnicottiana referente aos objetos transicionais, percebe-se que o mito, como função pedagógica, ocupa o lugar de objeto transicional para o estabelecimento de espaços transicionais. Todas as professoras trabalhavam as lendas de forma que o mito de Oxum (e de heroínas e mulheres negras de destaque, anteriormente citadas), em sua função pedagógica, fosse projetado nas professoras.

A partir do processo de assimilação do conteúdo referente aos mitos, os alunos estabeleciam o que Jean Biarnès chama de espaço de criação: espaço transicional que favorece o desenvolvimento cognitivo.

Recordando o que afirma Lahire (1997), no livro *Sucesso escolar nos meios populares: as razões do improvável* e do que observamos na Fundação Ramakrishna, três são os fatores decisivos no sucesso escolar de crianças de meios populares, observados na periferia de Paris, e por mim em Hyderabad: a estrutura familiar, a escolaridade de um dos familiares e a afirmação identitária e cultural.

Contudo, na Bahia, a primeira questão observada foi a de que o perfil das crianças não atendia aos requisitos colocados por Lahire. A estrutura familiar dos alunos era precária e os familiares apresentavam um baixo nível de escolarização. Mas observamos que, paralelamente, a afirmação identitária e cultural deste público pôde ser reforçada, uma vez que os mitos de orixás estavam entranhados na cultura familiar e cumpriam a função de referência psíquica e social. Desse modo, ao verem o mito ser trabalhado pelas professoras, independentemente do fator religioso, os alunos sentiram-se identificados e valorizados, criando um processo de identificação com as professoras, que se transformaram em referências de "estrutura familiar" e de escolarização.

O mito, inicialmente utilizado com finalidade pedagógica, passou a desempenhar a função de objeto transicional, ao ser projetado nas professoras, reforçando valores identitários e culturais. Também observamos que outros dois fatores de sucesso presentes na teoria de Lahire, que são a estrutura familiar e a escolarização de um dos membros da família que servem como referência para o aluno, foram parcialmente compensados pelo espaço de criação estabelecido pelas professoras. E assim, as crianças respondiam positivamente, com resultados na apropriação linguística, no processo de alfabetização, ampliando o campo do desenvolvimento cognitivo, apesar de não se inserirem em todos os "fatores de sucesso", como exposto na teoria de Lahire.

No período em que estive nas salas do 1º ao 5º anos, observei que, à medida que se caminhava para a culminância do mito, os traços dos desenhos das crianças tornavam-se mais soltos. O que, sem dúvida, tem implicação direta no desenvolvimento da escrita, no decorrer do processo de alfabetização: no 5º ano, 95% dos alunos eram ortógrafos, isto é, escreviam sem erros ortográficos, conforme a classificação construtivista de Emilia Ferrero. Cumpriam os requisitos do letramento e atendiam às exigências compatíveis com sua idade, no que se refere à interpretação de texto e à escrita com parágrafos coordenados.

Na pesquisa de campo, aproveitei para aplicar oficinas inspiradas nas dinâmicas da literatura oral africana, utilizando, principalmente, a estrutura dos orikis. Foram realizadas três oficinas em três séries diferentes.

Oficina 1 – Temas geradores, alfabetização e letramento

Esta oficina foi aplicada no 2º ano e consistia na utilização do método dos temas geradores e na estrutura dos orikis africanos. Ela se desenvolveu nos seguintes passos:
- 1º PASSO – As crianças se descreviam a partir dos tópicos presentes nos orikis: títulos e nomes, feitos e aspirações, e opinião pública, que serviam para a abertura e a definição dos temas geradores. No caso dessas turmas em processo de alfabetização, essas descrições eram feitas basicamente com palavras, e não com frases complexas.
- 2º PASSO – As crianças desenhavam algo que expressasse seus feitos e aspirações, além de nomear o desenho.
- 3º PASSO – A palavra escolhida funcionava como tema gerador e era separada em sílabas.
- 4º PASSO – A partir daí, como em um jogo, formavam-se novas palavras, reutilizadas para novas produções textuais.

Oficina 2 – Mãe, professora, Oxum, uso gramatical das qualidades

Nesta segunda oficina, aplicada no 3º ano, mesclaram-se mitos, como objeto transicional projetado na professora (segundo Winnicott), para a formação e o estabelecimento do espaço de criação de Biarnès, com o uso do desenvolvimento de habilidades gramaticais, de acordo com os seguintes passos:
- 1º PASSO – De acordo com a estrutura dos orikis, pedia-se às crianças que mencionassem uma qualidade, um feito e uma opinião a respeito de suas mães, da professora e do mito de Oxum.

- 2º PASSO – As crianças desenhavam o que foi dito.
- 3º PASSO – A partir da observação das professoras, trabalhava-se o uso de adjetivos e de substantivos e introduzia-se o conceito de verbo, através de atividades como produção textual.

Nesta oficina, foi observado o sucesso da teoria winnicottiana e da de Biarnès dos espaços transicionais, dos objetos transicionais e dos espaços de criação. Observamos que o mito funcionava como objeto transicional entre a mãe (mãe da realidade) e o professor (mãe da ilusão), formando o próprio conceito de jogo da teoria winnicottiana transposto para o espaço de desenvolvimento cognitivo dos espaços de criação de Biarnès.

Oficina 3 – Oficina motivacional

Nesta oficina, aplicada no 5º ano, utilizou-se a estrutura dos orikis para trabalhar a questão motivacional dos alunos em produções textuais. A oficina se desenvolveu em três etapas.
Na primeira etapa, foi solicitado aos alunos que:
- Contassem qual era a referência que tinham da pessoa mais velha da família, conforme utilizado na literatura oral africana, e descrevessem essa pessoa;
- Elaborassem um poema pessoal que descrevesse sua própria imagem (baseado nos orikis);
- Escrevessem o que gostariam de fazer ou o que realizaram de importante (baseado na estrutura dos orikis);
- Escrevessem um texto sobre como se viam perante a opinião pública – a comunidade ou a classe (baseado na estrutura dos orikis).

Na segunda etapa, foi pedido que:
- Descrevessem um sonho pessoal;
- Dissessem se a escola poderia ajudá-los a realizar este sonho;
- Dissessem o que gostariam de expressar ao mundo;
- Dissessem o que gostariam de falar à escola;
- Dissessem um objetivo para o ano seguinte.

Na terceira etapa, pediu-se que elaborassem um texto sobre identidade, objetivos e motivações.

Observou-se, nesta oficina, que a afirmação identitária dos alunos reportava-se a suas referências maternas e que os ideais de não violência do mito de Oxum, trabalhados naquele semestre, estavam muito presentes no que concerne ao mundo e à escola e, muitas vezes, diretamente relacionados aos próprios objetivos. Segundo avaliação da Secretaria de Educação, 95% dos alunos desta classe dominavam o processo da escrita, acima do que se espera para alunos dessa idade.

Programa *Nossos Pais Nossos Verdadeiros Heróis*

Este programa de leitura e oficina visa à defesa de valores civilizatórios africanos e afro-brasileiros, como a ancestralidade e a aproximação dos alunos às suas realidades sociais familiares, a fim de valorizá-las, sobretudo nas classes menos favorecidas das escolas públicas em regiões de vulnerabilidade social dos meios urbanos e rurais de nossas cidades.

Oficinas de leitura

Como oficina de leitura, o programa tem como passo a passo:

- 1º PASSO – Entrevistas com os pais: coletar as histórias familiares dos alunos, selecionando os pais a serem entrevistados para narrarem suas trajetórias de vida com ênfase na valorização de suas experiências profissionais e de escolaridade.
- 2º PASSO – Construir as histórias de narrativas a partir das entrevistas aos pais: daremos, ao final deste bloco, exemplos de narrativas feitas em sala de aula, como práticas de leitura, a partir das entrevistas com os pais. Contudo, esta parte exige um cuidado especial para evitar ao máximo revelar ao público de alunos as identidades destes pais.
- 3º PASSO – Selecionar lendas de mitos e heróis e heroínas africanas e afrodescendentes: neste ponto, é necessário selecionar a lenda do mito ou herói e heroína africano ou afrodescendente que mais se afine com a história do pai entrevistado em questão e construir esta narrativa.

A oficina de leitura é feita então em um determinado dia da semana, com:
- Leitura da história do mito ou herói ou heroína africana ou afrodescendente;
- Leitura da história de um dos pais entrevistados.

É feita então a construção de um quadro de papel pardo para que os alunos desenhem no tempo livre que tenham nas aulas, ao passo que terminem as atividades obrigatórias, como um incentivo para que não procrastinem estas atividades. O quadro deve ser assim organizado:
- Metade do quadro à disposição para o uso do tema da Oficina de Leitura;
- Metade do quadro à disposição para o uso de Temas Livres.

Os quadros de papel pardo dos alunos serão exibidos numa Exposição Bimestral dos Trabalhos nos corredores da escola, podendo se transformar em um ciclo de leitura e apresentação das histórias a partir das imagens dos quadros utilizados.

Oficinas teatrais

As oficinas teatrais têm cinco passos:
- 1º PASSO – Distribuição de papéis de mitos de heróis e heroínas entre os alunos (um papel para cada um, ou uma história que ocupe todos os alunos).
- 2º PASSO – Construção das roupas com jornal, cartolinas e outros materiais.
- 3º PASSO – Escritura e determinação dos textos de cada um.
- 4º PASSO – Ensaios.
- 5º PASSO – Apresentação pública.

Um exemplo de material para essas oficinas é a história da fundação do Ketu e do rei Edé. Os textos "História de Ketu" e "O fogo da coexistência" podem ser encontrados na seção "Sugestões de textos para uso em sala de aula".

Oficinas de mapas ortográficos

Aqui também explicamos o passo a passo:
- 1º PASSO – É contada a história de um mito africano ou indígena.
- 2º PASSO – Discute-se sobre o tema em questão e o que há de mais relevante na história escolhida.
- 3º PASSO – Os alunos produzem uma redação sobre o tema.

- 4º PASSO – Os alunos trocam as redações e verificam, de acordo com sua própria percepção, quais são os erros ortográficos nas redações dos colegas.
- 5º PASSO – Tudo é entregue ao professor, que corrigirá, fará um mapa de erros ortográficos mais frequentes e agirá nos textos que passar na lousa, privilegiando a utilização de palavras nas quais os erros ortográficos se repetem mais de forma coletiva.
- 6º PASSO – Esta ação e estes mapas devem ser feitos periodicamente, semanalmente ou mensalmente, ao menos, para que o professor possa analisar, comparando, mapa a mapa, o progresso da turma ou individual de cada aluno na diminuição de erros ortográficos.

Oficina motivacional – produção de textos

Nesta oficina, utiliza-se a estrutura dos orikis para trabalhar a questão motivacional dos alunos em produções textuais.

Na primeira etapa, é solicitado aos alunos:
- Contar qual era a referência que tinham da pessoa mais velha da família, conforme utilizado na literatura oral africana e descrevê-la;
- Elaborar um poema pessoal que descrevesse sua própria imagem (baseado nos orikis);
- Escrever o que gostariam de fazer ou que realizaram de importante (baseado na estrutura dos orikis);
- Escrever um texto sobre como se viam perante a opinião pública – a comunidade ou a classe (baseado na estrutura dos orikis).

Na segunda etapa, pede-se:

- Que descrevam um sonho pessoal;
- Que digam se a escola poderia ajudá-los a realizar este sonho;
- Que digam o que gostariam de expressar ao mundo;
- Que digam o que gostariam de falar à escola;
- Que digam um objetivo para o ano seguinte.

Na terceira etapa, pede-se que os alunos elaborem um texto sobre identidade, objetivos e motivações.

A quarta etapa é a avaliação final, que consiste em uma roda de conversa sobre a oficina motivacional.

Nesta etapa, o objetivo central é que os alunos digam como querem ser avaliados pelo professor segundo sua maior habilidade.

Por isso, devem refletir sobre os itens:
- Qual é a minha principal habilidade (escrita, prosa, poema, atuação, canto, desenho etc.)?
- Como quero trabalhar (sozinho, em grupo)?
- O que quero produzir como atividade final?
- Qual é a minha música-tema (se houver)?
- Esta atividade tem relação com minha motivação principal na vida ou nos estudos?

Depois disso, fazer o projeto e entregar para o professor.

Oficina pai-mãe/mito, herói-heroína/professor

Esta é uma oficina de leitura em que são lidas as histórias dos pais, heróis e heroínas, e mitos africanos e afro-brasileiros (podendo ser aproveitadas, inclusive, as oficinas e práticas de leitura *Nossos Pais Nossos Verdadeiros Heróis*). A oficina segue os seguintes passos:

- Alunos desenham o mito ou o herói e a heroína;
- Alunos desenham o pai ou a mãe, ou outro familiar responsável (quem eles creem que se identifique mais com aquele mito de herói ou heroína);
- Alunos desenham o professor;
- Alunos atribuem uma qualidade que defina em uma palavra o mito, o herói ou a heroína;
- Alunos atribuem uma qualidade que defina em uma palavra o pai, a mãe ou o parente responsável desenhado em questão;
- Alunos atribuem em uma palavra uma qualidade que defina o professor;
- Professor analisa o trabalho à luz da teoria dos objetos transicionais de Winnicott, da projeção do papel de herói, mito e heroína e dos pais ou responsáveis na relação com o professor;
- Professor analisa os desenhos (traços livres ou reprimidos podem querer dizer algo).

Análise das qualidades atribuídas aos diferentes agentes na oficina

1º CASO – As três qualidades são positivas.

Provavelmente, não há bloqueio cognitivo no que decorre da imagem do mito, herói ou heroína negros, pais e professores, aconselhando-se assim que o professor continue a reforçar sua imagem de afirmação identitária negra (caso seja negro) ou de respeito à diversidade (caso não seja negro) e continue projetando sua relação pessoal e didática com o aluno na relação simbólica que ele estabeleceu com aquele mito e com seus pais e ou responsáveis.

2º CASO – A qualidade dos pais e responsáveis é negativa; e as demais qualidades são positivas.

Provavelmente, a memória simbólica da relação com aquele parente trará um bloqueio cognitivo se o professor vier a projetar sua relação pessoal e didática na relação simbólica que ele estabeleceu com aquele parente; tendo mais sucesso assim na afirmação da própria identidade negra, caso seja negro, ou de respeito à diversidade (caso não seja negro), como também terá mais sucesso na projeção desta relação pessoal e didática com o aluno.

A relação com este parente pode gerar bloqueios cognitivos e o professor não deve projetar a imagem do mesmo em sua relação pessoal ou simbólica com aquele aluno, dando preferência a esta imagem do mito em questão.

3º CASO – A qualidade do mito é negativa; e as demais qualidades são positivas.

Neste caso, provavelmente, o professor dificilmente terá bons resultados se projetar sua relação pessoal e docente com o aluno a partir do mito; reforçar sua posição identitária trará mais resultados. Contudo, neste caso, se o mito ou herói de origem negra tiver sua qualidade negativa pelo aluno, o professor tem que trabalhar a questão da valorização da identidade (no caso dos alunos negros) e da diversidade (no caso dos demais alunos) e de nossos valores ancestrais africanos; sobretudo se as razões que levam o aluno a atribuir qualidades negativas ao mito forem religiosas, deve-se reforçar a importância dos mitos heróis e heroínas negros na construção de nossa identidade e nossa cultura nacionais.

4º CASO – A qualidade do professor é negativa; e as demais qualidades são positivas.

Quando a qualidade somente do professor for negativa e as demais positivas, o mesmo terá mais sucesso em seu processo relacional e de ensino com aquele aluno se passar a projetar sua relação com o aluno na imagem do parente ou mito em questão.

5º CASO – As qualidades do parente e do herói/heroína e do mito negros são negativas; e a do professor é positiva.

Neste caso, provavelmente, o professor terá bons resultados se projetar sua relação pessoal e docente com o aluno a partir do mito e reforçar sua posição identitária trará mais resultados. Contudo, neste caso, se o mito ou herói de origem negra tiver sua qualidade negativa pelo aluno, o professor tem que trabalhar a questão da valorização da identidade (no caso dos alunos negros) e da diversidade (no caso dos demais alunos) e de nossos valores ancestrais africanos; sobretudo se as razões que levam o aluno a atribuir qualidades negativas ao mito forem religiosas, deve-se reforçar a importância dos mitos, heróis e heroínas negros na construção de nossa identidade e cultura nacionais.

6º CASO – As qualidades do parente e do professor são negativas; e a do mito, herói e heroínas negros é positiva.

Quando somente as qualidades do professor e do parente forem negativas e a do mito positiva, o professor terá mais sucesso em seu processo relacional e de ensino com aquele aluno, se passar a projetar sua relação com o aluno na imagem do mito em questão.

7º CASO – As qualidades do professor e do mito, herói e heroína negros são negativa; e a do parente é positiva.

Neste caso, provavelmente o professor não terá bons resultados se projetar sua relação pessoal e docente com o aluno a partir do mito ou da sua própria, e reforçar sua posição identitária será necessário. Contudo, neste caso, se o mito ou herói de origem negra tiver sua qualidade negativa pelo aluno, o professor tem que trabalhar a questão da valorização da identidade (no caso dos alunos negros) e da diversidade (no caso dos demais alunos) e de nossos valores ancestrais africanos; sobretudo se as razões que levam o aluno a atribuir qualidades negativas ao mito forem religiosas, deve-se reforçar a importância dos mitos, heróis e heroínas negros na construção de nossa identidade e nossa cultura nacionais.

8º CASO – Todas as qualidades são negativas.

Neste caso, provavelmente o professor não terá bons resultados se projetar sua relação pessoal e docente com o aluno a partir do mito, parente ou si mesmo, e reforçar sua posição identitária será necessária; pois, no caso de alunos negros, pode representar uma baixa autoestima que o leva a querer negar as próprias origens. Contudo, neste caso, se o mito ou herói de origem negra tiver sua qualidade negativa pelo aluno, o professor tem que trabalhar a questão da valorização da identidade (no caso dos alunos negros) e da diversidade (no caso dos demais alunos) e de nossos valores ancestrais africanos; sobretudo se as razões que levam o aluno a atribuir qualidades negativas ao mito forem religiosas, deve-se reforçar a importância dos mitos heróis e heroínas negros na construção de nossa identidade e nossa cultura nacionais.

Exemplo de oficina de leitura – Mãe retirante; Iya Mesan, heroína guerreira

Comecemos pela história de Iya Mesan, o mito usado na oficina.

Na África também temos histórias, não somente de heróis, mas também de heroínas que influenciaram e ainda influenciam comportamentos na África e na América Latina.

O mito que vamos expor agora é de uma das mais importantes heroínas africanas para nós brasileiros, o mito de Iya Mesan (Iansã).

A lenda diz que Iya Mesan (literalmente, mãe de nove filhos) era uma guerreira que deu aos nove filhos um instrumento para que estes a chamassem quando precisassem dela. Iya Mesan se disfarçava de búfala para caçar e alimentar seus nove filhos, como mulher valente que era. Quando tinham fome, seus filhos a chamavam e ela voltava da floresta com a caça para alimentá-los, vestida com sua roupa de búfala. Toda vez que precisavam dela, seus filhos a chamavam.

Esta lenda influenciou mulheres na África, nossas ancestrais, a caçarem e guerrearem para alimentar e defender seus filhos, quando seus filhos mais velhos e maridos eram mortos nas guerras entre povos ou levados pelos mercadores de escravos.

Esta lenda também influenciou nossas ancestrais africanas, que vieram para a América, a cuidar de seus filhos e até os dias de hoje influencia nossas mães, que são chefes de família como Iya Mesan (Iansã), a se vestir com suas roupas (como ela se vestia de búfala) para trabalhar (como ela ia caçar e guerrear) para alimentar seus filhos, independentemente de suas religiões.

Este mito está muito presente ainda nos dias de hoje na imaginação de grande parte das mulheres de nosso país e muitas regiões da África. É mais um mito vivo em nossa civilização, que vai além de conceitos religiosos e pertence a nosso patrimônio cultural, pois ainda hoje ainda é um mito que educa.

Vejamos agora a história de Maria, a retirante.

Muitas vezes nós olhamos nas histórias em quadrinhos, nos desenhos, nos livros, e esquecemos que, na maior parte das vezes, nossos maiores heróis estão em nossa família, em nossos ancestrais, avós ou mesmo nossos pais.

A história que vou contar agora diz respeito à vida real de muitos parentes e ancestrais de leitores destes livros e à história de heróis anônimos de nosso país.

Esta é a história de Maria, a retirante nordestina que veio se instalar na cidade grande, assim como vinham os retirantes desta região para as grandes cidades do Sudeste ou do Nordeste, e que pode ser a história de grande parte de nossos ancestrais.

Maria vivia no sertão, era negra como toda a sua família e vinha de um povo de gerações de sofrimento. Seus pais e avós, assim como ela, não puderam estudar por causa do trabalho na lavoura e da distância até uma escola. Portanto, Maria não aprendeu a ler.

Maria sofria muito com a pobreza que a seca de seu sertão provocava e queria que seus filhos não tivessem o mesmo destino.

Então, seu marido e seus filhos partiram para a cidade grande em busca de uma vida melhor.

Por não terem estudo, só conseguiam trabalhos manuais e foram morar em condições precárias nas periferias destas cidades.

Contudo, Maria fez tudo para que seus filhos estudassem: trabalha dia e noite para que não lhes faltasse o alimento e para que não precisassem trabalhar e pudessem estudar.

Lembrava então de suas ancestrais africanas que, como Iya Mesan (Iansã), se vestiam de búfala para caçar e alimentar seus filhos, e, como elas, Maria se encorajou a se vestir para trabalhar e ainda alimentar seus filhos para que pudessem estudar e ter uma vida melhor que ela.

Seus filhos estudaram e, entre eles, seu grande orgulho é sua filha Marina, que se formou professora, algo que ela sempre quis ser, e não pôde por não ter estudo, e viu sua filha realizando.

Assim, ficou orgulhosa em nome de toda a coragem de suas ancestrais africanas heroínas, por ter realizado um sonho que também é de toda a sua nação. Sonho de que sua filha pudesse contribuir na construção de nossa sociedade através da educação, a partir da coragem de suas ancestrais guerreiras africanas, mães verdadeiras de nossa nação.

Sugestões de textos para uso em sala de aula

Os textos a seguir foram adaptados para uso no Ensino Básico (Fundamental e Médio), em atividades sobre valores civilizatórios, cultura africana e afro-brasileira, além de histórias de mitos e narrativas de histórias de pais destinadas ao uso em oficinas de leitura e na atividade *Nossos Pais Nossos Verdadeiros Heróis*.

Os conteúdos de alguns desses textos já foram apresentados e analisados em outras seções do livro. Não se trata de distração, mas de diferentes apresentações dos textos, que aqui estão mais resumidos e apropriados para o trabalho em sala de aula.

História do Ketu

Odudua era o ancestral de todo o povo iorubá e teve vários filhos que fundaram diversas cidades.

A cidade-mãe de todo o povo iorubá é Ilê Ifé, que quer dizer em outras palavras, "terra do amor e sede do reino de Odudua".

Um de seus filhos vai para o oeste, funda uma cidade chamada Aro e aí se estabelece com seu povo.

O povo fica por diversas gerações neste lugar, até que a população cresce a ponto de ter que procurar outra terra para viver.

É enviada uma expedição ao sul, que viaja até que encontra o vilarejo de Kpanko, que se dispõe a abrigá-los.

O povo de Aro, sob o comando do rei Edé (Oxóssi), vai rumo ao sul para sua nova morada e, ao chegar, depois de enfrentarem diversas dificuldades, são recebidos pela matriarca do povo fon, Iya Kpanko.

O rei Édé pede que ela os acolha em suas terras, e ela então lhes oferece o fogo que queimava em homenagem aos ancestrais do povo fon, em sinal de acolhimento aos ancestrais do povo iorubá.

Ao receber este fogo, o rei Edé (Oxóssi) e seu povo são abençoados pelo espírito da terra da aldeia Kpanko do povo fon e aí fundam o reino do Ketu.

Dessa forma, o rei Edé (Oxóssi) fica sendo o primeiro Alaketu (rei do Ketu). Ele declara que este fogo que recebera seria o fogo da coexistência. Em homenagem à generosidade do povo fon, através das mãos de Iya Kpanko, declara que no seu reino, o Ketu, todos que chegassem, fossem eles cristãos, muçulmanos ou tradicionalistas das mais variadas vertentes, seriam bem--vindos e viveriam em paz em nome do espírito daquela terra e do fogo da coexistência que houvera recebido da matriarca do povo fon Iya Kpanko.

O fogo da coexistência

Devido à história do reino do Ketu e do reino de Oyó, o fogo da coexistência é um valor civilizatório central para o povo iorubá e diversos povos da África Ocidental, regulando relações sociais entre diversos povos da região.

Este conceito preza pelo espírito de tolerância entre os povos e de aceitação das diferenças.

Segundo este conceito civilizatório africano, não se vê mérito em se gostar somente de quem é igual a nós, pois devemos respeitar as opiniões diversas para a construção de uma sociedade em que todos, das mais diversas matizes culturais, raciais e religiosas, sejam aceitos.

Nós, brasileiros, em maioria afrodescendentes, herdamos em nossa nação este valor civilizatório que está presente em nosso comportamento de aceitação da diversidade, mesmo que não saibamos.

Por isso, faz-se tão importante que estudemos a história destes mitos africanos e destes reinos fora de sua dimensão religiosa, centrando-nos em seus valores civilizatórios que herdamos, e que dessa forma acabam fazendo parte de nossa cultura.

Oxum, a senhora das águas doces e da beleza

Há muitos e muitos anos, na África, vivia uma senhora chamada Oxum, a conhecida senhora das águas doces. Mulher muito elegante e vaidosa, gostava de tudo o que era bonito: belas roupas, bonitos penteados e perfumes, além de ter paixão por joias. Atenta à sua beleza, estava sempre se admirando no espelho. Quando amanhecia o dia, Oxum já estava mergulhando no rio, banhando-se, para se enfeitar com suas joias. Na verdade, antes mesmo de lavar as suas crianças, ela banhava as joias.

Mas, um dia, que surpresa desagradável! Oxum acordou, levantou-se com o primeiro raio de sol e, quando destampou o baú das joias, ele estava vazio. Não havia uma só peça. O que teria acontecido? Oxum botou a mão na cabeça. Andava de um lado para outro enquanto pensava: "Quem levou minhas joias?" Assustada, chorava muito. Deu uma volta em torno da casa e pôde ver dois homens que se afastavam correndo. Cada um deles levava um saco que, com certeza, eram suas joias. Oxum pensou rápido: "Eu preciso agir." Pensou e logo executou.

Foi à cozinha, pegou uma quantidade de feijão-fradinho, amassou bem e colocou numa panela. Ali acrescentou cebola amassada e uma boa quantidade de camarão seco, pisado no pilão. Por fim, acrescentou epo (azeite de dendê) e misturou tudo, até que se transformou numa massa bem gostosa. Enrolou pequenas porções em folhas de bananeira passadas no fogo. Arrumou tudo numa panelinha e cozinhou. Depois de cozida a massa, ela arrumou tudo bem bonito no tabuleiro e saiu em busca dos ladrões, cantando para espantar suas preocupações. Não foi difícil. Ela sabia exatamente por onde eles iam passar. Sentou-se com tranquilidade à espera dos dois ladrões. Não tardou, eles apareceram, cumprimentando Oxum na maior desfaçatez.

– Ku Aro (bom dia).

– Ku Aro (bom dia).

– Que belo dia! Que bom encontrar companhia por aqui. Como estamos contentes de encontrá-la.

– Ótimo! Então vamos parar e conversar um pouco. Querem comer? Hoje fiz uma comida de minha predileção. Wa unjeum? (Convite para refeição.)

– Hum... Bem que a gente estava sentindo este cheiro tão bom!

Os homens entreolharam-se confiantes e falaram baixinho:

– Esta senhora é tão bonita, mas parece muito bobinha.

– Pois é, nós tiramos todas as suas joias, e ela ainda quer dividir a sua comida com a gente. É tola mesmo.

Os homens não esperaram outro convite: avançaram nos abarás e comeram sem a menor cerimônia, até caírem adormecidos um para cada lado.

Aí, nesse momento, Oxum aproveitou e tomou os dois sacos cheios de brincos, colares, anéis, pentes, pulseiras e prendedores de cabelo. Ela pegou tudo rápido, enfeitou-se toda e saiu cantando pelo caminho de volta para casa.

Lenda de Nanã, Obaluaiê e Oxumaré

Nanã Buruku era a esposa de Obatalá e, ao engravidar, foi consultar o Ifá para saber qual seria o destino de seu filho. Ifá lhe revelou que o filho que Nanã trazia no ventre seria tão belo quanto o Sol e teria o seu poder (o que somente seu pai Obatalá tinha entre os orixás). Baseada nisso, Nanã acreditou que, com o poder do filho que carregava no ventre, poderia depor Obatalá do trono e governar através de seu filho. Ao descobrir os planos de Nanã, Obatalá a desterrou grávida para o pântano dos mangues e disse que ali seria seu domínio e naquela podridão encontraria seu reino. Nanã, contudo, estava esperançosa de que seu filho, ao ser tão poderoso como o Sol, pudesse trazê-la de volta ao poder. Deveria se chamar Obaluaiê (Senhor da Terra). Ao nascer, a criança veio toda coberta de pústulas de varíola e, revoltada, Nanã a abandonou à beira do mar para que servisse de comida aos caranguejos. Quando os caranguejos se aproximaram do menino pelo cheiro de suas pústulas, a criança chorou. Iemanjá ouviu seu choro do seu domínio (o mar), veio em socorro a ele e o salvou da morte. Iemanjá, que com o desterro de Nanã tornou-se a primeira esposa de Obatalá, criou o menino e o ensinou que sua mãe deveria ser perdoada. Do outro lado, Nanã, pelo fato de ter abandonado o filho e descrer das palavras de Ifá, foi castigada pelo destino. Ifá lhe prenunciou que teria outro filho. Este novo filho seria a criatura mais bela já vista e ao mesmo tempo a mais temida quando se aproximasse de sua mãe Nanã. Este seria seu castigo por ter duvidado de Ifá. Nasceu então Oxumaré, que era ao mesmo tempo arco-íris em seu aspecto masculino e uma cobra em seu aspecto feminino (que era a única forma na qual Oxumaré poderia se aproximar de sua mãe Nanã).

Nanã sentia grande tristeza ao ver o arco-íris e não poder tocá-lo, pois, sempre que se aproximava dele, ele desaparecia e restava somente a cobra na expressão de seu filho Oxumaré.

Nanã percebeu que no lodo e na lama tudo renasce e se regenera, pois, quando bate o sol no mangue, formam-se arco-íris pequenos, que eram a expressão de seu filho mais belo que promovia a regeneração da vida que ali se produzia. Ela compreendeu então o segredo de seus domínios (o pântano), e a regeneração que ele promovia, e resolveu então se regenerar e pedir perdão a seu filho Obaluaiê por tê-lo abandonado, desistindo de vez de obter o poder de Obatalá, e assim foi procurar Iemanjá. Iemanjá preparou Obaluaiâ para ver sua mãe, pois, já adulto, cobria o rosto e o corpo com palhas para que não vissem seu corpo coberto de pústulas e não o rejeitassem como sua mãe o rejeitou. Ao ver Nanã, Obaluaiê resistiu, mas, a pedido de Iemanjá, abraçou sua mãe Nanã, a perdoou e pediu que ela nunca mais o abandonasse. Neste momento, a profecia de Ifá se fez verdadeira e todas as chagas de Obaluaiê se transformaram em luzes tão fortes como a do Sol, que fizeram com que continuasse a cobrir seu corpo; pois aquela luz era capaz de curar as mais terríveis doenças, ou mesmo conduzir ao mundo dos mortos aqueles que deveriam para lá prosseguir. Obaluaiê ganha então, com sua mãe Nanã, o reino dos mortos, passa a agir com sua luz para curar ou redimir os homens de suas dores e torna-se o Senhor da Terra. Oxumaré também perdoa sua mãe e passa a representar aquele que tem o caminho entre este e o outro mundo (Orum e Aiyê) na expressão da cobra e do arco-íris.

Nossos Pais Nossos Verdadeiros Heróis: A história de João, o arrimo de família

João era filho de José e Maria, uma família negra que veio para a cidade grande do interior de Minas Gerais e viu seu pai morrer muito cedo quando tinha apenas 9 anos, e seus três irmãos mais novos apenas 6, 4 e 2 anos.

Sua mãe trabalhava como lavadeira para poder sustentar a família; até que, quando faz 13 anos, João começou a trabalhar com sua mãe, entregando as roupas, e quando fez 14 anos começou a trabalhar de *office boy* em um banco.

João dava todo o seu salário na mão de sua mãe para sustentar seus irmãos pequenos e por muito tempo foi responsável pela maior parte da renda da família, mesmo sendo menor de idade.

De qualquer forma, ao contrário de seus pais, João decidiu que nada lhe faria parar de estudar e continuou estudando até o final do Ensino Médio em escola pública. João se envolveu na luta pelos direitos dos estudantes e se tornou líder estudantil. Até que foi para a faculdade de Direito, assim como Luiz Gama; se formou e continuou trabalhando no banco e, paralelamente, se tornou um líder sindical de sua categoria.

Todos tinham muito orgulho de João, que sempre ajudou seus irmãos a estudar e pedia que valorizassem muitos suas origens, assim como sua mãe, pois sem elas nada seriam de fato.

Aos 25 anos João se casou, porém continua mantendo sua mãe, que, ao envelhecer, foi morar com João. Ele não permitia que a colocassem em um asilo, pois achava que devia no mínimo gratidão àquela que o ajudou a manter-se na vida e foi uma de suas maiores fontes de inspiração para continuar lutando.

Quando seus filhos cresceram, João sempre lhes contou sua história e pedia que eles tivessem orgulho de suas origens, pois aqueles seus ancestrais e ele mesmo, seu pai, eram seus verdadeiros heróis, a não aqueles dos desenhos animados que são apenas imaginários.

O mito do rei Xangô e a paz com os malês

Diz a lenda que, quando o rei Xangô foi Alaafin no reino de Oyó, este reino lutava por sua soberania contra os malês (muçulmanos) que declararam guerra a Oyó.

Foram muitos anos de conflito, até que o rei Xangô decidiu selar a paz com os malês e foi, então, até o seu líder. Ao encontrar o líder malê, Xangô declarou que estava disposto a fazer grandes sacrifícios, inclusive pessoais, para que a paz voltasse entre o reino de Oyó e os malês.

Foram vários dias de negociação, até que Xangô declarou que, em nome da paz conseguida com os malês, em memória a este momento, para que a paz selada fosse eterna, ele mesmo deixaria de comer carne de porco e deixaria de beber álcool em respeito aos preceitos da religião muçulmana dos malês e em sinal de agradecimento pelo acordo de paz.

Para que esta tradição continuasse através dos séculos, Xangô enviou seu Alapini (sacerdote do culto aos ancestrais) para acompanhar toda sexta-feira, que era o dia sagrado dos malês (muçulmanos), as orações na mesquita. Este Alapini também era proibido de comer carne de porco e beber álcool em homenagem ao acordo selado entre os malês e Oyó.

Dessa forma, mesmo não sendo muçulmanos, o Alapini e seus descendentes tinham que conhecer as regras e o livro da religião dos malês, e os seus substitutos entre seus descendentes teriam que continuar seguindo esta regra em homenagem à paz selada entre Xangô e os malês.

O fogo da coexistência no reino de Oyó

Na tradição dos iorubás, assim como na tradição de diversos outros povos da África Ocidental, a coexistência era uma regra de convívio social. Um conceito civilizatório. Os iorubás jamais impunham sua religião ou seus costumes a outros povos, desde que aceitassem suas regras de convívio e valores civilizatórios vigentes.

Como falamos do fogo da coexistência no reino do Ketu, há também este conceito no reino de Oyó, Ilê Ifé e todos os demais reinos iorubás.

No caso de Oyó, isso surge com a lenda anterior da paz entre Oyó e os malês, na qual há uma troca de experiências na verdade. Ao mesmo tempo que o rei e seu sacerdote assumem costumes muçulmanos, os muçulmanos passam a respeitar e acatar o conceito civilizatório da ancestralidade, que é um valor civilizatório dos povos africanos como os iorubás.

Nas cantigas (orikis) de Xangô, há registros deste acordo quando se diz: "Ele reza a cerimônia para o muçulmano." Ou então: "Ele faz a ablução no lugar onde cai a chuva." Em relação ao cristianismo há também: "Ele pega o domingo com os cristãos." Ou seja, independentemente de sua religião, todos eram bem-vindos ao reino de Oyó, desde que respeitassem seus valores civilizatórios, que entre eles era a coexistência pacífica entre todas as religiões e povos.

Nossos Pais Nossos Verdadeiros Heróis: a história de Mariana, a professora

Mariana era uma professora que trabalhava em uma escola pública da periferia, descendente de uma família de origens negra e indígena, de Minas Gerais e Bahia.

Ela se esforçara desde menina para estudar, pois seus pais lhe contaram como fora sacrificante ter acesso ao estudo em suas épocas naquelas regiões no interior do Brasil. Algo que, para seus avós, teria sido realmente impossível por suas origens humildes e o trabalho na lavoura.

Estudou em escola pública, pois seus pais não tinham condições de pagar uma escola particular, e se esforçou para aprender o máximo; e estudou para o vestibular durante alguns anos até ingressar no curso de Pedagogia.

Mariana tinha grande apreço pelo trabalho de seus professores, quando criança, e achava que a educação era a única coisa que libertava da ignorância. Por isso, resolveu se dedicar a essa profissão, antes de tudo, como uma espécie de sacerdócio, e entregou sua vida à causa da educação. Tratava seus alunos como seus próprios filhos, pois todos eram filhos de nossa nação de onde vieram nossos ancestrais e eram considerados, desde a África ou pelos indígenas, como todos da mesma comunidade, como se fossem todos uma grande família que forma uma nação.

Mariana ensinou para seus alunos os princípios da solidariedade, dos códigos morais de seus ancestrais africanos e indígenas que viviam na Bahia e em Minas Gerais e que, apesar de todas as dificuldades, era o que lhes dava vontade de viver. Tal como sua profissão de professora era o que lhe dava vontade de viver; e assim como o mito de Oxum de suas ancestrais africanas, ela tinha consciência de que, como este mito, ela ficava nas galerias da casa (que era sua sala de aula) e ensinava às crianças as línguas que elas não sabiam (que era todo o universo de conhecimento de todos lugares do mundo e todos os tipos de linguagens, desde a escrita até a matemática, que ela ensinava a seus filhos). Apesar de sua família não ser de religião de origem africana, sabia que este era um conceito que faz parte de sua civilização, por isso não permitia qualquer tipo de intolerância ou preconceito de seus alunos em relação ao patrimônio cultural de seus ancestrais africanos ou indígenas por nenhuma razão, muito menos religiosa; pois estes mitos interessavam a todos, independentemente de suas religiões, por serem um patrimônio cultural de nosso país.

Ao ter sua filha Janaína, ela incentivou que a menina sempre estudasse. Então ela resolveu ser veterinária, mas se orgulhava muito de sua mãe ser professora, pois, sem esta profissão, jamais teria se tornado veterinária. Ela sabe que, na construção de nossa nação, sua mãe tratava todos seus alunos como da família. A educação tinha um papel essencial, e Janaína passará a história a seus filhos e netos para que se encantem e lutem pela educação e pelos direitos dos professores e alunos; pois a educação era o sacerdócio de sua mãe Mariana, que lhe ensinou, antes de tudo, a ter orgulho de sua origem.

O mito de Oxum, a educadora

Ao construírmos as imagens dos versos abaixo, vemos as funções do mito de Oxum como educadora, como mãe ou como mulher.

> Ela diz à cabeça má que se torne boa
> Mulher descontente no dia que seu filho briga
> Ela segue aquele que tem filhos sem o deixar
> Ela recusa a falta de respeito
> Ela permanece na galeria da casa e ensina às crianças as línguas e tudo aquilo que elas não sabem (em uma alusão direta ao papel da mulher como educadora representada por esse mito)
> Ela desvenda com as pessoas de onde vem a maldade
> Dona do cobre apodera-se tranquilamente das crianças (por seu conhecimento)

Ela conserta a cabeça má das pessoas
Com as mãos compridas ela tira seu filho da armadilha
Ela chega e a perturbação se acalma
Ologun Ede, aquele que tem medo não pode tornar-se uma pessoa importante (em uma sentença e instrução direta a seus filhos)
Oxum age com calma
Minha mãe que cria o jogo de ayo e cria o jogador
O filho entregará o dinheiro em sua mão
Deixem a criança rodear meu corpo com as mãos
A mão da criança é suave
Oxum é suave.

Vemos, no exemplo dos versos do canto (orikis) de Oxum acima, uma referência ao papel da mulher como educadora inspirada por este mito. O papel da mãe, protetora, educadora e heroína contida no mito está inegavelmente presente.

História de Sakpata (Omulu), o Senhor da Terra

Na região da África Ocidental, quase todas as tradições têm o mito do Senhor da Terra. Os fon do Benim cultuam o lendário primeiro rei do Daomé, Sakpata, como o Senhor da Terra; já os iorubás atribuem este papel a Omulu ou Obaluaiê (que em iorubá significa literalmente Senhor da Terra).

Este mito, em todas as suas variáveis, carrega em si uma série de valores civilizatórios, motivo pelo qual o estudamos, assim como os demais mitos africanos presentes em nossa civilização brasileira.

Aliás, é por estes valores civilizatórios que devemos conhecê-los antes que qualquer religião nos impeça por motivos ligados a crenças religiosas que possam vir a nos privar de nosso patrimônio cultural.

Entre os valores civilizatórios mais importantes presentes neste mito, estão o culto e os cuidados à Terra, a ancestralidade e a medicina tradicional desses povos.

A lenda de Sakpata/Obaluaiê diz que, quando ele dança por debaixo de sua roupa de palhas e com as feridas que carrega no corpo, ele grita de dor e faz movimentos para expressar esta dor.

Segundo a tradição, o Senhor da Terra sente a dor do mundo e de toda a humanidade. Para tanto, foi-lhe dada a graça de que nesta mesma Terra houvesse riquezas, e que estas riquezas, ao invés de servir para alguns poucos, deveriam servir para diminuir as dores dos homens provenientes da condição de miséria ou pobreza extrema.

Dessa forma, diminuindo as dores da humanidade, as riquezas da Terra deste Senhor da Terra aliviariam a dor dele próprio, e esta era a finalidade das riquezas que vêm da Terra (petróleo, minérios, alimento que vem da coleta ou da agricultura, água): aliviar a dor dos homens para assim aliviar a dor do Senhor da Terra, como creem as tradições da África Ocidental.

Rainha Nã Agontimé

O reino do Daomé foi fundado no início do século XVII e chegou a ocupar a região que hoje é a metade sul da República do Benim. O oitavo rei do Daomé foi Agonglô, que governou de 1789 a 1797. Entre os filhos que teve com suas várias esposas, estavam Guezo (filho da rainha Nã Agontimé) e Adandozan (filho de outra esposa de Agonglô). Segundo a tradição da história oral do Daomé, Adandozan, o primogênito, era o herdeiro legítimo do trono, mas o oráculo de Ifá indicou Guezo, um dos filhos mais novos, como sucessor do pai. Todos aceitaram a decisão do oráculo, mas, quando Agonglô morreu, em 1789, Adandozan assumiu o trono e começou logo a tomar medidas para neutralizar a possível oposição, na qual a rainha-mãe (Nã Agontimé) era uma figura importante (NA, 2022).

Podemos entender as ações de Adandozan como resultado de crises econômicas e políticas que já existiam no tempo de Agonglô. Por um lado, havia as disputas dinásticas entre as famílias nobres do Daomé; por outro, a dependência crescente de produtos europeus, que pressionava o Daomé a fazer guerras para capturar escravos e a se manter preso aos parceiros internacionais habituais, que Agonglô favorecia, ao contrário de Adandozan. De 1795 a 1797, houve troca de missões diplomáticas entre Daomé, Portugal e Brasil. Então, o boato de que Agonglô iria se converter ao cristianismo foi o pretexto para a ação de seus adversários, e Agonglô foi assassinado. Subindo ao trono, Adandozan agiu duramente contra os supostos asssassinos do pai: capturou os membros da família real que se opunham a ele e vendeu-os a traficantes de escravos. Uma dessas pessoas foi Nã Agontimé (ARAUJO, 2016).

Desde então, Nã Agontimé desapareceu. Para alguns, ela foi mandada para Cuba; segundo outros, veio para o Brasil; mas não existem provas de uma ou outra afirmativa. O que sabemos é que seu filho Guezo conseguiu fugir e, anos depois, voltou a Daomé, depôs Adandozan e, em 1818, tornou-se rei, governando até 1858.

Logo após subir ao trono, Guezo mandou expedições às ilhas do Caribe e ao Brasil, para procurar sua mãe, mas sem resultado. No Brasil, desenvolveu-se uma narrativa mítica sobre ela, a partir de um artigo publicado por Pierre Verger, em 1952, no periódico daomeano *Les Afro-Américains*. Nele, Verger apresentou a hipótese de que o culto dos voduns teria sido trazido diretamente para o Maranhão pela mãe do rei Guezo. Verger se baseou em cinco fontes para formular a hipótese: 1) uma história do Daomé, do administrdor colonial Le Hérissé, que narrou a escolha de Guezo pelo oráculo e a venda da mãe de Guezo como escrava; 2) um livro de Paul Hazoumé, o primeiro a citar o nome de Nã Agontimé, dizendo que foi procurada sem sucesso no Brasil e nas Antilhas; 3) um livro do militar português Cortez Curado, homem de confiança do traficante Francisco Félix de Souza, que fez parte da embaixada enviada por Guezo a Portugal em 1818, mas que não fala de Nã Agontimé; 4) o livro de uma família de Uidá, segundo o qual, a mãe biológica de Guezo teria morrido, e a que ele buscava era sua mãe de criação, tendo Guezo pedido ajuda a Francisco Félix de Souza para encontrá-la; e 5) o relato a Verger de um neto do mercador Dossouyevo (Dossou Yovo), um dos nobres envolvidos na queda de Adandozan, que disse ter encontrado Nã Agontimé, levando-a de volta ao Daomé (CAVALCANTI, 2019).

Verger usou partes dessas fontes para compor (de forma inexata) sua lenda: a mãe de Guezo faria parte do grupo de nobres daomeanos vendidos após a morte de Agonglô e levados ao Maranhão, único lugar nas Américas com o culto aos ancestrais da casa real do Daomé (na Casa das Minas). E como nenhum desses ancestrais divinizados no Brasil são posteriores ao rei Agonglô, Verger concluiu que eles deviam ter sido trazidos para o Brasil por Nã Agontimé. A partir daí, surgiram obras de ficção e trabalhos acadêmicos que elaboraram e divulgaram a imagem da rainha daomeana construída por Verger (CAVALCANTI, 2019).

Verdade ou ficção? Até o momento em que este material era escrito, não eram conhecidos documentos ou outros indícios que comprovassem qualquer traço da biografia de Nã Agontimé. Mas isso não é o que importa sobre ela. O essencial é seu papel como heroína africana e afro-brasileira. No mito construído, a rainha reuniu em si a vida de muitas mulheres da África e da diáspora. Escravizada no Brasil, passou a se chamar Maria Jesuína. Conseguiu comprar sua alforria e organizou o culto aos ancestrais da família real daomeana, fundando, por volta de 1840, a Casa das Minas no Maranhão. Implantou na Casa das Minas o modelo de gerontocracia feminina, ou seja, o poder exercido pelas mulheres mais velhas, característica de outras religiões de matriz africana no Brasil. Nã Agontimé é a síntese das mulheres que enfrentam as adversidades sem abandonar suas raízes e que conseguem manter vivos sua cultura e seus valores.

A Casa das Minas

Casa de mina, ou tambor de mina, é o nome do candomblé no Maranhão. "Mina" foi o nome dado aos africanos vindos do antigo forte português de São Jorge da Mina (Elmina), situado no litoral do atual Gana, e que foi um dos grandes entrepostos de comércio de escravos na África Ocidental.

A Casa das Minas é o nome popular do mais antigo terreiro de tambor de mina do Maranhão, localizado na capital do estado, São Luís. Ela também é chamada de Casa das Minas Jeje (existem casas de Nagô e Fanti-achanti), pois foi fundada por africanos jejes (ewes), habitantes dos atuais Benim, Togo e Gana, onde muitos cultuam a religião tradicional dos voduns. A Casa das Minas tem o nome litúrgico de Querebentã (Palácio) de Zomadônu. Zomadônu é o vodum das primeiras líderes e o dono da Casa das Minas; no panteão jeje, é chefe de um dos clãs da família Davice (cujos voduns são ancestrais da casa real do Daomé).

Há indícios de que a Casa foi fundada entre 1831 e 1847. Segundo Sérgio Ferretti (2009), o documento mais antigo sobre a Casa é a escritura do prédio onde ela se localiza (na rua de São

Pantaleão, em São Luís, Maranhão). Datada de 1847, a escritura foi registrada em nome de Maria Jesuína (que os estudiosos no século XX que adotaram a narrativa de Verger supuseram ser o nome cristão de Agontimé). Mas filhas da casa disseram a pesquisadores que a casa havia funcionado antes em outro lugar e fora fundada por "contrabando" (africanos trazidos para o Brasil após a lei de 1831 que proibiu o tráfico de escravos) que trouxe o "comé" (os objetos rituais dos assentamentos das divindades e outros objetos de culto).

De acordo com a lenda cunhada por Pierre Verger (CAVALCANTI, 2019), a fundadora da Casa das Minas teria sido Agontimé, mãe de Guezo (rei do Daomé de 1818 a 1858), vendida como escrava quando o meio-irmão de Guezo, Adandozan, foi coroado rei (em 1789) e suprimiu quem se opunha a ele. Entretanto, não existem evidências que provem essa narrativa.

Os membros da comunidade, entrevistados por estudiosos em meados do século XX, adotaram a narrativa de que a Casa foi fundada por Maria Jesuína, mas isso é correto apenas para a Casa da rua São Pantaleão, não para a anterior. E essas filhas da Casa desconheciam o nome "Nã Agontimé".

A Casa das Minas adota o modelo de gerontocracia feminina, ou seja, o poder exercido pelas mulheres mais velhas, característica de outras religiões de matriz africana no Brasil. As chefes da casa lembradas na época em que Ferretti atualizou seu estudo (em 2008) são: Mãe Maria Jesuína (?-1847), Mãe Luíza Ferreira (1905/1910), Mãe Hosana da Conceição (1905/10-1915), Mãe Andresa (1915-1954), Mãe Leocádia Santos (1954-1970), Mãe Filomena (1970-1972), Dona Amância (1972-1976), Dona Amélia (1976-1997) e Dona Deni (1997-atual).

Os voduns da Casa são agrupados em quatro famílias principais: Davice (a família dos voduns que foram reis ou príncipes do Daomé), Dambirá (panteão de Dã, da terra, liderado por

Sapatá), Quevioçô (família de origem nagô, de voduns do céu e das águas) e Savaluno (voduns que não são de origem jeje, mas de Savalu, e são hóspedes da casa Davice).

O modelo de organização dos terreiros modernos de tambor de mina é muito influenciado pela Casa das Minas, que foi tombada pelo Iphan em 2002.

Lenda de Ogum – a tecnologia nas sociedades africanas

Ogum representa, além dos ofícios, a tecnologia que possibilita a manutenção e a evolução destes ofícios. E, como tecnologia, representa primeiramente as estradas e o senhor destas estradas.

É clara esta relação no verso de oriki:

> Ogum é o pai do transeunte.

Se fizermos a imagem como devemos nos portar em relação a esse gênero da oralidade iorubá, isso se evidencia ainda mais.

Tanto no sistema tecnológico dos iorubás quanto no das outras sociedades subsaarianas, a tecnologia evolui e faz evoluir a sociedade, e esta evolução tecnológica também está presente no mito de Ogum. Observemos isto nos seguintes versos de oriki:

> A enxada é filha de Ogum,
> O machado é filho de Ogum,
> O fuzil é filho de Ogum.

O fuzil tendo sido gerado por último, torna-se rei como o leopardo.

> Ogum, três ferros têm títulos na forja
> O ferro da enxada, o ferro do machado, o ferro do fuzil.

Coloca-se aqui o ferreiro como um dos responsáveis pelo progresso tecnológico, ao qual deve sua legitimação de papel social o mito de Ogum.

Vemos claramente a evolução da tecnologia e da função do ferreiro, desde a forja da enxada até a do fuzil, o que evidencia Ogum como o mito que produz esta evolução.

Da mesma forma que as inovações tecnológicas são partes da evolução da sociedade, os ofícios que recorrem aos ferreiros (no caso dos iorubás) também o são e têm grande importância neste processo como um todo.

Podemos perceber como isso funciona claramente no imaginário dos iorubás, e como o mito de Ogum se relaciona com isso, quando concretizamos os versos de oriki:

> Ogum dos barbeiros, come pelo das pessoas,
> Ogum dos tatuadores, bebe sangue,
> Ogum dos açougueiros, come carne.

Todos os três ofícios utilizam-se de objetos de metal, o que os relaciona diretamente com o mito de Ogum e, por sua vez, com a utilização dos progressos tecnológicos ligados a este mito.

A tecnologia, assim como o mito de Ogum, encontra-se em diversos espaços, o que percebemos claramente nos versos de oriki:

> Ogum está na casa,
> Ogum está no campo,
> Ogum está na alfândega.

Nossos Pais Nossos Verdadeiros Heróis – A história de Geralda, a mãe de muitas crianças vindas de fora

Geralda nasceu de uma família mestiça em 1909, no interior de Minas Gerais, em uma cidade do sul. Era descendente de cristãos novos e escravizados. Sua mãe, filha do senhor da fazenda que era cristão novo casado com uma ex-escrava, liberta-se, apaixona-se por um irmão seu de criação, que era filho de uma outra ex-escrava da casa, e fogem juntos para outra cidade, onde o pai de Geralda vai trabalhar na recém-inaugurada estrada de ferro.

Geralda era uma das filhas mais novas. Sua mãe morreu quando ela era muito nova, seu pai também não viveu muito, e Geralda foi criada por sua madrasta.

Seu pai, um determinado dia, por não aceitar tão bem assim regras e convenções sociais, foi morto em uma emboscada, e ela foi morar com seu irmão mais velho na cidade de São Lourenço. Mais tarde se mudou para o Paraná, na construção de uma estrada de ferro, e depois se estabeleceu com outras irmãs em Santos, onde conheceu João, um retirante nordestino que veio a São Paulo, ingressando no exército para poder sobreviver, já que toda a sua família havia morrido da doença de Chagas em Pernambuco.

Casaram-se e se estabeleceram em São Paulo, no bairro da Lapa, onde montaram uma pensão para acolher retirantes que vinham do Nordeste em busca de trabalho.

Nos anos 1940, tiveram duas filhas, Célia e Odette. Quando Odette tinha 5 anos, seu pai João falece da doença de Chagas (da qual tanto fugiu quando era pequeno e que vitimou toda a sua família em Pernambuco).

Dona Geralda continuou criando suas filhas. Como mandava a tradição de suas ancestrais africanas, ela e sua irmã mais velha, Benedita, criavam as crianças vindas de fora, de suas assistentes, com suas filhas e filhos, pois era uma forma de resistirem ao abandono a que inevitavelmente seriam relegadas, assim como ocorre com as crianças africanas adotadas por outras famílias como as crianças de fora, do mito de Iemanjá, que diz:

> Seu filho será alimentado.

Assim Geralda alimentou muitos filhos de outras mães que não tinham condição, seguindo a tradição de suas ancestrais africanas que se inspiravam no mito de Iemanjá. Desse modo, as crianças vindas de fora sobreviveram ao abandono inevitável, graças à força dessas mulheres negras que se inspiravam nos mitos de suas ancestrais, independentemente de suas religiões. Geralda era cristã e nem por isso negou sua origem africana por motivos religiosos, pois os valores civilizatórios de suas ancestrais eram um patrimônio, antes de tudo, de sua civilização, e sabia que tinha uma missão com sua nação a partir destes valores de suas ancestrais que vão além da dimensão religiosa.

Lenda de Iemanjá e a história da escravidão doméstica na África

Este texto mostra como o mito de Iemanjá esteve presente na minha estrutura familiar, assim como está em muitas famílias brasileiras e por toda a diáspora iorubá.

Nos anos 1990, eu me correspondia com uma amiga de origem iorubá no Benim, que me contou a história de sua família. Ela disse que sua família tinha se formado somente pela tradição, na época da escravidão, de que as crianças que eram separadas de seus pais e abandonadas na África. Devido às razias, eram criadas pelas outras famílias, que as tinham como crianças de fora.

Muito sobre a escravidão doméstica (linhageira) pode ser explicado por este fato, pois estas crianças vindas de fora acabavam se agregando às famílias que as adotavam, o que criou uma verdadeira instituição de agregados.

No caso dos iorubás, encontramos no mito de Iemanjá (Yemoja) a criação dessa instituição de agregados e muito sobre como se desenvolvia esta prática, quando vemos em seus versos de oriki:

> Criança que em grupo quer ver Yemoja.
> Minha mãe Awoyo é maior do que aquelas que têm roupas.
> Ela cria as crianças vindas de fora.
> Seu filho será alimentado.

Este mito legitimava esta prática entre os iorubás, e inúmeros mitos similares também tinham no fim a mesma função em toda a África Ocidental.

Este fazia com que aqueles que eram abandonados devido às razias pudessem encontrar espaço nesta sociedade de linhagens, agregando-se a outras linhagens que os absorviam.

A partir disso, podemos afirmar que esta prática dos agregados, muito comum nas famílias em todo o Brasil, sobretudo no Nordeste, também tem suas origens na África, uma vez que o mesmo ocorria nas senzalas com as crianças que eram separadas de seus pais e criadas por outras famílias.

Do mesmo modo que era uma forma de resistência dessas comunidades, a adoção daquelas crianças abandonadas devido às razias na África era uma forma de resistência ao que ocorria nas senzalas, e sobretudo entre as famílias pobres que adotavam os agregados no Brasil, que eram tão excluídos quanto aquelas crianças africanas, vítimas das razias, e neste caso pelas condições socioeconômicas de suas famílias de origem.

De toda a maneira, como negro e afrodescendente (como a maioria da população brasileira), este mito está presente em meu processo formador pelas minhas ancestrais, e o exemplo que tenho próximo é o de minha avó materna e suas irmãs (mineiras e negras).

Minha avó e suas irmãs, nos anos 1950, depois que minha avó ficou viúva, tinham pensões na região oeste de São Paulo, e não raro criavam os filhos de suas colaboradoras, como verdadeiras crianças de fora, assim como as alimentavam da mesma forma que a seus próprios filhos biológicos, como faziam as famílias africanas iorubás inspiradas no mito de Iemanjá.

Minha avó, em sua pensão, criou cerca de cinco agregados, além de suas duas filhas biológicas (minha mãe e minha tia), cuidando de sua alimentação, sua educação, sua saúde e seu bem-estar, devido à falta de estrutura de suas famílias de origem, e muitas vezes eram crianças de suas colaboradoras na lida diária de sua pensão.

Lenda de Odudua – o ancestral mítico dos iorubás

Odudua é importante no panteão dos iorubás, pois é o próprio ancestral mítico deste povo. Antes do advento de Odudua, outros cultos eram correntes em terras iorubás, assim como outras tradições. De qualquer forma, estas tradições resistiram com a criação da Sociedade Ogboni em Ilê Ifé e outras cidades iorubás: um tipo de conselho de anciãos dedicado ao culto de Onile, a mãe-terra, através do qual esse conselho desempenhava funções administrativas, políticas e judiciais (RIBEIRO

JUNIOR, 2008). Hoje a Sociedade Ogboni está ligada a uma determinada sociedade secreta de babalaôs e tem um papel mais amplo do que desempenhou no passado, conforme nos delineia a própria sugestão de observação das dinâmicas de evolução social de diversos povos subsaarianos.

De qualquer forma, Odudua traz novos conceitos e tradições. Uma das lendas que contam a origem de Odudua, que resumo a seguir, nos fala de sua relação com o surgimento do islã. Uma pesquisadora que tem seu foco na África uma vez me afirmou que esta lenda é um mito construído devido à influência do islã em terras iorubás; outros nigerianos me afirmaram que esta era a origem de Odudua (entre eles, iorubás islâmicos, inclusive). De todo modo, esta lenda simboliza a conversa entre estas tradições, e nos fala muito das relações ambíguas existentes entre as religiões tradicionais africanas e o islã, não só entre os iorubás, mas também em outras sociedades sudanesas subsaarianas.

Segundo o mito registrado por Samuel Johnson (1921), Lamurudu, um dos reis de Meca, tinha três filhos: Odudua (o príncipe herdeiro) e os reis de Gogobiri e Kukawa (duas cidades hauçás). Odudua pretendia voltar à religião tradicional; assim, transformou a grande mesquita em templo, adornando-o com estátuas dos deuses criadas por Asara, o seu sacerdote e "santeiro". Mas Asara tinha um filho adepto do islamismo que, num dia em que os homens tinham ido caçar, destruiu as imagens do templo. Descoberto, foi punido com a morte, e isso desencadeou uma guerra civil entre tradicionalistas e islâmicos, em que Lamurudu foi assassinado, e seus filhos e seguidores próximos foram expulsos da cidade. Odudua, levando duas imagens de deuses, foi para o leste com seus seguidores, entre os quais estavam Orunmilá, Olokum, Ogum e muitos outros. Após uma jornada de 90 dias, Odudua chegou ao local onde fundou Ilê Ifé, a primeira sede da dinastia real dos iorubás.

Tempos depois, os iorubás enviaram uma expedição contra Meca, sem sucesso; porém, mais tarde, venceram o exército islâmico mandado contra Odudua.

Lenda de Obatalá – a criação do mundo

A lenda que resumo a seguir foi narrada por José Beniste (1997, p. 82) em sua obra *Órun-Àiyé*.

Quando Obatalá criou o mundo, dividiu a terra firme em partes que distribuiu entre os membros do seu povo. Restou Abeokutá, que era a parte mais árida e pedregosa. Obatalá tomou essa parte para si e ali ergueu sua fazenda. Mas, apesar de quase não terem solo fértil para a plantação, as terras de Obatalá eram as que produziam as maiores colheitas de todos os produtos cultivados. Vendo isso se repetir ano a ano, os outros homens começaram a invejar Obatalá e a cobiçar suas terras. Resolvidos a se apoderar da parte de Obatalá, os outros homens começaram a vigiá-lo, para achar algum ponto fraco pelo qual pudessem dominá-lo. Quando descobriram que ele queria um escravo, mandaram um homem chamado Atowodá, que logo conquistou a confiança de Obatalá, mostrando ser muito eficiente no trabalho. Depois de algum tempo, Atowodá pediu a Obatalá um pedaço de terra para plantar para si mesmo. Com o pedido satisfeito, Atowodá fez uma boa plantação e construiu uma cabana num ponto alto, de onde se podia ver todo o terreno. Acontece que o caminho que ia da lavoura à cabana era íngreme e ladeado por grandes pedras. Certo dia, então, quando Obatalá fazia sua caminhada diária de visita às terras cultivadas, Atowodá, escondido lá no alto, empurrou uma pedra, a maior de todas, que caiu sobre Obatalá e partiu seu corpo em pedaços que se espalharam pelo mundo todo. Exu, que logo soube do ocorrido, foi ao Orum (a terra dos deuses) e contou o fato a Olodumare (o Grande Deus Criador). Este mandou que Orunmilá (o Senhor do Destino) fosse procurar as partes do corpo de Obatalá. Orunmilá pegou uma grande igbá (cabaça) e nela foi recolhendo os pedaços de Obatalá, que levou para Iranje, a cidade de origem de Obatalá. Não conseguiu recolher todas as partes, mas achou uma quantidade suficiente para o renascimento de Obatalá no Orum. As partes restantes ficaram espalhadas pelo mundo, e delas foram nascendo novas divindades: os orixás.

É interessante notar a semelhança entre o mito iorubá de Obatalá e o egípcio de Osíris, que também foi esquartejado, com seus pedaços espalhados por todo o Egito, e depois teve seu corpo recomposto. Não quero dizer com isso que um mito se originou do outro, mas que diversos mitos africanos conversam entre si através dos séculos.

História de Nanã – culto do Onile, o ancestral

Os povos da África Ocidental e de outras regiões da África concebiam que o Ser Criador do Universo tinha ao mesmo tempo dois sexos, ou seja, era andrógino. Só assim, tendo em si mesmo os dois princípios fundadores da vida humana, poderia conhecer em si mesmo os princípios da ordem e do caos no Universo e toda a dualidade existente na criação, segundo estes povos. Para os povos do Benim, como os fon, esse criador se chamava Nanã.

Antes do culto do panteão dos orixás para os iorubás, eles acreditavam no culto à terra como sendo a origem e o destino dos homens, assim como das graças que recebiam da terra para sobreviver. Neste âmbito surgiu o culto ao Onile (Senhor da Terra) que, como conceito civilizatório, defendia que a terra onde se nasce é sagrada, assim como a terra dos ancestrais e a terra que os acolhe como pátria.

Por este motivo, a maioria das civilizações africanas que vieram para o Brasil, apesar de terem como sagrada a terra de seus ancestrais, a África, também considerava estas terras novas como sua pátria e tinha gratidão ao "espírito" desta terra que os acolhera, os alimentava e seria a terra-mãe de seus descendentes, mesmo que tenham saído de sua terra-mãe África através das crueldades da escravidão.

Lutariam por esta terra, pois a consideravam sua própria pátria por os ter acolhido; assim como ensinariam o amor a esta terra a seus filhos para que, mesmo que tenham respeito pela terra de seus ancestrais, a África, a defendessem como a nação que acolheu seus ancestrais. Assim desenvolveu-se o conceito de pertencimento a uma terra para a maioria das sociedades africanas (como damos exemplo dos povos da África Ocidental), a partir do culto ao espírito da terra ancestral e ao mesmo tempo ao espírito da terra que os acolheu assim como a seus filhos.

História de Mawu e Lisa – a criação do mundo

Segundo a lenda da criação dos povos do Benim, como os fon, Nanã, o Ser Criador era ao mesmo tempo homem e mulher e tinha o princípio da ordem e do caos em si. A partir de sua autofecundação, teve dois filhos, Mawu e Lisa, que eram o Sol e a Lua, e que deram origem a tudo o que há no Universo, segundo as ordens de seu Criador e Criadora Nanã. Contudo, mesmo criando tudo no Universo, este ainda vivia em desordem e caos, por mais que os poderes masculino e feminino em separado agissem.

Decidiram então que só um Ser que tivesse em si ambos os princípios, o masculino e feminino, a ordem e o caos, assim como o ser que os criou, Nanã, poderia colocar ordem no Universo. E a partir de sua união e pacto nasceu então Dã, que ao mesmo tempo era uma cobra e um arco-íris.

História de Dã-Oxumaré – a cobra, o arco-íris e o equilíbrio do Universo

Segundo a lenda do povo fon, depois que o Ser Criador deu origem ao Sol e à Lua, que criaram tudo no Universo, contudo sem acabar com o caos, foi necessário que fosse criado um outro ser com os dois princípios de vida, masculino e feminino, para ordenar o Universo.

Dessa forma, então, foi criado o Ser Dã, que ao mesmo tempo era uma cobra e um arco-íris.

Quando se transformava em arco-íris, em sua forma masculina, dava passagem às coisas terrenas para o mundo dos ancestrais.

Contudo, somente quando assumiu sua forma feminina e se transformou em uma cobra, que mordeu o próprio rabo, é que o Universo tomou um movimento contínuo e a ordem deste Universo foi estabelecida. A Terra passou a girar em torno do Sol, a Lua em torno da Terra, e o Universo ganhou o seu equilíbrio.

Dessa forma somente quando o poder duplo masculino e feminino advém é que a ordem do Universo se estabelece, segundo grande parte das civilizações da África Ocidental.

História de Exu – ordem e transgressão nas sociedades africanas

Segundo o antropólogo Georges Balandier, as sociedades tradicionais africanas são vistas por muitos antropólogos tradicionais e deterministas como sendo sociedades que, através de sua estrutura mítica, mantêm-se em ordem. São sociedades de consenso e conformidade, que não permitem o questionamento de sua autoridade estabelecida. Elas se reproduzem fielmente a cada geração, sem variações significativas em suas estruturas e que, além de tudo isso, se situam fora de qualquer processo de historicidade.

Conformidade, consenso, repetição e inexistência de processos históricos são as características geralmente aceitas por muitos antropólogos tradicionais e deterministas ao se referirem às sociedades da África Subsaariana.

Não podemos questionar que, como nas outras sociedades subsaarianas, na iorubá, os conceitos de senioridade e ancestralidade são centrais, porém isto não significa que estas sociedades não comportem em si processos e dinâmicas que venham a desestabilizar esta ordem e que não existam nestas sociedades conflitos de valores e agentes que as contestem.

Balandier nos fala de quatro categorias de contestadores da autoridade nas sociedades tradicionais subsaarianas, que são:
- Os rivais, que tentam transgredir as regras estabelecidas para se apropriar de um poder que lhes é recusado. São exemplos os caçulas que, ao disputarem uma função ou um ofício monopolizado pelos mais velhos, tornam-se transgressores em uma relação de rivalidade.
- Os produtores, que contestam e agem de forma a transgredir as regras estabelecidas, quando estas criam grandes

desigualdades na distribuição das riquezas que ameaçam o equilíbrio social.

- Os inovadores e reformadores religiosos, que, através da tentativa de uma nova relação com o sagrado, transgridem os costumes religiosos vigentes em busca de uma transformação da sociedade.
- Os feiticeiros e as feiticeiras (sobretudo), pois a feitiçaria se revela uma forma de afrontamento social, em que ela pode ser a expressão indireta da oposição, o processo de instituição de relações que operam ao inverso das relações culturalmente prescritas. Ela se reporta a uma ideologia que se manifesta como a contestação social e o caráter problemático da ordem estabelecida.

A partir dessas categorias, surge entre os iorubás o mito de Exu, que, para dar movimento à sociedade, para que ela não se autodestrua ou paralise, vítima da ordem tradicional estabelecida, dá origem aos mitos dos contestadores, para que as sociedades se reformem e tenham seu lugar na história.

História da formação dos mercados na África e o papel das mulheres como heroínas da civilização

Considerando equilíbrio do duplo nas sociedades africanas, segundo estas, as mulheres têm o dever de contestar a ordem estabelecida pelo poder masculino, para que a sociedade se desenvolva e não se autodestrua.

Em determinado período da história na África Ocidental, a única forma de ter acesso ao que era produzido por outros grupos (clãs e linhagens) era a guerra, e esta era a ordem estabelecida pelos homens.

Contudo, a sociedade, a partir de tantas guerras, em um determinado momento, corria o risco de se extinguir. As mulheres, então, reagem a isso contestando a ordem estabelecida pelos homens.

O que elas fazem então? Pegam os produtos excedentes de seus povos e grupos e vão comercializar nas estradas com mulheres de outros povos e grupos que passaram a fazer o mesmo.

Dessa forma, começam a surgir praças de comércio nestas estradas, e em torno destas praças começam a se estabelecer cidades.

Assim, os homens não precisavam mais guerrear para obter os produtos que os outros grupos produziam. Graças ao fato de as mulheres terem transgredido a ordem masculina das guerras e criado o mercado, que nasce de uma transgressão de mulheres naturalmente contestadoras do poder masculino.

Além da criação das cidades e da urbanização, as mulheres, a partir de uma transgressão, criam o mercado e salvam a civilização da destruição.

Pelo fato de terem criado o mercado através da contestação do poder estabelecido, elas passam a fazer culto a Exu, que era o mito que legitimava toda transformação social em sua sociedade. Assim, estas mulheres (nossas ancestrais) também foram umas das primeiras heroínas da civilização de nossos ancestrais africanos.

As mulheres do mercado na África e no Brasil

A partir da criação do mercado, foram criadas cidades em volta deles, e as mulheres têm um papel central nesse fato histórico para a África Ocidental.

As mulheres foram responsáveis pela criação dos mercados em grande parte da África, e até os dias atuais são maioria nestes mercados. Somente no comércio de carnes e ferramentas os homens são maioria; nos demais produtos, a maioria é feito por mulheres.

Isso possibilitou a criação de sociedades femininas. Muitas se reuniam em torno da magia, pois elas mesmas comercializavam os produtos necessários para a produção de seus cultos.

Estas sociedades femininas (mesmo de magia) eram sociedades de resistência ao poder masculino estabelecido, que tiveram um papel central na manutenção e na sobrevivência da civilização na África.

Estas mulheres do mercado tinham sua chefe, que era a Iyalode (Mãe da Corte ou da Praça), que participava do conselho da Sociedade Ogboni, que era uma sociedade popular que auxiliava na administração das cidades iorubás.

Também tinham suas heroínas, e entre elas as orixás Oxum e Iansã, tidas como Iyalodes igualmente por estas mulheres do mercado, pois também eram responsáveis pela criação de seus filhos e, na maior parte das vezes, também eram chefes de família, que se inspiravam nos valores civilizatórios destes mitos para criar seus filhos.

Com o processo de escravidão, muitas destas mulheres vieram para as Américas e para o Brasil e muitas, comprando sua liberdade, na maior parte das vezes, se instalaram em nossos primeiros mercados, principalmente na Bahia, no Maranhão, em Pernambuco e mais tarde no Rio de Janeiro, assim influenciando a dinâmica destes nossos mercados brasileiros. Nossas mulheres negras do mercado no Brasil também cultuavam os orixás, sobretudo Iansã, Oxum e Exu (Senhor do Mercado) como na região da África iorubá.

Estas mulheres brasileiras do mercado e os valores civilizatórios de seus mitos, na maior parte das vezes, também chefes de família como as africanas, influenciaram o comportamento de mulheres no Brasil de todas as religiões e raças, e ainda influenciam de alguma forma, tendo que ser consideradas as primeiras heroínas anônimas de nossa nação.

Os três tipos de escravidão na África – linhageira, islâmica e comercial

Antes da escravidão que trouxe africanos para as Américas, que foi a escravidão comercial, houve outros tipos de escravidão, que foram a linhageira (ou doméstica) e a islâmica.

Vejamos o que vem a ser a escravisão linhageira. Na África, em geral, existiam conflitos entre povos, e muitas vezes crianças destes povos tinham que ser adotadas por outras linhagens dentro do mesmo clã ou por outro povo. Estas "crianças vindas de fora", pela tradição, não eram aceitas como membros daquela linhagem e, muitas vezes, acabavam sendo servas destas famílias que as adotavam, mas que não as aceitavam como parte de suas linhagens. Chamamos isso de escravidão linhageira ou doméstica.

No período da escravidão comercial, ocorreram mudanças em grande parte deste quadro para muitos povos. O mito de Iemanjá, entre os iorubás, por exemplo, transformava estas crianças vindas de fora em membros da família, e não mais estranhos, que os tinham como agregados. Isso tornou possível evitar a desintegração da civilização, sendo mais uma vez as mulheres responsáveis por salvar a civilização, indo contra o poder masculino que se estabelecia e não aceitava tais crianças vindas de fora como membros da família. Este mito de Iemanjá, e outros que aceitavam estas crianças vindas de fora como parte da família, influenciou aqui no Brasil a instituição dos agregados que quase todos nós, brasileiros afrodescendentes, temos nas histórias de nossas famílias.

Vejamos agora a escravidão islâmica. Com a expansão do islã a partir do século VII e sua influência na África do Norte, expedições islamizadoras escravizavam os povos africanos para convencê-los a se converter; e, uma vez convertidos, não poderiam mais ser escravos. Esta escravidão criou rotas comerciais por todo o norte da África entre os séculos VIII e XIV e integrou a África Subsaariana ao Mediterrâneo e à Europa. Contudo, a partir do século XV, com o advento da escravidão comercial, esse método de escravização (também cruel) começou a entrar em declínio.

A escravidão comercial foi a mais bárbara das formas de escravização. Promovia razias (caça a escravos) e criava sistemas econômicos e conflitos entre povos na África para poder se manter. Apoiava líderes que escravizavam povos vizinhos ou o seu próprio povo muitas vezes. Criou um eixo comercial entre África, Europa e América, e sustentou o sistema econômico mercantilista durante vários séculos, até a abolição do tráfico negreiro, influenciada pelo início da Revolução Industrial na Europa no século XIX, através da Inglaterra, que não mais tinha interesse no tráfico negreiro neste período, mas que foi, ao lado de Portugal, França e Holanda, um dos países que iniciaram o tráfico a partir do século XVI na África.

Ifá, Orunmilá, os odus de Ifá – o Oráculo

Segundo uma das versões das lendas iorubás da criação, quando a Divindade Suprema Olodumare criou a Terra, criou também quatro divindades. A primeira foi Ogum, que ensinaria o homem a caçar, a guerrear e sobreviver na Terra; a segunda foi Obatalá, que ensinaria aos homens o código moral e espiritual; a terceira foi Ifá, que ligaria a Terra de Ogum ao Céu de Obatalá e seria o Oráculo; e a quarta foi Exu, que vigiaria as outras três para ver se estavam fazendo tudo corretamente.

Outra história da criação diz que Olodumare mandou Ifá (ou Orunmilá) para povoar a Terra, e este trouxe consigo os 256 primeiros homens. A partir dali, todo homem teria um destino igual a um dos 256 odus de Ifá e seria regido por um deles.

Para consultar estes odus (destinos), Orunmilá criou o Jogo de Ifá. Quando algo entra em desarmonia na vida de alguém, segundo esta tradição, o Oráculo deve ser consultado para saber o que o odu (destino) daquela pessoa pode fazer para que se harmonize, e normalmente são recitadas lendas de aconselhamento e feitas oferendas.

O sacerdote de Ifá se chama babalaô (pai do segredo). Os babalaôs têm um código moral belíssimo que influenciou diversas civilizações na África Ocidental.

Segundo este código, três coisas não são aceitas em uma personalidade: que alguém seja Eke (mentiroso), Odale (traidor) ou Awé (instável, que não mantenha sua palavra).

No código dos babalaôs, existe a máxima "Awo mo dale awo" (babalaô não trai babalaô), que deu origem a "Malungo não trai malungo" (companheiro de navio negreiro ou senzala não trai companheiro de navio negreiro ou senzala) e, na religião de matriz africana, "Quem é do Santo não trai quem é do Santo".

No código moral dos babalaôs, a principal qualidade de uma pessoa é seu iwá (caráter), que deve regular todos os homens na sociedade.

História do samba

De acordo com os dicionários modernos, o samba é um gênero de música e dança brasileiro que se caracteriza pelo ritmo marcado por instrumentos de percussão e, no caso da dança, pelo sapateado típico. Os estudiosos são unânimes em afirmar que o samba tem origem africana, mas discordam sobre o seu caminho exato até os dias de hoje. Essa confusão pode ter sido causada por estudiosos que, no Brasil, viram como uma só as palavras, diferentes em grafia e significado lá na África: samba (ritual) e semba (folguedo).

O Museu da Língua Portuguesa (SAMBA, 2018) cita a linguista brasileira, especialista em línguas africanas, Yeda Pessoa de Castro, segundo a qual "samba" tem origem banta: existe em quicongo e quimbundo e é derivada do verbo "samba" = "rezar". Segundo Yeda, a palavra começou a ser usada no Brasil como termo religioso nos terreiros de raiz banta e, só mais tarde, passou a designar a dança profana. Isso coincide com a hipótese de Olga Cacciatore (1988) de que "samba" viria do quicongo, significando "invocar", pois, nas Casas religiosas de origem banta, "samba" é o nome de um cargo litúrgico: primeiro uma auxiliar do culto, depois a dançarina sagrada, que equivalem respectivamente à equédi e à iaô das Casas de origem iorubá.

"Samba" não tinha relação, na África, com "semba". No dicionário de quimbundo do angolano Cordeiro da Matta (1893), "sèmba" é contração de "risèmba", que significa "umbigada": é um antigo folguedo popular angolano em que, enquanto dançam, os brincantes tocam a barriga, uns aos outros, na altura do umbigo. O nome dado no Brasil às danças de umbigada é "batuque"; mas essa não é palavra africana: é portuguesa, derivada de "bater" (LOPES, 2011).

A relação do "semba" com o batuque coloca a origem do samba no século XVII, quando o batuque já era praticado no Brasil como folguedo profano ou como parte de cerimônias religiosas (os calundus), com variações regionais, como o jongo, considerado o ancestral direto do samba urbano carioca, o gênero musical mais conhecido como expressão cultural brasileira (ARAÚJO, 2022).

Entre as influências formadoras do samba carioca, está o samba de roda, levado da Bahia para o Rio de Janeiro, em meados do século XIX, por negros escravizados e libertos que, pressionados pelas condições daquele momento, foram transferidos ou migraram para os novos centros econômicos e políticos. Entre o fim do século XIX e o início do XX, esses negros, juntamente com os de outras regiões, estavam organizados em comunidades como a Pequena África, no Centro do Rio. Ali, com o apoio de quituteiras e costureiras lideradas pela famosa Tia Ciata, reuniam-se alguns dos maiores nomes do samba para compor, cantar e dançar. Dali saiu o primeiro samba gravado no Brasil, "Pelo telefone" (de 1917), com autoria registrada por Donga (Ernesto dos Santos) e Mauro de Almeida. Dali saíram as sementes das Escolas de Samba. A partir de então o samba se consolidou, se traduziu em formas diversas e se difundiu por todo o país e todas as camadas sociais, incorporando inovações sem perder sua identidade.

O que é ancestralidade?

A ancestralidade é um valor civilizatório presente em diversas civilizações da humanidade, sobretudo entre os povos de comunidades tradicionais da América Latina e da África, mas também entre povos do Oriente.

Para os povos africanos em geral, este valor civilizatório é proveniente dos cultos tradicionais, contudo influencia também outras tradições, como a islâmica, naquele continente que se apropriou de outros valores civilizatórios africanos além deste continente para poder se disseminar.

Na África, a ancestralidade é um dos maiores valores cultuados pelos povos do continente, e é difícil definir o conceito de identidade para o africano sem o conceito de ancestralidade.

Em algumas tradições, como a dos iorubás no reino de Oyó, o rei (Alaafin) deve conhecer os cantos sagrados (orikis) de pelo menos até a sua sétima geração ancestral.

A ancestralidade, também por significar memória e, por sua vez, resistência, é um valor civilizatório africano muito ameaçado pelos valores de consumo da sociedade ocidental; que não raro, em suas missões culturais (ou religiosas), tenta diminuir ou mesmo extinguir a influência deste valor civilizatório na vida dos povos da África, justamente por conflitar com os valores de consumo que precisam do novo pelo novo para se estabelecer, indo contra as tradições.

Tradições africanas na cultura brasileira

Existem várias tradições africanas em nossa cultura, a começar pela música. Temos diversos gêneros musicais que são provenientes da África ou têm influência africana, como o samba, as festas religiosas, como as congadas; assim como na culinária temos diversos pratos brasileiros de origem africana ou inventados pelos escravizados, como as moquecas, a feijoada e diversos outros. Nos esportes nacionais, temos a capoeira que, na verdade, nasceu em Angola e quer dizer literalmente "dança da zebra" por imitar os movimentos deste animal nas savanas.

Outros costumes, como o banho diário (que também tem origem indígena), eram comuns na África (e não na Europa).

De qualquer forma, um dos mais importantes conceitos civilizatórios que herdamos de nossos ancestrais africanos é a coexistência pacífica entre diversos povos presentes nas origens de diversos reinos africanos, como são exemplos os reinos de Oyó, Ilê Ifé e do Ketu.

Literatura oral africana

Para entender melhor a expressão oral e a importância da palavra entre os iorubás, é necessário discutir o conceito de axé (ase).

Salami (1999), em sua tese de doutorado, define axé como sendo a força vital que se expressa também em toda palavra. Ele nos lembra de que o significado etimológico da palavra axé vem de "a se" (assim seja, assim se faça) e, dessa forma, como a palavra carrega o axé, ela tem o poder de fazer com o que está sendo afirmado se concretize.

Pierre Verger, em algumas ocasiões, traduz axé por lei, o que nos remete aos significados de "rta" (ordem) e "vac" (verbo) da cultura sânscrita, dos quais os ritos védicos dependem, e que são feitos para a manutenção da ordem cósmica, na qual a palavra (corretamente pronunciada ritualmente em sânscrito) dá acesso aos planos sutis da criação. Ambos os conceitos, apesar de estarem presentes em uma cultura tão distante da iorubá, apresentam alguma proximidade com o conceito do axé iorubá, seja no seu universo ritualístico, seja impregnado na carga simbólica que a palavra carrega para este povo.

Outro elemento que devemos observar, na questão da oralidade e no valor da palavra para os iorubás e as sociedades da África Subsaariana, pode ser muito bem expresso pelo que diz

Tierno Bokar Salif, citado por Hampâté Bâ (2010): o saber e a escrita são coisas diferentes. A escrita é como uma fotografia, não é o saber em si. O saber é o que herdamos de tudo que os ancestrais conheceram e nos transmitem. Esse conceito permite compreender melhor a força das tradições orais entre os africanos subsaarianos, pois a escrita, sendo apenas uma fotografia do saber, não se torna uma condição para a transmissão do saber ancestral. Antonio Risério nos fala da característica fluída e flexível das culturas da maior parte das sociedades que mantêm as tradições orais na África Subsaariana. Ele nos mostra que em geral elas se diferenciam da rigidez canônica das sociedades que se desenvolveram a partir da escrita. Este fato nos ajuda a compreender o que nos afirma Hampâté Bâ, quando defende que as tradições orais predominantes nas culturas da África Subsaariana não representam uma falta de habilidade para a escrita, mas, sim, uma forma característica de se expressar. Algo para o qual nossa cultura clássica ocidental geralmente não se atentou e criou muitos preconceitos, esquecendo até mesmo o caráter oral dos poemas épicos clássicos.

Nesse sentido também podemos, de novo, citar comparativamente a Índia e as tradições sânscritas nas quais os próprios textos védicos por muito tempo foram proibidos de ser transcritos, por portarem em si um conteúdo demasiadamente sagrado para deixarem de ser transmitidos pela tradição oral, através das gerações de sacerdotes.

Da mesma forma, o distanciamento das tradições de transmissão oral e não ter para quem transmitir o conhecimento ancestral é um grande temor entre os anciãos e sacerdotes nas sociedades subsaarianas, conforme nos elucida Hampâté Bâ (1999) em seu texto "A tradição viva". Pois o saber está na palavra e não na letra, pois a letra é apenas uma fotografia da palavra, mas se não for pronunciada, não traz o axé da palavra.

Vou mais além ainda nesse conceito, e ouso afirmar, segundo esta lógica, que a obra de arte é a fotografia da arte, e não a arte em si mesma. Pois, a partir do momento em que existe o conceito da arte no imaginário do artista, ela já se faz viva e a obra de arte é apenas a fotografia desse conceito que teve origem na sensibilidade do artista. Dentro dos processos criativos dos textos da oralidade iorubá, isto também se expressa, como veremos mais à frente, quando formos falar da estrutura dos orikis. Entendemos melhor isso se nos lembrarmos que sem o conceito de ori não podemos criar orikis.

Outro ponto que não se pode esquecer é que a palavra entre os iorubás, tendo em si o princípio da força vital e da lei ancestral que nos sustenta (axé), não pode admitir a mentira, senão como uma transgressão moral. O que também Hampâté Bâ (1999) cita no caso dos bambara e fulani, devido ao fato da própria criação, de estes povos terem emergido da Palavra do Criador.

Origem dos escravizados brasileiros

O processo de escravidão no Brasil durou quase 400 anos, e diversas leis foram feitas para barrar o processo no século XIX, inclusive com a abolição do tráfico negreiro. As regiões de onde enviaram escravos para o Brasil são os atuais Angola e Congo (a maioria indo para o Sul e o Sudeste, mas também para o Nordeste, antes do século XVIII) e as costas dos Escravos e da região de Mina, atualmente países como Nigéria, Benim, Togo e Gana (sendo predominantemente escravizados que foram para a região Nordeste). Também no final do período do tráfico negreiro vieram, sobretudo ao Sudeste, escravizados da região atual de Moçambique, em bem menor número, motivo pelo qual suas tradições aqui em nosso país são raras.

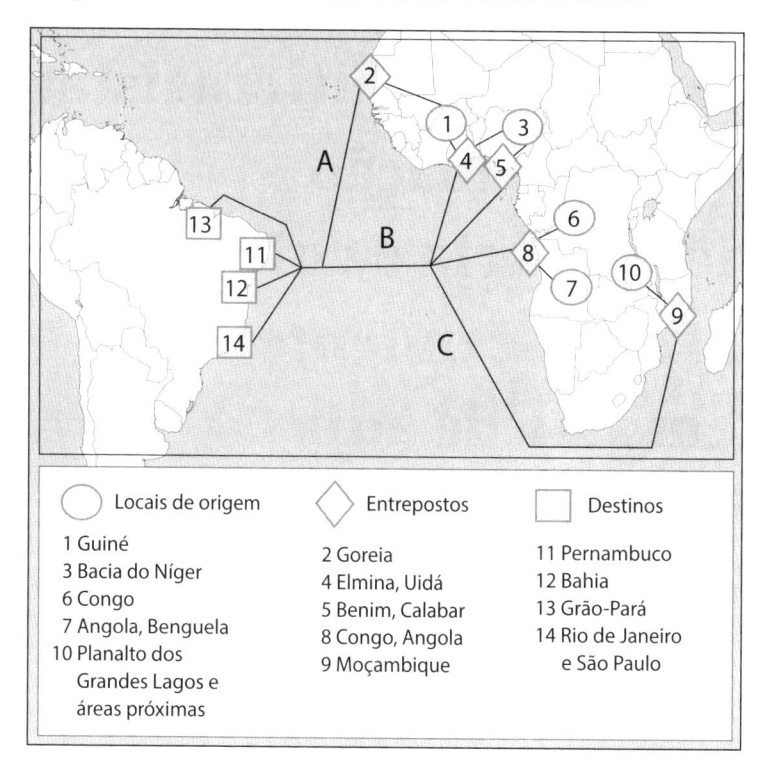

Origem e destino dos africanos escravizados no Brasil

Locais de origem
1 Guiné
3 Bacia do Níger
6 Congo
7 Angola, Benguela
10 Planalto dos Grandes Lagos e áreas próximas

Entrepostos
2 Goreia
4 Elmina, Uidá
5 Benim, Calabar
8 Congo, Angola
9 Moçambique

Destinos
11 Pernambuco
12 Bahia
13 Grão-Pará
14 Rio de Janeiro e São Paulo

Século XVI – o entreposto da Goreia mandou cerca de 70.000 africanos (da Guiné) para Pernambuco e Bahia. **Século XVII** – os entrepostos de Elmina, Porto Novo, Benim, Calabar, Congo, Angola e Moçambique mandaram cerca de 1.300.000 africanos (de Guiné, Bacia do Níger, Congo, Angola, Benguela e Grandes Lagos) para Grão-Pará, Pernambuco, Bahia, Rio de Janeiro e São Paulo. **Século XVIII** – os mesmos entrepostos do século XVII, mais Uidá, mandaram cerca de 700.000 africanos (dos mesmos lugares de origem) para Bahia, Rio de Janeiro e São Paulo. **Século XIX** – os mesmos entrepostos do século XVIII mandaram cerca de 1.900.000 africanos (dos mesmos lugares de origem) para Bahia, Rio de Janeiro e São Paulo.
Fonte dos dados: *The Slave Route* (UNESCO, 2022).

Relatos e experiências de práticas antirracistas e de afirmação identitária e cultural afrodescendente em sala de aula

Conforme já tratado no decorrer desta obra, em determinado período de minha carreira docente, atuei nos anos iniciais do Ensino Fundamental em escolas da rede pública de um município da Grande São Paulo em área de vulnerabilidade social, onde a maior parte de meus alunos era de negros, ainda que não soubessem disso ou não se declarassem negros. Passei por diversas experiências, e minhas práticas docentes, baseadas em meus livros, me levaram a diversas experiências antirracistas e de afirmação identitária e cultural que compartilho nesta obra com os leitores, para que sirvam de referencial e sugestões de ação para quem passar por situações similares, assim como para gerar discussões e reflexões pelos mais diversos corpos de profissionais da educação que estejam diretamente relacionados às práticas de docência, coordenação pedagógica, orientação, supervisão ou administração escolar.

A) Primeiro relato – aluno negro ofende aluna negra devido ao tom de pele mais escuro que o seu

Em determinada aula do 3º ano do Ensino Fundamental, com alunos de 8 anos de idade em média, num dia em que estávamos falando da preservação das espécies da floresta da Mata Atlântica na aula de Ciências, passei a apresentar os diversos animais dos biomas brasileiros ameaçados de extinção, até que mostrei a foto do mico-leão-dourado. Alguns alunos começaram a rir e apontar para uma das alunas do grupo (que tinha um tom de pele negra bem escura) e J., um aluno negro de tom de pele mais claro que a aluna em questão, disse:

– Quer dizer que a A. C., essa macaca, está ameaçada de extinção, professor, anda livremente pela escola, nem toma cuidado com os caçadores e nem sabe disso?

Eu, que me declaro negro mais por razões de visão de mundo, ancestralidade e posição política, do que por ser negro representado por tom de pele (pois, pela questão dos fenótipos, muitos no Brasil não me considerariam negro), respondi que me sentia extremamente ofendido de ser chamado de macaco.

Nesse momento, vejo que os alunos ficam surpresos e dizem muitos, quase em coro:

– Mas o professor não é negro, o professor é branco!!!

Então, faço uma explicação de forma resumida e para que entendam o que foi a Resolução da Conferência e da Declaração de Durban que determinava que, independentemente do tom de pele, todo afrodescendente até 3º grau poderia se declarar negro, sendo que ser negro é mais uma questão de ancestralidade, visão de mundo e posição política do que um tom de pele. E falo ainda mais que, se eu era negro apesar de meu tom de pele, todos os que tivessem o tom de pele mais escuro que eu deveriam se declarar negros de fato.

Nesse momento, esse aluno negro que ofendeu a outra aluna negra de tom de pele mais escuro disse:

– Professor, então quer dizer que eu sou negro como a A. C.??? Minha mãe sempre disse que eu não era negro como gente como ela, minha mãe me disse que eu era somente "moreninho".

Nesse momento, vi a importância do meu lugar de fala como negro a partir de minhas ancestralidade, posição política e visão de mundo mais do que tom de pele, no fato de que alunos negros se aceitem e se declarem como tal. Claro que, pela questão do fenótipo, não me sinto elegível à questão de beneficiário de ações afirmativas destinadas à população negra. Mesmo me declarando negro por posição política, visão de mundo e ancestralidade, sei que, na discriminação e no acesso à educação, ao emprego e à ascensão social, o que conta mesmo é a questão do fenótipo, mas ainda assim continuo me declarando negro.

Tive como prova o fato de que, quando perguntei a meus 28 alunos da sala, quantos passaram a se declarar e considerar negros depois de minhas explicações, quase todos os alunos (25 dos 28 levantaram as mãos) passaram a se declarar negros ao invés de moreninhos, ou outras variações pejorativas para a condição da negritude, pois queriam ser negros como seus ancestrais e o professor.

Nesse momento C. A., um aluno de cabelos castanhos e olhos azuis (longe do fenótipo negro brasileiro habitual) me pergunta:

– Professor, eu posso ser negro?

Então eu lhe pergunto:

– Você tem ancestrais ou alguém na família negro?

Ele me responde:

– Minha mãe é negra e, como o senhor abriu a possibilidade, agora eu queria muito ser negro como minha mãe, que é uma mulher corajosa e lutadora, e não branco como meu pai, de quem me envergonho por nos ter abandonado.

Nesse momento muitos se emocionaram e foram abraçar C. A., e afirmaram que nunca mais se declarariam moreninhos, mas, sim, teriam muito orgulho de serem negros como o professor e seus ancestrais.

B) Segundo relato – mãe e aluna se descobrem negras devido à lenda de Iansã

Nas práticas das oficinas e atividades de leitura do programa *Nossos Pais Nossos Verdadeiros Heróis*, entrevistei a mãe de uma aluna, senhora J., que veio do Nordeste como retirante. Nas atividades em questão, quando aplicada, sincronizei sua história com a da lenda das guerreiras africanas, sobretudo Iya Mesan (Iansã).

L., minha aluna e sua filha, ao ouvir as narrativas, me perguntou se eu estava me baseando na história de sua mãe e na sua origem para comparar com aquela guerreira africana Iya Mesan.

No dia seguinte, L. disse que, depois de mostrar para sua mãe a lenda de Iya Mesan da Oficina *Nossos Pais Nossos Verdadeiros Heróis* que sincretiza a lenda das guerreiras negras com as retirantes como sua mãe, sua mãe e ela, apesar de evangélicas, descobriram que eram negras. Eu expliquei que Iya Mesan, essa guerreira negra, não era ninguém mais que a orixá Iansã tão demonizada na igreja dela.

Ela ficou indignada com o fato de que o pastor de sua igreja demonizasse uma história tão bonita que remonta à origem de sua história e sua tradição familiar; e isso mostra que, ao menos, teremos aqui alguém que não terá uma fé cega e não irá aderir à intolerância religiosa.

C) Terceiro relato – o racismo não é algo natural, mas, sim, ensinado, assim como o antirracismo pode igualmente ser ensinado

Na oficina de heróis e heroínas negros de teatro, quando distribuí os papéis, a aluna L., por ter as melhores notas, faz questão de ser Luíza Mahin por achar a história mais bonita, a heroína negra mais importante e mais corajosa. No final da distribuição ela vê que a aluna A. L., que tinha um tom de pele negro bem escuro, estava sem papel, e me diz que abriria mão de seu papel de Luíza Mahin para A. L., pois, como ela tinha um tom de pele bem escuro, tinha que ser bem importante reafirmar que o racismo não é natural, mas, sim, ensinado, como nos fala Mandela. L. só desiste da ideia depois de muita resistência, quando a convenço de que o papel de Teresa de Benguela, que conferi a A. L., era tão importante quanto o de Luíza Mahin que ela havia escolhido. Confesso que fiquei orgulhoso de meu papel como professor e extremamente emocionado com esta atitude de minha aluna L.

D) Quarto relato – resultados das práticas em algumas oficinas e depois das oficinas de leitura

A maioria dos meus alunos nesta escola, depois das oficinas de leitura e teatro sobre heroínas, heróis negros e quilombolas sincretizados com as histórias de seus pais na oficina *Nossos Pais Nossos Verdadeiros Heróis,* passa a não mais querer se identificar com heróis brancos. Principalmente as meninas passam a não querer mais serem meninas frágeis e inúteis, como aquelas princesas dos contos ocidentais tradicionais, e passam a declarar que querem ser mulheres fortes, bravas e guerreiras como aquelas heroínas e os mitos de deusas negras, como são as ancestrais de suas famílias e suas mães.

E) Quinto relato – defesa de meu trabalho e práticas junto ao corpo administrativo da escola

Enquanto minhas colegas fazem suas atividades sobre a história de Israel ou somente com os personagens do eugenista Monteiro Lobato, coloco de forma bem clara à direção da escola, ao defender minha posição com minhas atividades pedagógicas antirracistas que se utilizam de mitos africanos, que não podemos nos deixar sucumbir diante de um projeto de poder implantado por dogmas vindos de pessoas de formação duvidosa! Não podemos deixar que um pastor semianalfabeto, sem formação histórica ou antropológica alguma, de uma denominação neopentecostal qualquer, demonize nossos mitos africanos e nossos valores civilizatórios e culturais africanos ancestrais, que não estão ligados de forma alguma aos aspectos religiosos das tradições de matrizes africanas, mas, sim, a seus aspectos culturais e civilizatórios. Não podemos permitir que o discurso de ódio destes pastores, de formação acadêmica duvidosa quanto aos valores civilizatórios e culturais dos mitos africanos (especialmente na educação), faça com que o próprio negro venha a odiar valores como a ancestralidade, a odiar os mitos africanos na sua função de valores civilizatórios e culturais de nossos ancestrais, levando assim estas pessoas negras, que seguem estes sacerdotes neopentecostais, a odiar os próprios ancestrais africanos transformados em aberrações civilizatórias no plano cultural.

Não defendo com este discurso, de forma alguma, que todo negro deva se converter às religiões de matrizes africanas, pois a religião é algo de escolha, de foro íntimo. As pessoas negras têm o direito de continuar católicas, protestantes ou qualquer outra denominação religiosa. Contudo, ninguém tem o direito, por motivos religiosos, sobretudo por um dogma e um projeto de poder político quaisquer, de demonizar os valores civilizatórios e culturais que herdamos de nossos mitos africanos; como são os orixás que, antes de tudo, são um patrimônio cultural nacional e devem portanto figurar nos currículos nacionais de ensino e aprendizagem em todos os níveis de nossa educação, segundo o que defendem as Leis Federais 10.639/03 e 11.645/08, que visam incluir estes valores civilizatórios e culturais em nossos currículos educacionais nos Ensinos Fundamental e Médio. Assim, os profissionais da educação pública e privada que se recusassem, por motivos religiosos, a utilizar estes mitos africanos em seus valores civilizatórios e culturais, assim como toda a cultura africana e afro-brasileira e a indígena, deveriam ser punidos devido à natureza laica e secular do Estado Brasileiro. Contudo, não é isso o que vemos na prática. Vemos as Leis 10.639/03 e 11.645/08, e o consequente ensino destes valores civilizatórios e culturais dos mitos africanos, serem sabotados por profissionais da educação, sobretudo de denominações cristãs de toda espécie, das redes pública e privada. O que faz com que esta seja uma das razões de ter escrito esta e outras obras, como ato de resistência e afirmação de nossos valores civilizatórios e culturais de nossos mitos africanos, herdados de nossos ancestrais africanos.

F) Sexto relato – perseguição a mim por defender valores civilizatórios e culturais negros africanos e afro-brasileiros e a escola pública laica em Escola Pública de uma cidade da Grande São Paulo

Tive sérios problemas com uma diretora evangélica de uma das escolas em que trabalhei neste município, que afirmava que, se pudesse e quando podia, sonegava impostos, mas jamais deixaria de pagar o dízimo, pois impostos serviam para sustentar vagabundos, especialmente do Nordeste, e gente de rua com programas sociais, e o dízimo lhe garantia o acesso à prosperidade na Terra e ao Paraíso após a morte.

Ela costumeiramente rezava o pai-nosso depois de cantar os Hinos Municipal e Nacional. Ao ouvir aquilo, parei de rezar e, com o tempo, meus alunos me perguntaram por que não rezava. Falei que não era cristão e que o que vale nas instituições públicas não é a Bíblia ou nenhum livro religioso, mas, sim, a Constituição.

Os alunos me perguntaram o que era essa tal de Constituição (que estava no currículo daquele 5º ano). Então, dei uma aula a eles sobre a Constituição, explicando sobre o Estado laico, o que era a liberdade religiosa, que os desobrigava de rezar o pai-nosso se quisessem, fossem eles cristãos ou não, e que naquele espaço não era conveniente rezar, ainda que todos fossem cristãos, pois a escola pública, em um Estado secular e laico, é o espaço do aprendizado, e não da religião.

Contudo, essa diretora continuava a infringir regras da laicidade nos espaços públicos e, em todas as festas e eventos festivos da escola com as famílias dos alunos, colocava música gospel.

Certo dia, esta diretora me questionou por que não rezava o pai-nosso, quando uma parte dos meus alunos, inclusive cristãos, deixara de rezar também.

Reagindo a tal absurdo, perguntei por que eles seriam obrigados a rezar, ou os pais a ouvirem música gospel nas festividades, e se ela não sabia que isso é ilegal em uma instituição pública de ensino devido às regras da Constituição, que determina que o Estado Brasileiro e suas instituições públicas são laicos.

Ela argumentou que reza para acalmar as crianças, pois professores como eu, com minha postura (totalmente obediente à Constituição e ao Estado laico, que vê a escola como o espaço do aprendizado, de acesso à cultura e a bens culturais e civilizatórios negros em geral, e de questionamento, e não da moldagem, obediência cega e doutrinação), davam muita liberdade para os alunos, e eles pareciam endemoniados. E ela rezava com todos os alunos da escola para lhes impor e estimular um comportamento disciplinado.

Eu, surpreso e indignado, argumentei a fim de ridicularizá-la e conscientizá-la da infração que estava cometendo: "Se é assim, eu poderia e teria o direito perfeitamente de cantar um ponto de umbanda como o de Exu Tranca Rua ('O sino da igrejinha faz blem, blem, blom...'), se achasse que as crianças estavam demasiado apáticas, para assim animar minha aula. E que, no caso das atividades festivas familiares com música gospel, eu poderia chamar médiuns que incorporassem as pombagiras para aconselhar as mães dos alunos que estivessem passando por problemas conjugais, ou mesmo médiuns que incorporassem caboclos e pretos velhos para participar de reuniões de pais para aconselhar os pais dos alunos que fossem indisciplinados ou tivessem dificuldades cognitivas." Nem assim adiantou, e a situação piorou depois de minha fala indignada.

Além de ela mesma rezar o pai-nosso no dia do canto do Hino, essa diretora passou a mandar quase todo dia a sua coordenadora pedagógica, também cristã, para avaliar minhas aulas, sendo eu o único professor a ser avaliado, injustamente mal avaliado e denunciado quase todo dia para a Secretaria de Educação do Município, para que eu sofresse advertências em nível municipal, e não mais local, por esta coordenadora que, ao final de cada avaliação, praticamente ainda rezava na minha sala o pai-nosso com os alunos, em sinal de clara perseguição.

Esse fato ocorreu na Grande São Paulo, no meio urbano, e deve ser muito pior no interior do país, especialmente com a expansão e o aumento da influência política da bancada evangélica e seu projeto de poder em todos os níveis da administração pública nos executivos federal, municipais e estaduais; pois em muitos locais, como o município em que eu que trabalhei, os cargos administrativos de coordenador, supervisor, diretor e orientador são designados por indicação política e, no caso específico, esta e outros diretores do município em questão tiveram indicação de vereadores da bancada cristã para assumirem tais cargos e cometerem tais infrações inadmissíveis.

Lanço a discussão: escola pública – espaço da doutrinação cristã ou da aprendizagem secular? A escola pública tem o papel de moldar e fazer obedecer com esta doutrinação, ou de fazer refletir e pensar, permitindo o acesso a nossos bens culturais e civilizatórios, como os nossos mitos africanos e de heróis e heroínas negros nessas dimensões?

Considerações finais

Ao observar e experimentar as práticas educativas dos projetos *Ire Ayo* e *Nossos Pais Nossos Verdadeiros Heróis*, vi que a metodologia dos espaços de criação de Biarnès, que se baseia na transicionalidade de Winnicott, tem grande êxito como metodologia pedagógica, pois, ao mesmo tempo que valoriza a identidade das crianças negras, prepara as demais crianças para o contato com a alteridade, e é propícia ao cenário da educação do século XXI, que, segundo Biarnès, será a educação para a diversidade que contrasta com a educação para a uniformização de massas do século XX.

Nessa circunstância, a introdução dos mitos africanos e afro-brasileiros no contexto educacional brasileiro faz, entre outras coisas, com que as crianças negras se sintam reconhecidas e valorizadas no processo educacional. Isso pode servir para estas crianças como objeto transicional dentro dos fenômenos transicionais, presentes no espaço transicional do espaço de criação, o qual para as outras crianças é o espaço do contato com a alteridade e do desenvolvimento de seu repertório cultural, de forma a trabalhar a cultura da diversidade na escola pública.

A ausência de mitos tradicionais e ancestrais e a utilização do mito midiático construído a partir de uma cultura que não é a nossa, do herói clássico, fazem com que a dialética do duplo africano, presente no simbolismo do Oxé de Xangô e nas estruturas sociais da África, segundo Georges Balandier, de ressignificação do novo a partir do tradicional das dinâmicas sociais africanas, não ocorra, e o que se passa não seja mais do que mera inculcação com o objetivo de reproduzir relações culturais e sociais.

Referências

ABADI, Sonia. **Transições**: o modelo terapêutico de D. W. Winnicott. Tradução: Laila Yazigi de Massuh. São Paulo: Casa do Psicólogo, 1998.

ABIMBOLA, Wande. **Ifa**: an exposition of Ifa literary corpus. Ibadan: Oxford University Press, 1976.

ABIMBOLA, Wande (ed.). **Ifa Divination Poetry**. New York: Nok, 1977.

ABIMBOLA, Wande. Wapele: the concept of good character in Ifa literary corpus. In: ASANTE, Molefi Kete; ABARRY, Abu S. (ed.). **African Intellectual Heritage**: a Book of Sources. Philadelphia: Temple University Press, 1996. p. 98-106.

ADEBISI, Jeleel Adekunle. **A Brief History of Ataoja of Osogbo**. ResearchGate, nov. 2013.

ADICHIE, Chimamanda Ngozi. **The Danger of a Single Story**: TEDGlobal Conference, Oxford, 2009. Vídeo (legendas em português de Erika Rodrigues). Disponível em: <https://www.ted.com/talks/chimamanda_ngozi_adichie_the_danger_of_a_single_story>. Transcrição em: <https://www.housecomidiomas.com.br/the-danger-of-a-single-story-chimamanda-adichie/> (em inglês e português). Acesso em: 28 jul. 2020.

AKANDE, Adeyemi. Migration and the Yorùbá myth of origin. **European Journal of Arts**, n. 1, p. 36-47, 2016.

ALTHUSSER, Louis. **Aparelhos ideológicos do Estado**: nota sobre os aparelhos ideológicos do Estado, 6. ed. Tradução: Walter J. Evangelista e Maria L. V. de Castro. Rio de Janeiro: Graal, 1992.

ALTHUSSER, Louis. **O futuro dura muito tempo**: os fatos – autobiografias. Tradução: Rosa Freire de Aguiar. São Paulo: Companhia das Letras, 1992.

ALTHUSSER, Louis. **Sobre a reprodução**, 2. ed. Tradução: Guilherme João de Freitas Teixeira. Petrópolis: Editora Vozes, 2008.

ALVES, Castro. O navio negreiro. In: ALVES, Castro. **Os escravos**: poesias. Lisboa: Tavares Cardoso & Irmãos, 1884. De acordo com o catálogo de exposição "Castro Alves: o olhar do outro" (publicado pela Biblioteca Nacional, Rio de Janeiro, em 1997), "O navio negreiro" é datado de 1868, mas só foi publicado no livro póstumo *Os escravos*, de 1884, pois Castro Alves morreu em 1871, aos 24 anos.

ANDERSON III, Robert Nelson. O mito de Zumbi: implicações culturais para o Brasil e para a diáspora africana. **Afro-Ásia**, Salvador, n. 17, p. 99-119, 1996.

ANDERSON III, Robert Nelson. **O rei escravo**. Disponível em: <https://web.archive.org/web/20050404002021/http:/www.brazil-brasil.com/cvroct95.htm>. Acesso em: 20 jun. 2022.

ANDRADE, Mário de. **Macunaíma**, 2. ed. Brasília: Câmara dos Deputados/Edições Câmara, 2019.

ANTUNES, Arnaldo. Volte para o seu lar. In: MONTE, Marisa. **Mais**. Faixa 2, 1 LP. Rio de Janeiro: EMI, 1991.

AWE, Bolanle. Praise poems as historical data: the example of the yoruba oríkì. **Africa**, Cambridge, v. 44, n. 4, p. 331-349, out. 1974.

ARAUJO, Ana Lucia. Dahomey, Portugal and Bahia: King Adandozan and the Atlantic Slave Trade. **Slavery & Abolition, vol. 33, n. 1, p. 1-19, mar. 2012.** Disponível em: <https://doi.org/10.1080/0144039X.2011.604562>. Acesso em: 20 jun. 2022.

ARAÚJO, Lília. **História do samba**. Disponível em: <https://www.sambando.com/historia-do-samba>. Acesso em: 20 jun. 2022.

BÂ, Amadou Hampâté. **Amkoullel, o menino fula**. Tradução: Xina Smith de Vasconcelos. São Paulo: Palas Athena, Casa das Áfricas, 1992.

BÂ, Amadou Hampâté. A tradição viva. In: KI-ZERBO, Joseph (ed.). **História geral da África:** I – metodologia e pré-história da África, 2. ed. rev. Brasília: Unesco, Secad/MEC, UFSCAR, 2010. p. 167-212.

BALANDIER, Georges. **A desordem**: elogio do movimento. Tradução: Suzana Martins. Rio de Janeiro: Bertrand Brasil, 1997.

BALANDIER, Georges. **Anthropo-logiques**. Tradução: Joan Rofes. Barcelona: Ediciones 62/Península, 1975.

BALANDIER, Georges. **O poder em cena**. Tradução: Luiz Tupy C. de Moura. Brasília: Universidade de Brasília, 1982.

BALANDIER, Georges. **Sociologie actuelle de l'Afrique Noire**, 3. ed. Paris: Presses Universitaires de France, 1971.

BARROS, Gilda Naécia M. Areté e cultura grega antiga. **Videtur**, Porto, v. 16, p. 25-36, 2002. Disponível em: <http://www.hottopos.com/videtur16/gilda.htm>. Acesso em: 16 jul. 2020.

BAUMAN, Zygmunt. **Modernidade líquida**. Tradução: Plínio Dentzien. Rio de Janeiro: Jorge Zahar, 2001.

BENIN. MPDEAP. INSAE. **Monographie de la Commune de Ketou**. [S. l.]: Direction des Etudes Demographiques, 2008. Disponível em: <http://ireda.ceped.org/inventaire/ressources/MONOGRAPHIE_KETOU.pdf>. Acesso em: 21 mar. 2023.

BENIM. Wikipedia. Disponível em: <https://pt.wikipedia.org/wiki/Benim>. Acesso em: 21 jul. 2019. A página oferece informações sobre história, geografia etc. e *links* para páginas mais detalhadas. Se for possível ler, as páginas em inglês e francês são mais informativas que a em português.

BENISTE, José. **Òrun-Àiyé: o encontro de dois mundos**, 12. ed. Rio de Janeiro: Bertrand Brasil, 1997.

BIARNÈS, Jean. Education, diversité et espaces de création à l'école. Acolhendo a alfabetização nos países de língua portuguesa. **Revistas USP**, São Paulo, v. 1, n. 2, p. 31-45, ago. 2007. Disponível em: <https://www.revistas.usp.br/reaa/article/view/11457/13225>. Acesso em: 22 mar. 2023.

BIARNÈS, Jean. **Universalité, diversité, sujet dans l'espace pédagogique**. Paris: L'Harmattan, 1999.

BOURDIEU, Pierre. **A economia das trocas linguísticas**: o que falar quer dizer. Tradução: Sérgio Miceli e outros. São Paulo: Edusp, 1996.

BOURDIEU, Pierre. **Economia das trocas simbólicas**, 6. ed. Organização: Sergio Miceli. Vários tradutores. São Paulo: Perspectiva, 2005.

BOURDIEU, Pierre. **Escritos de educação**, 9. ed. Organização: Maria Alice Nogueira e Afrânio Catani. Petrópolis: Vozes, 2007.

BOURDIEU, Pierre. **O poder simbólico**. Tradução: Fernando Tomaz. Rio de Janeiro: Bertrand Brasil, 2010.

BOURDIEU, Pierre; PASSERON, Jean-Claude. **A reprodução**: elementos para uma teoria do sistema de ensino, 3. ed. Tradução: Reynaldo Bairão. Rio de Janeiro: Francisco Alves, 1992.

BRASIL. Ministério da Educação. **Parecer CNE/CP nº 03/2004**: diretrizes curriculares nacionais para a educação das relações étnico-raciais e para o ensino de história e cultura afro-brasileira e africana. Disponível em: <http://portal.mec.gov.br/dmdocuments/cnecp_003.pdf>. Acesso em: 10 mar. 2020.

BRASIL. Presidência da República. Casa Civil. **Decreto-Lei nº 1.202, de 8 de abril de 1939**. Disponível em: <https://www.planalto.gov.br/ccivil_03/decreto-lei/1937-1946/del1202.htm>. Acesso em: 20 jun. 2022.

BRASIL. Presidência da República. Casa Civil. **Lei nº 10.639, de 9 de janeiro de 2003**: altera a Lei nº 9.394, de 20 de dezembro de 1996, que estabelece as diretrizes e bases da educação nacional para incluir no currículo oficial da Rede de Ensino a obrigatoriedade da temática "História e cultura afro-brasileira", e dá outras providências. Disponível em: <http://www.planalto.gov.br/ccivil_03/leis/2003/l10.639.htm>. Acesso em: 10 mar. 2020.

BRASIL. Presidência da República. Casa Civil. **Lei nº 12.288, de 20 de julho de 2010**: institui o Estatuto da Igualdade Racial. Disponível em: <http://www.planalto.gov.br/ccivil_03/_Ato2007-2010/2010/Lei/L12288.htm>. Acesso em: 10 mar. 2020.

BRASIL. Presidência da República. Secretaria Nacional da Juventude. **Índice de vulnerabilidade juvenil à violência e desigualdade racial**. Brasília: Presidência da República, 2017. Disponível em: https://dssbr.ensp.fiocruz.br/indice-mostra-a-vulnerabilidade-dos-jovens-a-violencia-no-brasil/>. Acesso em: 22 jun. 2023.

BRITANNICA, Editors of Encyclopaedia. **Osogbo**. Chicago: Encyclopedia Britannica, 2019.

BRITANNICA, Editors of Encyclopaedia. **Oyo**. Chicago: Encyclopedia Britannica, 2021.

CACCIATORE, Olga Gudolle. **Dicionário de cultos afro-brasileiros**, 3. ed. Rio de Janeiro: Forense Universitária, 1988.

CAMPBELL, Joseph. **O herói de mil faces**. Tradução: Adail Ubirajara Sobral. São Paulo: Cultrix/Pensamento, 1989.

CAMPBELL, Joseph; MOYERS, Bill. **O poder do mito**. Tradução: Carlos Felipe Moisés. São Paulo: Pallas Athena, 1991.

CAMPBELL, Joseph. **Máscaras de Deus**: v.4 – mitologia criativa. Tradução: Carmen Fischer. São Paulo. Palas Athena, 1999.

CARNEIRO, Edison. **O quilombo dos Palmares**, 2. ed. rev. São Paulo: Nacional, 1958.

CAVALCANTI, Maria Laura Viveiros de Castro. A Casa das Minas de São Luís do Maranhão e a saga de Nã Agontimé. **Sociologia e Antropologia, Revista de Pós-graduação em Sociologia e Antropologia, UFRJ**, Rio de Janeiro, v. 9, n. 2, p. 387-429, maio-ago. 2019. Disponível em: <https://marialauracavalcanti.com.br/category/espiritismo-e-religioes-afro-brasileiras/#a-casa-dasminas-de-sao-luis-do-maranhao-e-a-saga-de-na-agontime-2/1/>. Acesso em: 23 mar. 2023.

CHARLOT, Bernard. **Da relação com o saber**: elementos para uma teoria. Tradução: Bruno Magne. Porto Alegre: Artmed, 2000.

COR da Cultura, A: projeto educativo. [S. l.]: Canal Futura/Cidan/Seppir/TV Globo/TV Educativa/Petrobras [produção], 2005. Disponível em: <https://www.frm.org.br/conteudo/mobilizacao-social/solucao/cor-da-cultura>. Acesso em: 23 mar. 2023.

DUNGLAS, Édouard. Contribuição à história do Médio Daomé: o reino iorubá de Ketu (1ª parte). Tradução de Claude Lépine. **Afro-Ásia**, Salvador, n. 37, p. 203-238, 2008a.

DUNGLAS, Édouard. Contribuição à história do Médio Daomé: o reino iorubá de Ketu (2ª parte). Tradução de Claude Lépine. **Afro-Ásia**, Salvador, n. 38, p. 323-352, 2008b.

ELEBUIBON, Ogunbiyi Bobola. **Estudos iorubás**. [S. l.]: Comunicação pessoal, 2015.

ENCONTRO com Milton Santos: o mundo global visto do lado de cá. Direção: Silvio Tendler. Produção: Caliban Produções Cinematográficas. Rio de Janeiro, 2006. Documentário, cores, 89min 20s. Disponível em: <https://youtu.be/ifZ7PNTazgY>. Acesso em: 24 jun. 2020.

EUGÊNIA Ana dos Santos. Wikipedia. Disponível em: <https://pt.wikipedia.org/wiki/Eugênia_Ana_dos_Santos>. Acesso em: 20 jun. 2022.

FALOLA, Toyin O. **The role of Nigerian women**. Chicago: Encyclopedia Britannica, 2007. Disponível em: <https://www.britannica.com/topic/role-of-Nigerian-women-1360615>. Acesso em: 14 jun. 2022.

FALOLA, Toyin; AKINYEMI, Akintunde. **Encyclopedia of the Yorùbá**. Bloomington: Indiana University Press, 2016.

FAUNDEZ, Antonio. **A expansão da escrita na África e na América Latina**: análise de processos de alfabetização. Tradução: Lólio Lourenço de Oliveira. São Paulo: Paz e Terra, 1994.

FERRETTI, Sergio F. **Querebentã de Zomadônu**: etnografia da Casa das Minas do Maranhão. Rio de Janeiro: Pallas, 2009.

FORTES, Luiz Roberto Salinas. **Rousseau**: o bom selvagem. São Paulo: FTD, 1989.

FRANZ, Alyssa. Kingdom of Oyo (ca. 1500-1837). **Blackpast**, 16 jun. 2009. Disponível em: <https://www.blackpast.org/global-african-history/oyo/>. Acesso em: 14 jun. 2022.

IBGE. Estatísticas. Disponível em: <https://www.ibge.gov.br/>. Acesso em: 10 mar. 2020.

IBGE. **Síntese de indicadores sociais**: uma análise das condições de vida da população brasileira. Rio de Janeiro: IBGE, 2017.

IFE. Wikipedia. Disponível em: <https://en.wikipedia.org/wiki/Ife>. Acesso em: 16 jun. 2022.

IGBOIN, Benson Ohihon. The metaphysics of justice: Ayelala's rise in Benin and other parts of Edo State. **Yoruba Studies Review**, Gainesville, v. 2, n. 1, p. 305-315, 2017.

INEPAC. Casa de Candomblé Ilê Axé Opô Afonjá. Disponível em: <http://www.inepac.rj.gov.br/index.php/acervo/detalhar/30/0>. Acesso em: 20 jun. 2022.

INEPAC. **Tombamento da casa de candomblé Ilê Axé Opô Afonjá: abertura de processo.** Rio de Janeiro: Instituto Estadual do Patrimônio Cultural, 2016.

JOHNSON, Samuel. **The history of the Yorubas**: from the earliest times to the beginning of the British protectorat. Edited by Obadiah Johnson. Lagos: Church Missionary Society, 1921.

KÉTOU. Disponível em: <https://fr.wikipedia.org/wiki/Ketou>. Acesso em: 11 jun. 2022.

KI-ZERBO, Joseph (ed.). **História geral da África** 1 – Metodologia e pré-história da África, 2. ed. rev. Brasília: Unesco, Secad/MEC/UFSCar, 2010. Disponível em: <https://unesdoc.unesco.org/ark:/48223/pf0000190249>. Acesso em: 24 mar. 2023.

LAHIRE, Bernard. **La culture des individus**: dissonances culturelles et distinction de soi. Paris: La Découverte, 2004.

LAHIRE, Bernard. **L'homme pluriel**: les ressorts de l´action. Paris: Nathan, 1998.

LAHIRE, Bernard. **L'invention de l´illetrisme**: rhétorique publique, éthique et stigmates. Paris: La Découverte, 1999.

LAHIRE, Bernard. **Le travail sociologique de Pierre Bourdieu**: dettes et critiques.Paris: La Découverte, 1999.

LAHIRE, Bernard. **Retratos sociológicos**: disposições e variações individuais. Tradução: Didier Martin, Patrícia C. R. Reuillard. Porto Alegre: Artmed, 2004.

LAHIRE, Bernard. **Sucesso escolar nos meios populares**: as razões do improvável. Tradução: Ramon Américo Vasques e Sonia Goldfeder. São Paulo: Ática, 1997.

LAWAL, Babatunde. The living dead: art and immortality among the yoruba of Nigeria. **Africa**, Cambridge, v. 47, n. 1, p. 50-61, jan. 1977.

LENOIR, Yves. Pour une éthique de l'évaluation des résultats en éducation: quelles compatibilités entre les attentes néolibérales et les visées éducatives? In: LESSARD, Claude; MEIRIEU, Philippe (éd.). **L'obligation de résultats en éducation**: évolutions, perspectives et enjeux internationaux. Sainte-Foy: Presses de l'Université Laval; Bruxelles: De Boeck, 2004. p. 257-278.

LÉPINE, Claude. A monarquia sagrada na área iorubá: uma tentativa de interpretação. In: CARVALHO, Silvia S. (org.). **Mitos e civilizações**. São Paulo: Terceira Margem, 2005a. p. 107-152.

LÉPINE, Claude. O *trickster* na religião dos iorubás e suas metamorfoses. In: CARVALHO, Silvia S. (org.). **Mitos e civilizações**. São Paulo: Terceira Margem, 2005b. p. 43-106.

LÉVI-STRAUSS, Claude. **Tristes trópicos**. Tradução: W. Martins. São Paulo: Anhembi, 1957.

LIMA, Dulcilei da Conceição. **Desvendando Luíza Mahin**: um mito libertário no cerne do feminismo negro. Dissertação (mestrado em Educação). São Paulo: Universidade Presbiteriana Mackenzie, 2011.

LOPES, Nei. **Novo dicionário banto do Brasil**. Rio de Janeiro: Pallas, 2003.

LUIZ Gama. **Literafro**, Belo Horizonte, set. 2021. Disponível em: <http://www.letras.ufmg.br/literafro/autores/655-luiz-gama>. Acesso em: 20 jun. 2022.

MACIEL, Diógenes André Vieira. Das naus argivas ao subúrbio carioca: percursos de um mito grego da Medeia (1972) à "Gota d'água" (1975). **Fênix**, Uberlândia, v. 1, n. 1, out-dez., 2004.

MACROTRENDS. Ife, Nigeria metro area population 1950-2022. Disponível em: <https://www.macrotrends.net/global-metrics/cities/21991/ife/population>. Acesso em: 16 jun. 2022.

MARX, Karl; ENGELS, Friedrich. **Manifesto of the Communist Party**. Londres, 1848. Disponível em: <https://www.marxists.org/archive/marx/works/1848/communist-manifesto/ch01.htm>. Acesso em: 1 fev. 2022.

MATTA, J. D. Cordeiro. **Ensaio de diccionario kimbúndu-portuguez**. Lisboa: Antonio Maria Pereira, 1893.

MEILLASSOUX, Claude. **Antropologia da escravidão**: o ventre de ferro e dinheiro. Tradução: Lucy Magalhães. Rio de Janeiro: Jorge Zahar Editor, 1995.

MENDONÇA, Magdalena. Existência, liberdade e possibilidade: considerações sobre a crítica ao determinismo em Sartre. **Aoristo**, Toledo, v. 2, n. 1, p. 332-345, 2017.

MOREIRA, Antonio Flávio Barbosa. Currículo, diferença cultural e diálogo. **Educação e Sociedade**, Rio de Janeiro, a. 23, n. 79, p. 15-38, ago. 2002.

MOREMI Wikipedia. Ajasoro. Disponível em: <https://en.wikipedia.org/wiki/Moremi_Ajasoro>. Acesso em: 20 jun. 2022.

NA Agontimé (séculos XVIII-XIX). Biografias de mulheres africanas, UFRGS. Disponível em: <https://www.ufrgs.br/africanas/na-agontime-seculos-xviii-xix/>. Acesso em: 20 jun. 2022.

NIGERIA. Legal Notice on Publication of 2006 Census Final Results. **Federal Republic of Nigeria Official Gazette**, Abuja, v. 96, n. 2, p. B 1-42, feb. 2009. Disponível em: <https://archive.gazettes.africa/archive/ng/2009/ng-government-gazette-dated-2009-02-02-no-2.pdf>. Acesso em: 27 mar. 2023.

ODUNAIKE, Dorcas A. Performers' rights and evolution of performance in Nigeria. **Journal of Law, Policy and Globalization**, v. 53, p. 61-71, 2016.

OGUNDELE, Samuel Oluwole; EBONINE, Ukamaka. Owu history in an ethnoarchaeological perspective. **Nyame Akuma**, n. 74, p. 12-24, dec. 2010.

OJO, Matthias Olufemi Dada. Incorporation of Ayelala traditional religion into Nigerian criminal justice system: an opinion survey of Igbesa community people in Ogun State, Nigeria. **Issues in Ethnology and Anthropology**, v. 9, n. 4, p. 1025-1044, 2016. Disponível em: <https://www.researchgate.net/publication/308277228_Incorporation_of_Ayelala_traditional_religion_into_Nigerian_criminal_justice_system_An_opinion_survey_of_Igbesa_community_people_in_Ogun_State_Nigeria>. Acesso em: 28 mar. 2023.

OLAJUBU, Oyeronke. **Women in the Yoruba religious sphere**. Albany: State University of New York Press, 2003.

OLIVEIRA, Cloves Luiz Pereira; BARRETO, Paula Cristina da Silva. Percepção do racismo no Rio de Janeiro. **Estudos Afro-asiáticos**, Rio de Janeiro, v. 25, n. 2, p. 183-213, 2003.

OTUNOLA, Ibitomi Ibiwumi. **Fall of the Oyo empire**: causes, consequences and lessons for modern day Nigeria. Voice of International Affairs, 23 fev. 2021. Disponível em: <https://internationalaffairsbd.com/fall-oyo-empire-causes-consequences-lessons-modern-day-nigeria/>. Acesso em 28 mar. 2023.

OYEDIRAN, Oyeleye. The position of the Ooni in the changing political system of Ile-Ife. **Journal of The Historical Society of Nigeria**, Ibadan, v. 6, n. 4, p. 373-386, jun. 1973.

OYO Empire. Wikipedia. Disponível em: <https://en.wikipedia.org/wiki/Oyo_Empire>. Acesso em: 16 jun. 2022.

PENA, Sérgio D. J.; BORTOLINI, Maria Cátira. Pode a genética definir quem deve se beneficiar das cotas universitárias e demais ações afirmativas? **Estudos Avançados**, São Paulo, v. 18, n. 50, p. 31-50, jan-abr. 2004. Disponível em: <https://doi.org/10.1590/S0103-40142004000100004>. Acesso em: 28 mar. 2023.

PESSOA, Fernando. Ultimatum de Álvaro de Campos sensacionista. **Separata do Portugal Futurista**, Lisboa, v. 7, 1917.

PIKETTY, Thomas. **O capital do século XXI**. Tradução: Monica B. de Bolle. Rio de Janeiro: Intrínseca, 2014.

POLETTI, Ronaldo. **Constituições brasileiras:** volume 3 – 1934, 3. ed. Brasília: Senado Federal, 2012.

POLI, Ivan da Silva. **Antropologia dos orixás**: a civilização iorubá a partir de seus mitos, seus orikis e sua diáspora. Rio de Janeiro: Pallas, 2019.

POLI, Ivan da Silva. **A importância do estudo das mitologias e gêneros literários da oralidade africana e afro-brasileira no contexto educacional brasileiro**: a relevância da Lei 10.639/03. Dissertação (mestrado em Educação). São Paulo: Universidade de São Paulo, 2014.

POLI, Ivan da Silva. **Índia, vedanta e educação**: a experiência Ramakrishna. São Paulo: Biblioteca 24 horas, 2012.

POLI, Ivan da Silva. **Paideia negra**: a nova pedagogia dos orixás. São Paulo: Terceira Margem, 2016.

POLI, Ivan da Silva. **Pedagogia dos orixás**. São Paulo: Terceira Margem, 2015.

PRANDI, Reginaldo. **Mitologia dos orixás**. São Paulo. Companhia das Letras, 2001.

PRANDI, Reginaldo; VALLADO, Armando. Xangô, rei de Oió. In: BARRETI FILHO, Aulo (org.). **Dos yorùbá ao candomblé de kétu**, v. 1. São Paulo: Edusp, 2010. p. 141-161. Disponível em: <https://reginaldoprandi.fflch.usp.br/sites/reginaldoprandi.fflch.usp.br/files/inline-files/Xango_rei_de_Oio.pdf>. Acesso em: 19 jun. 2022.

PRUTHI, R. K. (ed). **Indian Caste System**. New Delhi: Discovery Publishing House, 2004.

QUEEN Moremi. **Moremi (Edi) Festival**. Disponível em: <https://www.qmainternational.com/moremi-edi-festival/>. Acesso em: 20 jun. 2022.

QUEM foi Luiz Gama. Instituto Luiz Gama. Disponível em: <https://institutoluizgama.org.br/luiz-gama/>. Acesso em: 20 jun. 2022.

RAHEEM, Oluwafunminiyi; FAMIYESIN, Mike. Controlling the boundaries of morality: the history and powers of Ayelala deity. **Yoruba Studies Review**, v. 2, n. 1, p. 231-247, 2017.

RAMAKRISHNA MATH, Hyderabad. Disponível em: <https://rkmath.org>. Acesso em: 7 jun. 2022. Comunidade Monástica (Math) de Hyderabad da Ordem Ramakrishna indiana, fundada por Swami Vivekananda, cujos monges se dedicam a atividades nas áreas de educação e saúde. Não deve ser confundida com a Ramakrishna Foundation, organização beneficiente estadunidense, que tem a Ramakrishna Math como uma das entidades para a qual envia doações.

REIS, Paulo C.; PINHEIRO, Érika N. Formações políticas e sociais da África Ocidental: iorubás e haussas. In: ARAGON, G. T.; CRAPEZ, M. A. C. (org). **Cadernos de Ciências Humanas**, v. 1. Rio de Janeiro: Fundação Cecierj, 2013. p. 159-168. Disponível em: <https://canal.cecierj.edu.br/recurso/11198>. Acesso em: 28 mar. 2023.

RIBEIRO JUNIOR, Ademir. **Parafernália das mães-ancestrais**: as máscaras gueledé, os edan ogboni e a construção do imaginário sobre as "sociedades secretas" africanas no Recôncavo Baiano. Dissertação (mestrado em Arqueologia). São Paulo: USP, 2008.

RISÉRIO, Antonio. **Oriki orixá**. São Paulo: Perspectiva, 1996.

RISÉRIO, Antonio. **Textos e tribos**: poemas extraocidentais nos trópicos brasileiros. Rio de Janeiro: Imago, 1993.

ROUSSEAU, Jean-Jacques. **De l´inégalité parmi les hommes**. Paris: Presses Universitaires de France, 1952.

ROUSSEAU, Jean-Jacques. **Discurso sobre a origem [e os fundamentos] da desigualdade entre os homens**. Tradução: Maria Lacerda de Moura. São Paulo: Ridendo Castigat Mores, 2001. Disponível em: <http://www.dominiopublico.gov.br/download/texto/cv000053.pdf>. Acesso em: 10 mar. 2020.

SACRISTÁN, José Gimeno. Currículo e diversidade cultural. In: SILVA, Tomaz T.; MOREIRA, Antônio F. (org.). **Territórios contestados**: o currículo e os novos mapas políticos e culturais. Petrópolis: Editora Vozes, 1995. p. 82-113.

SALAMI, Sikiru. **Introdução ao estudo da língua e cultura iorubá**. Curso de Extensão Universitária. Centro de Estudos Africanos, Universidade de São Paulo, 1993. Informações obtidas por comunicação pessoal durante as aulas.

SALAMI, Sikiru. **Poemas de Ifá e valores de conduta social entre os yoruba da Nigéria** (África do Oeste). Tese (doutorado em Sociologia), Faculdade de Filosofia, Letras e Ciências Humanas. São Paulo: USP, 1999.

SAMBA. **Museu da Língua Portuguesa**, 2 dez. 2018. Disponível em: <https://www.facebook.com/MuseuDaLinguaPortuguesa/photos/a.333400793428279/1588193967948949> Acesso em: 20 jun. 2022.

SANTOS, Milton. **Por uma outra globalização**. Rio de Janeiro: Record, 2000.

SERRANO, Carlos. **África: sociedades e culturas**. Curso de Extensão Universitária. Centro de Estudos Africanos, Universidade de São Paulo, 2003. Informações obtidas por comunicação pessoal durante as aulas.

SERRANO, Carlos. **Os senhores da terra e os homens do mar**: antropologia política de um reino africano. São Paulo: FFLCH/USP, 1983.

SILVA, Alberto da Costa e (org.). **Imagens da África**. São Paulo: Penguin-Companhia das Letras, 2012.

SILVA, Dilma de Melo; CALAÇA, Maria Cecília Felix. **Arte africana e afro-brasileira**. São Paulo: Terceira Margem, 2006.

SILVA, Dilma de Melo. **Por entre as Dórcades encantadas**: os bijagó da Guiné-Bissau, 2. ed. São Paulo: Terceira Margem, 2007.

SILVA, Nilce da; ALVES, Dalva. Espaço de criação: aspectos teóricos e metodológicos numa perspectiva inter e transdisciplinar. In: CETRANS [Centro de Educação Transdisciplinar], II Congresso Mundial de Transdisciplinaridade, Vila Velha/Vitória, set. 2005. **Artigos**. Disponível em: <http://cetrans.com.br/assets/artigoscongresso/Nilce_da_Silva_e_Dalva_Alves.pdf>. Acesso em: 22 jun. 2020.

SILVA, Nilce da. Espaços de criação e a ética do cuidado na alfabetização: pesquisa-ação na cidade de São Paulo a favor da Lei 10.639 de 2003. **Cadernos de Psicopedagogia**, São Paulo, v. 8, n. 14, p. 30-40, 2010. Disponível em: <http://pepsic.bvsalud.org/pdf/cap/v8n14/a03.pdf>. Acesso em: 28 mar. 2023.

TRATADO enciclopédico de Ifá [em 16 volumes]. Rio de Janeiro: [S. n.], 2001. (Versão em português da compilação tradicional do saber de Ifá, publicada desde meados do século XX, em espanhol e inglês, por editoras cubanas e estadunidenses. Versões em português foram distribuídas em cursos da religião de Ifá realizados no Brasil a partir da década de 1990.)

UNESCO. **The Slave Route, 1994-2014**: the road travelled. Disponível em: <https://unesdoc.unesco.org/ark:/48223/pf0000228475>. Acesso em: 30 jun. 2022.

UNIFÁ. Centro Cultural Africano. Disponível em: <https://centroculturalafricano.com.br/>. Acesso em: 21 jul. 2019.

USMAN, Aribidesi; FALOLA, Toyin. **The Yoruba from prehistory to the present**. Cambridge: Cambridge University Press, 2019.

VANSINA, Jan. **La tradición oral**. Barcelona: Labor, 1966.

VELOSO, Caetano. Sampa. In: VELOSO, Caetano. **Muito** (dentro da estrela azulada). Lado 2, Faixa 2, 1 LP. Philips, 1978.

VELOSO, Caetano. Um índio. In: VELOSO, Caetano. **Bicho**. Lado B, Faixa 1, 1LP. Philips, 1977.

VERGER, Pierre. Esplendor e decadência do culto de Ìyàmi Òsòròngà "minha mãe a feiticeira" entre os iorubas. Tradução: Tasso Gadzanis. In: VERGER, Pierre. **Artigos: tomo 1**. Salvador: Corrupio, 1992. p. 5-91.

VERGER, Pierre. **Notas sobre o culto aos orixás e voduns na Bahia de Todos os Santos, no Brasil, e na antiga Costa dos Escravos, na África**. Tradução: Carlos E. M. de Moura. São Paulo: Edusp, 1999.

VERGER, Pierre F. **Lendas africanas dos orixás**, 4. ed. Tradução: Maria Aparecida da Nóbrega. Salvador: Corrupio, 1997.

VERGER, Pierre; BASTIDE, Roger. Contribuição ao estudo dos mercados nagôs no Baixo Benin. Tradução: Marta Moraes Nehring. In: VERGER, Pierre. **Artigos: tomo 1**. Salvador: Corrupio, 1992. p. 119-159.

WEBER, Max. **A ética protestante e o "espírito" do capitalismo**. Tradução: Mário Moraes. São Paulo: Martin Claret, 2013.

WINNICOTT, Wikipedia. Donald Woods. **Da pediatria à psicanálise**. Tradução: Davi Litman Bogomoletz. Rio de Janeiro: Imago, 2000.

WINNICOTT, Donald Woods. **Natureza humana**. Tradução: Davi Litman Bogomoletz. Rio de Janeiro: Imago, 1990.

WINNICOTT, Donald Woods. **O brincar e a realidade**. Tradução: José Octávio de Aguiar Abreu e Vanede Nobre. Rio de Janeiro: Imago, 1975.

XAVIER, Juarez Tadeu de Paula. **Versos sagrados de Ifá**: núcleo ordenador dos complexos religiosos de matriz iorubá nas Américas. Tese (doutorado em Comunicação e Cultura). São Paulo: Prolam/USP, 2004.

ZIMMER, Heinrich. **Filosofias da Índia**, 2. ed. Tradução: Nilton A. Silva, Claudia G. Bozza e Adriana F. Cesare. São Paulo: Palas Athena, 1986.

ZUMBI. Wikipedia. Disponível em: <https://en.wikipedia.org/wiki/Zumbi>. Acesso em: 20 jun. 2022.

Fonte Mrs Eaves
Papel offset 75g/m²
Impressão Gráfica Edelbra, junho de 2024
1ª edição